Österreichisches Deutsch oder Deutsch in Österreich?

Identitäten im 21. Jahrhundert

3., durchgesehene und korrigierte Auflage

Stefan Dollinger

Österreichisches Deutsch oder Deutsch in Österreich? Identitäten im 21. Jahrhundert

3., durchgesehene und korrigierte Auflage

Coverillustration: S. Dollinger

Bibliografische Information der Deutschen Nationalbibliothek
Die Deutsche Nationalbibliothek verzeichnet diese Publikation in der Deutschen Nationalbibliografie; detaillierte bibliografische Daten sind im Internet über http://dnb.de abrufbar.

www.newacademicpress.at
New Academic Press OG | Feldgasse 21/2, 1080 Wien, Österreich | office@newacademicpress.at
1. Aufl. 4. März 2021; 2. Aufl., miminal korrigiert, 6. Mai 2021;
3., durchgesehene und korrigierte Auflage, Mitte Juni 2021

ISBN: 978-3-99036-023-1

Satz: Rosebie May Sanchez, Peter Sachartschenko
Druck: Prime Rate, Budapest

Ruutille,
pahoittelen
kirjan
saarron
laiminlyönnistä

Inhalt

Über dieses Buch

Warum sind „heuer", „eh" und „Jänner" in Österreich Hochsprache, aber in Deutschland nicht? Und warum wissen das viele, besonders viele Deutsche, nicht? Fragen wie diese erörtert Professor Dollinger auf erfrischende Art in einem Buch, das als Emanzipationsschrift zum österreichischen Standarddeutsch gelesen werden sollte. Im Stil einer unterhaltsamen Vorlesung angelehnt, erörtert der Autor für ein breites Publikum das Problem der akademischen Germanistik mit einem Deutsch, das den alten norddeutschen Einheitsstandard längst hinter sich gelassen hat. Lesende werden auf amüsante Art über Wege und Irrwege aufgeklärt, wobei die theoretischen Grundlagen als besonders leicht verdauliche Beilage serviert werden.

Darf man noch *der Virus* sagen, oder muss man auf *das Virus* umstellen? Dollinger liefert Antworten und befindet, dass Artikel *der* eine durchaus österreichische Komponente hat. Es besteht kein Zweifel, dass österreichische Dialekte eine österreichische Identität signalisieren, doch, was weit weniger bekannt ist, das tut das österreichische Standarddeutsch ebenso. Es ist maßgeschneidert für Österreich. Frei von jeglichen sprachimperialistischen Anflügen zeigt dieses Buch, dass österreichisches Standarddeutsch der wirklich passende Standard des Deutschen für Österreich ist.

Stefan Dollinger ist Professor für Sprachwissenschaft am *Institut für Englische Sprache und Literaturen* der UBC Vancouver in Kanada. Der Oberösterreicher ist Absolvent der Wiener Anglistik und Germanistik, Autor von fünf Monographien, Mitherausgeber vierer Werke (darunter zweier historischer Wörterbücher, www.dchp.ca/dchp2) und Verfasser von mehr als 70 Fachartikeln zu Themenbereichen, die für dieses Buch unmittelbar relevant sind: gibt es „österreichisches Standarddeutsch" oder ist es nur „Deutsch in Österreich"? Sie werden ersucht, diese Frage am Ende des Buches für sich zu entscheiden.

Zur Einleitung

„Schön sprechen!", welche*r Österreicher*in hat diese Zeilen nicht als Kind gehört? Und zwar dann, wenn der Dialekt nicht angebracht war und man „etwas anderes" verwenden musste – sollte – konnte – ja, wenn man nur konnte. Dieses *„Schön sprechen!"* ist Ausdruck einer sprachlichen Unsicherheit, die der großen Mehrheit der Österreicher*innen wohl zu einem gewissen Grad innewohnt (aber auch Südtiroler*innen, Schweizer*innen etc.) und ihr kompliziertes Verhältnis mit der Sprache Deutsch widerspiegelt.

Dieses Buch will diese Unsicherheit aufzeigen und gleichzeitig bekämpfen. Es kann daher als „Emanzipationsschrift gegen sprachliche Minderwertigkeitsgefühle" angesehen werden und, wie der Untertitel suggeriert, als Wegweiser zu Identitätsfragen in einer hoffentlich doch noch zusammenwachsenden Welt. Das Buch ist auch eine Herzensangelegenheit, der ich nach 20 Jahren in der linguistischen Forschung in den Bereichen Sprachvariation, Dialektologie, Sprachgeschichte, Sprachidentität und Sprachhaltungen auf den Zahn fühlen kann und die ich durch Vergleiche mit anderen Sprachen verorten will.

Eine Herzensangelegenheit ist es auch darum, weil prominente Kolleg*innen, die neuerdings zum Österreichischen Deutsch forschen, die Varietät so gänzlich anders sehen, als die, in der ich aufgewachsen bin. Diese Kolleg*innen sind auffallend oft nicht mit Österreichischem Deutsch[1] sozialisiert worden, sondern kommen in der Regel aus dem größten deutschsprachigen Staat.

Nun könnte jemand sagen, dass eine Herzensangelegenheit einen unwiderruflich zu einseitiger Berichterstattung verdonnert. Wer das denkt, den bitte ich, dieses Buch genau zu durchforsten, um sich dann ein Urteil zu bilden, oder zumindest das erste Kapitel zu lesen. Denn man kann sehr wohl seine Sprache mögen, ja lieben, und doch offen an ihre Untersuchung gehen.

Begonnen wurde dieses Büchlein im April 2020 während der Corona-Krise und über die folgenden Monate im westkanadischen Victoria geschrieben. Es ging schnell, weil es lediglich um die Form ging, nicht um die Information als solche. Letztere war das Resultat von 20 Jahren Interesse und Forschung, die letzten fünf davon im Diskurs mit den Kolleg*innen in der deutschen Sprachwissenschaft, ein Diskurs der leider ganz und gar nicht in die Gänge kommt. Die Manuskriptanfertigung wurde gleichzeitig zu einem Rettungsanker in der ersten Lock-down Phase der Corona-Krise.

---

1 Und ja, *Österreichisches Deutsch*, nicht *österreichisches Deutsch*, dazu mehr im 1. Kapitel.

Dieser persönliche Rettungsanker kann, so hoffe ich, zum Rettungsanker für Sprecher*innen des Österreichischen Deutsch generell werden – egal ob Sie einen der schönen Dialekte, die wundervolle Umgangssprache – ein Mittelding von beidem – Österreichisches Hochdeutsch oder zwei, drei oder mehr dieser Varietäten sprechen. Denn viel ist bisher herumgewurstelt worden mit dem was „Deutsch“ in Österreich eigentlich ist, sein könnte oder sein sollte.

Ich hoffe, dass die folgenden sechs Kapitel etwas Klarheit in den Nebel um Sprache in Österreich bringen. Denn, wie schon Ludwig Wittgenstein 1926 schrieb, Österreichisches Deutsch ist kein „schlechtes“ Deutsch. Es ist das einzig passende und richtige Deutsch für Österreich. In den folgenden Kapiteln trete ich für Nicht-Linguist*innen den Beweis an.

sd
Oak Bay, BC, Kanada
14. September 2020

Vorwort zur 2. Auflage

Ich bedanke mich für das rege Interesse am Buch, dessen 1. Auflage nach bereits einem Monat eines Nachdrucks bedurfte. Für diese 2. Auflage wurden lediglich das Erratum in Tabelle 2.1 integriert sowie, mit einem Dankeschön an Dipl. Ing. Manfred Schwab aus Wien, zehn kleinere Fehler korrigiert. Die „Weiterführende Literatur“ wurde optimiert, aber auf zwei Seiten begrenzt gehalten.

sd
Oak Bay, 21. April 2021

Vorwort zur 3., durchgesehenen und korrigierten Auflage

Verleger kennen das Wort "Abfluss" mit einer branchespezifischen Bedeutung: aufpassen, damit man den Nachdrucktermin bei „abfließendem“ Lagerbestand nicht verpasst, um Lieferengpässe zu vermeiden. Der noch am 1. April scherzend formulierende Dr. Knill von *new academic press* – „richtig ‚abfließen‘ [tut] das Buch nicht“ –, druckte keine drei Wochen später bereits nach. Dank Ihnen, liebe*r Leser*in!

Ich bedanke mich hiermit für das überwältigende Interesse an diesem, meinem mittlerweile siebenten, „Biachl“, aber meinem ersten "kleinen Bestseller", der nun in komplett durchgesehener, erweiterter (S. 78–79 mit Audio-Link), dritter Auflage vorliegt und einige Präzisierungen neben den 71, meist klitzekleinen, getilgten Fehlern aus der zweiten Auflage vorweist.

Der germanistischen Sprachwissenschaft wünsche ich nur jeden Mut zu den richtigen Schritten, weniger bis keine „Rezensionen“ wie diese zu meinem englischen Buch zum Thema (https://www.academia.edu/45577124/), sowie die völlig durchgreifende und kompromisslose Entkolonialisierung und Dehegemonialisierung, die sich das Fach verdient. Don't forget: I am just the messenger.

Alle Interessierten sind weiters herzlich eingeladen, die Buchpräsentation, welche am 18. Mai stattfand, hier nachzusehen:
https://www.youtube.com/watch?v=MskoSyWmMzo

Mit Dank an die zahlreichen, bisher 36 Briefschreiber*innen, von denen sich 34 im positiven, befürwortenden Lager verorten. Mit besonderem Dank an Kollegen Christian Pischlöger für fachkundige Diskussion zu allerlei Sprachen/Varietäten, inkl. Unschärfen in Tabellen 2.1 und und 2.2, Ferdinand Trauttmansdorff und Hans Goebl für deren nette Eingaben, Daniel Goldstein für Gespräche rund ums schweizerische Deutsch, Annelies Glander und Angelika Weichhart zum Thema Österreichisches Deutsch und Übersetzung, sowie Hermann Scheuringer für die freundliche Kontaktaufnahme.

sd
Oak Bay, 24. Mai 2021

1 Fragen zum Österreichischen Deutsch

Es ist Ende Jänner 2020, also schon ein Zeiterl her. Der ORF-Korrespondent in China berichtet gerade über einen neuartigen Virus, der in Wuhan die Runde macht. Er sagt dabei: „das Virus". Dieser Gebrauch, Artikel *das*, war für mich damals noch merkwürdig, würde sich aber binnen kürzester Zeit im österreichischen Medienvokabular festsetzen: Nicht *der* Virus. *Das Virus.*

Das Virus klingt bzw. *klang* bis zum Frühjahr 2020, wenn nicht fremd, dann zumindest noch ungewohnt, ungewohnt formell vielleicht für die allermeisten österreichischen Ohren. Die, die Latein in der Schule hatten und nicht alles vergessen haben, sagen vielleicht eher *das Virus*, aber das ist ein Detail, das später noch genauer beleuchtet wird. Wenn Sie nun glauben, dass *der* oder *das Virus* nichts mit Österreichischem Deutsch zu tun hat, so bitte ich Sie nur, im Zweifel dieses Kapitel fertig zu lesen.

Ziel dieses Buches ist es, auf den Punkt gebracht, aber theoretisch fundiert, wissenschaftstheoretisch abgesichert und zugänglich zugleich zu zeigen, dass, zum Beispiel, *der Virus* in Österreich keineswegs falsch ist. Genauso wenig wie *der Gummi* (*das Gummi* in D) oder *das Joghurt (der Joghurt* in D*)* und ja, wenn man die Hochsprache verlässt, sogar *der Butter* (*die Butter*) – so, wie eben auch viele andere in Deutschland bestenfalls belächelte Formen und Verwendungen – nicht nur Artikel. „Ach, wie süß, *Gewand*!", kann man da immer wieder hören. *Oh, wie lieblich: Jänner!* Für ganz viele Österreicher*innen ist *Gewand* aber gar nicht lustig, sondern gleichberechtigt mit und sogar bevorzugt gegenüber *Kleidung*, das doch sehr förmlich klingt. Und *Jänner* ist hierzulande viel gebräuchlicher als das steife *Januar*.

Was ist also mit *der Virus* geschehen? Im Falle von *der Virus* ist es im Rückblick eine verpatzte Chance, dass der ORF sich letztendlich für *das Virus* entschieden hat und nicht bei *der Virus*, ich möchte sagen, geblieben ist. Eine vertane Chance auf positive Signalisierung der österreichischen Identität jenseits der Dialekte. Eine Chance auf Ausdruck einer Identität mit einer Sprachwahl die international verständlich wäre – *der Coronavirus*, wie eben *der Computervirus*, was man ja seit 40 Jahren sagt – und doch gleichzeitig jede*n auch als „nicht aus Deutschland" kennzeichnen würde. Das wäre so, weil in der deutschen – im Gegensatz zur österreichischen – Hochsprache schon länger und auch kategorischer *das Virus* bevorzugt wird.

Auch wenn diese konkrete Gelegenheit nun einmal vertan ist, eine Anerkennung kleiner Unterschiede in der Hochsprache brauchen wir im deutschsprachigen Raum mehr, viel mehr, denn welche*r Österreicher*in ist noch nicht im Ausland als Deutsche*r bezeichnet worden? Oder wurde nicht schon als „Dialektsprecher*in" abgekanzelt, wenn er oder sie Österreichische Hochsprache benutzte? Sie erahnen, worauf ich hinaus will: auf nichts anderes, als dass österreichische Normen auf den in

Österreich verwendenden Varianten und Einstellungen beruhen müssen und nicht auf denen von irgendwo anders.

Dabei ist es, wie ich zeigen werde, völlig unerheblich, ob diese Varianten auch außerhalb Österreichs Verwendung finden (klar sagen manchen Deutsche *der Virus*). Wenn das ein Maßstab wäre, hätten wir heute überhaupt keine Standardsprachen, denn alle haben Formen (Varianten), die auch in anderen Standards Verwendung finden. Nur witzigerweise ist diese Tatsache *das* Hauptargument gegen Österreichisches Standarddeutsch. Die Argumentation ist so, als ob man sagte, dass alle Standardvarietäten, die es ums Jahr 1800 gab, es „geschafft" hätten – damals lebte der Traum vom Großdeutschland unter Habsburger Führung noch –, und nun strengt sich die deutsche Sprachwissenschaft an, den „Deckel drauf zu halten" und Entwicklungen bezüglich Deutsch und Identität jenseits des einen, in Stein gemeißelten Standards, zu stoppen. Das kann's aber bitte nicht sein.

Schweinsbraten gefällig?

Ich werde zu diesem Thema viele Anekdoten in diesem Buch berichten, die die Themen in der Forschungsliteratur mit Leben erfüllen sollen.[2] Ja, das ist so eine Sache mit der „Hochsprache", die Sprachwissenschafter*innen ja eigentlich „Standardsprache" nennen. Die Österreichische Hochsprache, im Unterschied zur bundesdeutschen – zum „Binnendeutschen" wie man sagt – wird dabei oft übersehen. Dabei hören wir sie seit Jahr und Tag im ORF, auf Servus TV, auf Antenne Wien und anderswo: Wolf, Höggerl, Hazivar, Bernhard, Kiesbauer, Leitner, Gülgün-Mayer – und früher Robert Hochner, Chris Lohner und viel früher bis noch vor kurzem, Hugo Portisch. Da ist es doch paradox, dass man in der Bevölkerung so wenig über das Österreichische Hochdeutsch weiß. Dabei ist dieses Wissen wichtig, wie Sie in diesem Buch sehen werden. Und ja, Österreichisches Deutsch schreibe ich immer mit großem *Ö*, ebenso wie Deutsches Deutsch mit großem *D*, weil ich beides als Eigennamen betrachte, die groß geschrieben gehören, wie Niki Lauda, Bushido, Salzburger Nockerln und Niederegger Marzipan.

Selbst wenn man wenig über Österreichisches Hochdeutsch weiß, ab und zu kommt es an die Oberfläche, taucht aus der Versenkung auf. Dann ist aber guter Rat teuer. Bei Österreichs EU-Verhandlungen in den 1990ern, zum Beispiel, war so ein Zeitpunkt, wo man die Sprachwissenschafter*innen hätte fragen können, ja müssen. Hier hat man aber – anders als beim Transitvertrag – gehudelt und damit vieles verloren, als man

[2] In meinem Buch *The Pluricentricity Debate: On Austrian German and Other Germanic Standard Varieties*, erschienen im Mai 2019 bei Routledge in England, kann man eine viel technischere Abhandlung zum Thema lesen – auf Englisch. Lesen Sie das 1. Kapitel hier: https://www.academia.edu/37714477/
Jenen, die lieber auf Deutsch lesen, kann ich empfehlen: Rudolf de Cillia & Jutta Ransmayr. 2019. *Österreiches Deutsch macht Schule: Bildung und Deutschunterricht im Spannungsfeld zwischen Norm und Variation*. Wien: Böhlau. Lesen Sie das gesamte Buch hier: https://library.oapen.org (Titel eingeben).

eine Liste von 23 Ausdrücken des österreichischen Küchendeutschen in internationales EU-Recht aufgenommen hat. Eine typisch österreichische Lösung? *Schnö, schnö, des mochma glei söwa?* Ganz so war es nicht, wie wir gleich sehen werden. Anders als der Transitvertrag, der Abgase begrenzte bis er ersatzlos auslief, ist dieser Teil des EU-Rechts nicht einfach abgelaufen, sondern gilt noch immer als Teil jenes Rechtes, das alle nationalen Rechtssprechungen sticht.

Was bedeutet das nun? Gar nicht so wenig, denn man darf weiterhin *Obers* oder *Topfen* und nicht *Sahne* oder *Quark* in Österreich verkaufen, und das auch so auf den Becher drucken ganz *ohne dabei verklagt zu werden.* Hat also durchaus Beißkraft, diese kleine Liste im EU-Recht. Aber warum ist die Liste so... kurz? Das ist darauf begründet, dass in der Endphase der EU-Beitrittsverhandlungen nur bestehende EU-Gesetzgebung, die es damals vor allem im Bereich der Lebensmittelproduktion gab, an Österreichisches Deutsch angeglichen wurde.[3]

Sehr weit geht diese Liste aber nicht einmal, wenn wir uns nur auf die Küchensprache begrenzen. Kollege Heinz-Dieter Pohl weiß hier ganz genau, wie Österreich kocht, und die Liste wäre lang.[4] Denn schon *Häuptelsalat* (nicht *Buttersalat*) oder *Schweinsbraten* sind nicht mehr drauf (nicht *Schweinebraten*, siehe Abbildung 1.1 für einen Beleg aus München). Von den vielen tausenden anderen Bezeichnungen, die Schätzungen schwanken von 8.000 bis 45.000 Wörtern im Vokabular alleine, die Österreich-spezifisch sind, ganz zu schweigen. Rudolf De Cillia hat die Situation rund um die 23 Austriazismen – das „Protokoll Nr. 10" (siehe Anhang A) – zeitnah erörtert.

Abb. 1.1: Man weiß, man ist in Bayern. *Schweinebraten* (nicht *Schweinsbraten*) Flughafen München, Juli 2019 (Foto: S. Dollinger)

[3] Sehen Sie dazu das einstündige Video des *Hauses der Europäischen Union* in Wien zum 25-Jahr-Jubiläum des Protokoll Nr. 10 mit den Akteuren von 1994: https://www.youtube.com/watch?v=nIAV72SnAvE

[4] Nachzulesen in einem netten Aufsatz: https://www.academia.edu/44312773/ und in Buchform (siehe Weiterführende Literatur)

De Cillias Fazit: eine Pfuscherei, aber besser als nichts ist es schon, das Protokoll Nr. 10, weil es im EU-Recht ein Österreichisches Hochdeutsch prinzipiell verbrieft. Und das war 1995 neu und ist es auch – aufgrund von akademisch-internen Problemen, die wir im Kapitel 5 beleuchten – eigentlich bis heute noch.

Warum aber brauchen wir mehr als eine Hochsprache, mehr als einen „Standard" im Deutschen, möchte nun manche*r fragen. Dafür gibt es sehr gute Gründe. Die Kurzantwort wäre, weil sich der Standard eben in mehr als eine Richtung entwickelt hat. Eine längere wäre, dass eine beiderseitige Anerkennung der kleinen Unterschiede im Österreichischen Hochdeutsch zum Deutschen Hochdeutsch (natürlich auch zum Schweizer oder Südtiroler Hochdeutsch usw.), wenn umgelegt auf alle sprachlich-kulturelle Minderheiten, mit einem Schlag einen Teil der Unstimmigkeiten bei der europäischen Integration lösen würde, wenn zum Beispiel klar wäre, dass *der Virus* in Österreich okay und richtig ist. Doch das ist eine Fragestellung, die sich um sprachliche Unsicherheit dreht, oder, wie Einar Haugen, ein amerikanisch-norwegischer Forscher, einmal gesagt hat, „sprachliche Schizophrenie".

Eine Situation, die alle, die in Österreich aufgewachsen sind, nur allzu gut kennen. In Deutschland hingegen sieht die Sache anders aus, weil dort schon länger viele – aber bei weitem nicht alle – monodialektal, nur mit der Varietät der deutschen Hochsprache, aufwachsen. Ohne Dialekte, ohne Umgangssprache sogar. In Österreich sind Dialekte Trumpf, die meisten sprechen sie als Muttersprache und lernen, schön langsam, Hochsprache in der Schule und aus den Medien: Österreichische Hochsprache, wie ich in den nächsten Kapiteln zeige. Ja, stimmt schon, die ganz jungen haben nun auch mehr Zugriff auf Deutsche Hochsprache, aber das ist kein Problem und nichts neues. Auch ich hatte als Kind drei deutsche Fernsehsender und nur zwei österreichische zur Verfügung und klinge deswegen auch nicht deutsch. Im Alter von 12–14 war das kurzfristig und situationsbezogen aber anders. Ich werde im Verlauf dieses Buches immer wieder auf meine eigene sprachliche Sozialisierung in Oberösterreich zurück kommen. Ich tue das, weil meine Sozialisation im Unterschied zu vielen deutschen Kolleg*innen zeigt, was derzeit wohl in Teilen der deutschen Sprachwissenschaft nicht entsprechend Berücksichtigung findet. Sie erhalten also mit diesem Buch auch eine kleine Wissenschaftskritik, die ich mir hier in der Sicherheit der kanadischen Wahlheimat erlauben kann.

Zurück zum Eingangsbeispiel: der Gebrauch von *der Virus* wäre, meiner Einschätzung nach, in den österreichischen Medien die logischere Variante, weil es wohl die am weitesten verbreitete Form in Österreich ist – alle schriftlichen, mündlichen und e-Kommunikationsformen mit einbezogen. Die Entscheidung für oder gegen *der Virus* war auch im ORF, um den Diktus des Bundespräsidenten im Mediendeutsch zu übernehmen, „arschknapp". Im Jänner 2020 gab es, wie ich höre, im ORF Diskussionen, auf welchen Artikelgebrauch man sich einigen sollte. *Das Virus* wurde zwar gewählt, aber erst nach langem Hin und Her. Es ist natürlich ein gutes Zeichen, dass österreichischer Sprachgebrauch in Österreich entschieden wird. Jetzt aber heißt es auch im österreichischen Medien-Hochdeutsch immer *das Virus* und *der Virus* hört man zumeist in der österreichischen Umgangssprache, in den Dialekten, und, was bemerkenswert ist, noch immer bei den Interviewpartner*innen in den Medien.

Im Mai 2020 erschienen dann erste Zeichen des linguistisch-kabarettistischen Widerstandes. Zum Beispiel am 11. Mai in Ö1 (Leporello – Lyrik zur Lage), als der ehemalige Diplomat Dr. Ferdinand Trauttmansdorff, Sohn des Schriftstellers Karl E. Trauttmansdorff, ein Gedicht vortrug, das doch glatt in der Benennung mit Neutrum (*das*), das kabarettistische Problem im personalisierten Coronavirus sieht:

> [...]
> Corona alles übertönt
> Jetzt dreht sich alles um den einen
> der wütet in verletzter Ehre
> Und man tut alles, möcht man meinen
> dass er sich ja nicht mehr vermehre
> doch die, die's eigentlich wissen müssten,
> befeu'ren stets neu seinen Hass.
> Die Wissenschaft und Journalisten
> nennen ihn noch immer „das".
> Wollen wir beenden nun sein Wüten
> Hilft keine Impfung, kein Erlass,
> da hilft kein Beten und kein Bitten,
> Solange wir ihn nennen „das"
> Drum, g'scheite Leut, denkts endlich nach,
> Ihr Herrn und Frau'n Politiker,
> Beendet endlich seine Schmach!
> Lasst ihn um Gotteswillen sein „der",[5]
> dann braucht er uns nicht weiter hassen.
> Dann hat er wieder seine Ehr',
> und kann dann auch sein Wüten lassen
> denn dann ist er auch wieder wer.

Ferdinand Trauttmansdorffs Coronagedicht, 11. Mai 2020, Ö1

Wie man sieht, machte sich Mitte Mai kurzfristig wieder Humor breit. Warum aber glaube ich zu wissen, dass *der Virus* die „bessere" österreichische Variante wäre?

Weil ich die österreichische Situation – mit internationaler Perspektive – gut kenne, die Varietät selber spreche und die Leute, die sie sprechen, sich mir gegenüber nicht verstellen und auf „Auslandsdeutsch" umstellen müssen. Vielleicht auch, weil man aus der Ferne (Kanada) die Dinge oft klarer sieht, als in der Hektik des Alltags vor Ort. Der hier wohl wichtigste Grund aber, der springende Punkt sozusagen, ist, dass ich per Zufall ganz genau weiß, dass der China-Korrespondent des ORF im normalen Leben nie *das Virus* sagt. Ich weiß das, weil er mein Bruder ist.

Dr. Josef Dollinger, der Auslandskorrespondenten-Dollinger sagt also, so wie die IT-Dollingerin (große Schwester), der Raumplaner-Dollinger (anderer Bruder) und ich, der Sprachwissenschafter-Dollinger, wie so ziemlich alle aus Oberösterreich und, abseits vom medizinischen Kernbereich, eigentlich ganz Österreich einfach *der Virus*, egal wo sie wohnen. Es sei denn, der Journalisten-Dollinger spricht oder schreibt für die Medien – österreichische oder deutsche, manchmal wohl auch schweizerische. Doch zu dem Zeitpunkt im Jänner 2020 konnte sich der Sepp schon nicht mehr

5 Auf Latein ist *virus* neutrum, auf Französisch jedoch maskulin. Wir werden im letzten Kapitel sehen, dass wohl das Französische Lehngeber für diesen Gebrauch war, und nicht das Lateinische.

wirklich aussuchen *der Virus* zu sagen, da der Mediengebrauch damals schon auf *das Virus* einzementiert schien.

Journalist*innen sind sprachlich sensible Leute, die solche Trends sehr schnell aufgreifen. So auch der Sepp. Zu schnell war das Wort allzu prominent geworden, als dass man damals noch hätte ausscheren können. Vielleicht hat er ja sogar, als in China erstexponierter, auch im *Stowasser* (Lateinwörterbuch) nachgesehen, welches Genus *Virus* im Lateinischen hatte. Vielleicht war er damit Trendsetter. Wie dem auch gewesen sein mag, ab einem gewissen Zeitpunkt kann man in der Hochsprache nicht einfach ohne Konsequenzen aus der Reihe tanzen mit *der Virus,* wenn alle Journalistikkolleg*innen sich auf *das Virus* geeinigt haben, noch dazu in Geschichten, die sich um den Coronavirus drehen.

Sie sehen, ich sträube mich noch gegen *das Virus.* Aber ich bin damit nicht allein sondern in bester Gesellschaft: Marlene Streeruwitz, Hannes Androsch (ehemaliger Finanzminister unter Kreisky) und der volksnahe Wiener Bürgermeister Michael Ludwig, tun das ebenfalls, und auch Ludwigs politischer Widersacher in Wien, Innenminister Karl Nehammer. Bei letzterem ist das durchaus interessant in einem Interview, in dem Armin Wolf Nehammer auf den Zahn fühlt. Nehammer, der sonst konsequent *das Virus* verwendet, sagte dann, in einer Sekunde der besonderen Bedrängnis, auf einmal *der Virus.*[6] Ich kann mir in diesem Buch noch erlauben, *der Virus* zu schreiben, aber mein Bruder konnte und kann das nicht mehr in seinem Genre der Auslandsreportage. Ich schreibe dieses Buch nicht nur, um Karl Nehammer und meinem Bruder die Freiheit zu geben, immer *der Virus* sagen zu dürfen, sondern damit alle, die hier leben, auch den Standard von hier ungestraft verwenden dürfen und nicht jenen aus Berlin, München oder Buxtehude.

Dass es nun per ORF-interner Übereinkunft *das Virus* in der österreichischen Mediensprache ist, ist auch ok. Das heißt aber nicht, dass nun das vielen natürlicher erscheinende *der Virus* plötzlich falsch ist. Ist es nicht. Wie kann das sein? Solche und ähnlich komplizierte Fragen nehme ich in diesem Buch genau unter die Lupe und zerlege sie aufs Gebein, damit ich Ihnen, liebe*r Leser*in, alle Filetstücke auf einem Silberteller zur Beurteilung servieren kann. Gibt es ein Österreichisches Hochdeutsch? Am Ende des 6. Kapitels werden Sie in der Lage sein, kompetent und eigenständig auf diese Frage zu antworten, ohne sich vom Nebel, der diese Frage im allgemeinen umhüllt, beirren zu lassen.

---

6 Der stark bedrängte Nehammer sagte im live aufgezeichneten Interview auf einmal: „damit der Virus eingedämmt wird". Minute 20:07. Vorher und nachher „das Virus macht bei einer Landesgrenze nicht halt" (17:05) und Minute 20:58, wenn er weniger bedrängt ist, sagt er „um gemeinsam gegen das Virus vorzugehen", https://tvthek.orf.at/profile/ZIB-2/1211/ZIB-2/14052375 (19 Mai 2020). Es ist dies ein klares Indiz dafür, dass auch Nehammer, der Wiener, „umgelernt" hat von *der Virus* auf *das Virus.* So wie fast alle Österreicher*innen.

Wie ist das nun genau: *der* oder *das Virus*?

„*Der Virus* ist sicher nicht Hochdeutsch!“, könnte nun der Leser aus Deutschland, die Akademikerin aus Linz, die Schweizer Kleinunternehmerin oder die Südtiroler Künstlerin meinen. Wirklich? Das Beispiel ist klein steht aber stellvertretend für tausende Unterschiede zwischen Österreichischem Hochdeutsch und Deutschem Hochdeutsch. Es lohnt daher, sich den Fall von *der Virus* eingangs noch einmal genauer anzuschauen. Um es ganz klar zu sagen: in diesem Buch geht es nicht um die Dialekte. Dialekte sind wunderbar und sehr vielseitig, doch in diesem Buch nur insofern interessant, als dass sie helfen, den Standard (Hochsprache) und die Umgangssprache zu erklären.

Zuerst müssen wir die Situation in der Hochsprache aber genauer erheben. „Best practice“ bedeutet in der Sprachwissenschaft heute oft, dass man Zahlen (= quantitative Daten) mit Eindrücken (= qualitative Daten) verbindet. Leider passiert im Fach oft das eine oder das andere, mit der Tendenz, dass die „Quantitativen“, die Zahlentrickser, recht oft glauben, die besseren Daten zu haben. Das stimmt so sicher nicht, obwohl ich vor ca. 10 Jahren auch so einer dieser Zahlentrickser war. Fangen wir daher mit den Eindrücken, dem Qualitativen, an.

Test 1: Stimmen die ursprünglichen Behauptungen?

Erstens, stimmt es überhaupt, dass der Journalisten-Dollinger *der Virus* sagt? Kann man das überprüfen? Kollege Lars Hinrichs, von der Uni Texas in Austin, aber eigentlich aus Bonn, hat mir ausgeholfen und ein Video von meinem Bruder entdeckt, in dem er nicht fürs ORF-Publikum, sondern mit einem jungen Journalisten spricht. In diesem Blog, genannt PolEdu Media, weil es um politikwissenschaftliche Sachen geht, hört man ihn im März 2020, bei Minute 1:23, tatsächlich das folgende sagen (siehe Abbildung 1.2, auch für den Link):

> Wie ich schon gesagt habe, man hat Angst, dass der Virus wieder sich verbreiten könnte.

Der Virus! Was ist hier passiert? Textlinguistisch und -pragmatisch (Sprache im Gebrauch) kann man sagen, dass es bei diesem Video, das von ca. 200 Leuten bisher aufgerufen wurde, um einen ganz anderen Adressatenkreis geht, als bei einem Beitrag für den ORF. Was sie gemeinsam haben, ist, dass beide in Österreich produziert werden und aufs österreichische Publikum abzielen.

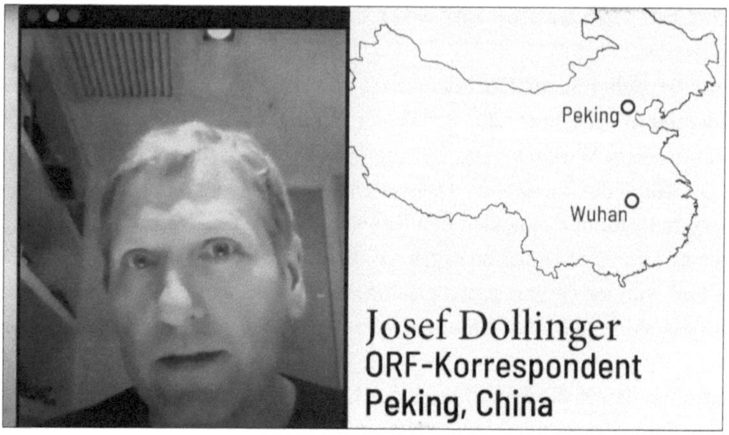

Abb. 1.2: PolEdu Medias YouTube-Kanal
(22 Apr. 2020, Verwendung mit freundlicher Genehmigung)[7]

Diese Aufnahme legt nahe, dass mein Gedächtnis mich nicht im Stich gelassen hat und dass der Journalisten-Dollinger wirklich im „normalen Leben" *der Virus* sagt. Sie macht meine (Insider-) Datenlage zu einem gewissen Teil überprüfbar und daher objektiver.

Zweitens, stimmt es überhaupt, dass *Virus* mit *der* als Austriazismus betrachtet werden kann? Dazu brauchen wir eine Definition, was ein Austriazismus ist. Hierfür unterscheide ich, in Anlehnung an Forschungen zum Kanadischen Englisch, sechs Typen von Austriazismen (siehe dazu mein Buch *The Pluricentricity Debate,* S. 103–106).

Typ 1 — Ursprung: eine Form und ihre Bedeutung kommen aus Österreich **Typ 2 — Retention:** eine Form oder Bedeutung, die im deutschsprachigen Gebiet einst weit(er) verbreitet war, ist nun größtenteils auf Österreich beschränkt **Typ 3 — Bedeutungswandel:** eine Form, deren Bedeutung sich in Österreich verändert hat **Typ 4 — Kulturell wichtig:** eine Form oder Bedeutung, die sich als repräsentativ für Österreich im kulturellen Gedächtnis verankert hat **Typ 5 — Frequenz:** eine Form oder Bedeutung, die aufgrund ihrer hohen Frequenz als österreichisch gilt **Typ 6 — Gedenkmuster:** eine Form oder Bedeutung, die heute weitgehend als verächtlich oder veraltet gelten muss; die Kehrseite von Typ 4 **Negativ Typ — Nicht-Spezifisch-Österreichisch:** eine Form oder Bedeutung, die nicht oder nicht mehr länger als spezifisch österreichisch angesehen werden kann

Tabelle 1.1: Typologie der Austriazismen (Dollinger 2019a: 105)

[7] https://www.youtube.com/watch?v=Tz8qeoY9lkg (16. Nov. 2020)

Wir müssen uns nun fragen, ob an der Theorie etwas dran ist, dass *der Virus* zumindest eine der sechs österreichischen Komponenten erfüllt. Wenn ja, dann wäre *der Virus*, oder ein Aspekt seiner Benutzung, ein Austriazismus. Diese Frage wird uns nun als Hypothese eine Zeit lang begleiten, in der ich Sie durch den Erkenntnisfindungsprozess führe, und abkläre, was nun ist und was nicht.

Test 2: Wörterbücher (und Grammatiken)

Die Grundthese, die es zu überprüfen gilt, ist, ob Variation zwischen *der/das Virus* als „österreichisches" bzw. „deutsches Deutsch" gelten kann. Eine Unterscheidung scheint zumindest im Idiolekt des Journalisten-Dollingers tatsächlich nachgewiesen zu sein, aber wir wissen noch nicht, ob solche Variation – im formellen, oder im weniger formellen Kontext – nicht auch in Deutschland passiert. Als nächstes schauen wir uns daher an, was die Wörterbücher sagen, denn Wörterbucheinträge geben immer auch das grammatikalische Geschlecht, das Genus, an, das den Artikel bestimmt. Wir sehen uns, sozusagen, die „niedrig hängenden Früchte" an, denn in einer Reihe von Wörterbüchern nachzuschlagen bzw. nachzutippen, ist ja keine Hexerei.

Der Duden: Sprachpolizei oder privater Verlag mit Gewinnorientierung?

In der HTL für Elektronik, die ich einmal in Leonding absolvierte, hatten wir einen Deutschlehrer, der uns immer folgendes sagte: „Nehmts nicht das *Österreichische Wörterbuch*, sondern sparts auf einen *Duden*. Ihr nehmts ja auch ned den VW-Käfer, wenn ihr einen Porsche fahren könnt". Also, was sagt der vermeintliche „Porsche" unter den Wörterbüchern? Er sagt, wie Abbildung 1.3 zeigt, folgendes. Heutzutage kann man einfach googeln, man muss nicht mehr öS 250,-- wie anno dazumal auslegen. Auf duden.de findet man dazu

Virus, das *oder* der

Substantiv, Neutrum, oder Substantiv, maskulin

Abb. 1.3: www.duden.de (10 Apr. 2020)

Der Rechtschreibduden sagt also *das* oder *der*, wobei *das* als erste Variante gelistet wird, was in Wörterbuchkreisen stets so interpretiert wird, dass die erstgelistete Variante die dominante ist. Aha! Also *der* ist laut Rechtschreib-Duden nicht falsch, aber *das* ist doch richtiger, bzw. die bevorzugte Form.

Das Duden-Imperium bietet weitere Quellen für das wohl wichtigste Wort während der Coronakrise an, womit der Verlag zumindest beweist, dass „sexy Wörter" schnell überarbeitet werden. Eine solche Quelle ist die Rubrik „Sprachratgeber". Hier sieht man, dass auch der *Duden* eine fachsprachliche Unterscheidung annimmt:

> Heute existieren in der Alltagssprache beide Formen nebeneinander und beide gelten als korrekt. In der Fachsprache dagegen blieb es bei der ursprünglichen sächlichen Form: *das Virus.*[8]

Ein Problem mit dem Ratgebereintrag ist allerdings, dass hier von der „Alltagssprache" die Rede ist. Das ist nicht das gleiche wie Standard oder „Hochsprache" und auch nicht wie Umgangssprache. Was bitte ist „Alltagssprache"? Wir sind bei einem Kernproblem der germanistischen Sprachwissenschaft angekommen: der Terminologie. Wir wissen daher wieder nicht viel mehr, außer dass Mediziner eher *das Virus* sagen (Fachsprache), Otto Normalverbraucherin (Stichwort: Alltag) wohl eher *der Virus*. Heißt das nun aber, dass die Situation in Deutschland so ist, oder im gesamten deutschsprachigen Raum (Deutschland, Österreich, die Schweiz, Liechtenstein, Südtirol, Ostbelgien usw.)? Sie sehen schon, der *Duden* sagt dazu nichts. Im August 2020 erschien die 28. Auflage des Duden. Aus dem Verkaufsprospekt sieht man ganz gut, dass es Duden, wie vielen Verlagen, um Verkaufssteigerung geht. Er ist eben ein privater Verlag mit einer privaten Agenda mit nur mäßigem Interesse am Österreichischen Deutsch, denn der Hauptmarkt liegt in Deutschland.[9]

Was können wir sonst noch durch die Suche in der Duden-Produktlinie zum *Virus* sehen? Gebrauch in Österreich? Keine Angabe. Hmm. In der Schweiz? Nichts. Das ganze steht auch auf duden.de, und nicht, sagen wir, auf duden.org. Wir sind also mit einer deutschen Firma verbunden. Einer deutschen Firma, die Anspruch stellt, für den gesamten deutschsprachigen Raum zu sprechen. Wie Sie schon heraushören können, bin ich dem *Duden* gegenüber skeptisch eingestellt, denn dieser gesamtsprachliche Anspruch ist in erster Linie ein Marketinggag, der wenig mit echtem Interesse an nicht-deutschländischen Varianten zu tun hat. In jedem Fall gehen wir mit unserer Frage, auf Österreich bezogen, wieder leer aus. Auf duden.at kommt man lediglich zu einem Verkaufsinserat für *Das Große Österreichische Schulwörterbuch* (von Duden) in der 3. Auflage von 2018, aber man kriegt kein Wörterbuch gratis, wie auf duden.de. Das ist doch unfair. Zumindest gibt es eine Einführungsbroschüre zum Österreichischen Deutsch, die gut ist.[10]

Der unterschätzte Marktführer: das Österreichische Wörterbuch (ÖWB)

Der Markt ist die treibende Kraft im Wörterbuchgeschäft, und wer Marktführer ist, ist wichtig. In Deutschland ist *Duden* tatsächlich die unbestrittene Nummer 1 mit Monopolcharakter. Aber in Österreich ist, trotz jahrzehntelanger Schlacht um

8 https://www.duden.de/sprachwissen/sprachratgeber/der-oder-das-Virus (20. Apr. 2020)

9 Es ist das Verdienst von Dr. Jakob Ebner, dass die österreichische Komponente überhaupt vorhanden ist, wie wir später sehen werden.

10 http://www.duden.at/media/downloads/oesterreichisches_deutsch.pdf (22. Apr. 2020)

Marktanteile, nicht der Rechtschreib-Duden der Platzhirsch (ja, der gelbe), oder gar die 3. Auflage des Österreich-Dudens von 2018, sondern die 43. (!) Auflage des *Österreichischen Wörterbuches* von 2017 (siehe Abb. 1.5). Mit über 1000 Seiten steht das ÖWB, das lange eine nur mäßig große Ausgabe war, auch im Umfang dem gelben Duden um nichts mehr nach. Das ist auch gut so, wie wir später noch sehen werden. Die Kurzversion ist, dass Konkurrenz auch im Wörterbuchgeschäft eine gute Sache ist. Das ÖWB ist so etwas wie das gallische Dorf, das gegen die übermächtigen Römer Widerstand leistet. Wir müssen daher nun die Suche zu *der/das Virus* fortsetzen, und zwar im ÖWB.

Sehen wir also nach im wohl meistverkauften Wörterbuch Österreichs, das seit 1951, dank der Schulbuchaktion in sage und schreibe dreiundvierzig Auflagen vorliegt. Dieses *Österreichische Wörterbuch* ist nämlich ganz und gar kein VW-Käfer und der *Duden* schon gar kein Porsche, da muss ich meinem alten HTL-Deutschlehrer widersprechen. Bis heute gibt es dieses Problem des Prestiges – mehr als 30 Jahre nach der zweifelhaften Aussage meines Lehrers. Wie muss wohl dessen Deutschstudium ausgesehen haben, wenn der *Duden* ein Porsche sein soll? Das Grundproblem – eine Ignoranz gegenüber Österreichischem Deutsch – gibt es bis heute im Studienplan.

Hier sind nun aber die Angaben des ÖWBs. In der 43. Auflage steht:

> **Virus** [v-] das = der, -/Viren <lat.> (Med.): *kleinster Erreger von Infektionskrankheiten;* Grippevirus | (EDV) *Computerprogramm, das andere zerstört*

Abb. 1.4: Eintrag für *Virus* in ÖWB-43 (2017), siehe www.oewb.at

Wir sehen, dass beide Artikel, *das* und *der*, gleichgestellt sind. Ähnlich wie im *Duden*, aber doch ein wenig besser, weil mit dem Gleich-Zeichen explizit gesagt wird, dass *das Virus* so „gut" ist wie *der Virus*. Aber *das* ist noch immer erstgelistet. Man sieht darüber hinaus, dass das Wort mit [v] nicht [f] beginnt (*nützlich*), dass es ein Lehnwort („Fremdwort") aus dem Lateinischen ist (lat.), mit zwei Bedeutungen. Eine in der (Med.) izin, eine in der EDV. Die Entlehnung ist wohl eher nicht aus dem Lateinischen, sondern aus dem Französischem. Die Virologie war im 19. Jahrhundert dort jedenfalls führend, weshalb man von *le virus* wohl auch auf der Virus kommt.[11] *Virus* im Lateinischen heißt Schleim oder Gift, nicht Erreger – den man zu Lateiners Zeiten ja noch gar nicht erahnte.

Ganz nebenbei sei auch die Tatsache erwähnt, dass *der* für Entlehnungen von Substantiven als der unmarkierte Defaultartikel gilt[12], anders als im Deutschen insgesamt, wo der Artikel *die* mit 46% am häufigsten vorkommt, *das* nur in 20% der Fälle zugewiesen ist und *der*, folglich, 34% der Substantive ausmacht. Man kann fürs ÖWB jedenfalls sagen:

11 Ich bedanke mich bei dem Auslandsösterreicher und Physiker Dr. Alexander Rauscher, der immer wieder sprachwissenschaftlich enorm interessante Geistesblitze hat.

12 S. 229 in Peter Eisenberg. 2011. *Das Fremdwort im Deutschen*. 2. Aufl. Berlin: De Gruyter.

Abb. 1.5: Aktuelle Ausgabe des ÖWB, das ÖWB-43 (2017)

nicht schlecht für einen „VW-Käfer“ und darauf kann man aufbauen. Dieser Käfer erinnert eher an *Herbie,* den Super-Käfer mit der Nummer 53!

Das Digitale Wörterbuch der Deutschen Sprache

Es gibt aber auch noch andere Wörterbücher der deutschen Sprache, die alle im wesentlichen dasselbe sagen wie die zwei gerade besprochenen. Ein weiteres möchte ich Ihnen noch vorstellen, weil es in angenehmer Weise aus der Masse der Wörterbücher des Deutschen heraussticht. Es ist das *Digitale Wörterbuch der Deutschen Sprache*

(DWDS). Wirklich digitale Wörterbücher, also jene, die von Beginn an digital waren, also „born-digital", sind noch eine Seltenheit. Das DWDS ist so eins für Deutsch. Abbildung 1.6 zeigt einen Teil des Eintrags für *Virus*:

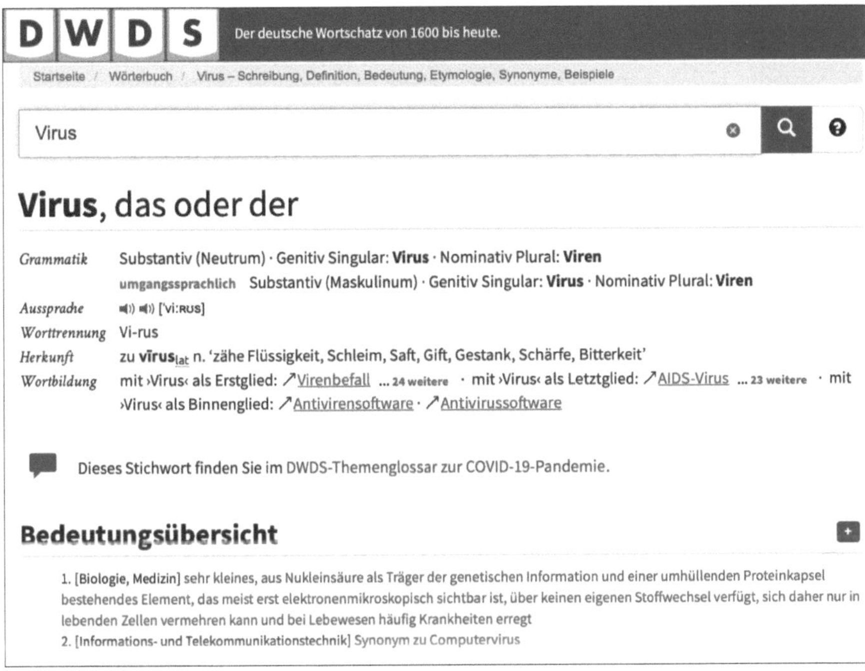

Abb. 1.6: www.dwds.de (s.v. „Virus", 25 Apr. 2020)

Wir sehen hier die selbe Genusinformation wie im *Duden,* „das oder der". Ist das Zufall? Nicht unbedingt, wenn man weiß, dass „Abschreiben" in der Wörterbuchindustrie eine lange, paradoxerweise auch anerkannte, Tradition hat. Man muss sagen, dass seit den ersten Wörterbüchern der europäischen Hochsprachen im 17. und 18. Jahrhundert kein Wörterbuch von null begonnen wurde, sondern alle mehr oder weniger voneinander „abgeschrieben" haben. Wir sehen im DWDS jedoch mehr als im Duden oder im ÖWB: die Herkunft aus dem Lateinischen (schon im ÖWB), *virus* (was Neutrum ist, also auf deutsch *das* wäre) und die Bedeutungen, im Lateinischen, von ‚zähe Flüssigkeit', ‚Schleim', ‚Saft' (Dicksaft) oder auch ‚Gift', neben der „Bedeutungsübersicht", mit den medizinischen und EDV-technischen Bedeutungen, die noch näher ausgeführt werden (in Abb. 1.11 werden wir dann eine Verlaufskurve sehen). Das DWDS ist ein gutes, empfehlenswertes und öffentlich zugängliches (open access) Wörterbuch, das man gratis nutzen kann.

Fazit Wörterbuchwissen

Fassen wir also zusammen, was wir über *Virus* wissen: Das ÖWB ist eine äußerst wichtige Quelle, da es als Wörterbuch der Allgemeinsprache gänzlich auf den Gebrauch in Österreich abstellt. Es ist auch unsere einzige Quelle, die angibt, dass *das = der* speziell in Österreich gilt. Hier stoßen wir auf ein weiteres Problem der praktischen Lexikographie, der Wörterbuchlehre: wie sind Kürzel zu interpretieren? Das ist, verblüffenderweise, oft ganz und gar nicht klar und lässt viel Raum für Interpretation. Die Information *das = der* kann man nun auf zumindest vier Arten lesen:

1. *das* und *der Virus* sind gleichberechtigt in Österreich
2. *das* ist die Hauptform, aber *der* eine weitgehend akzeptierte Nebenform
3. *das* ist die deutsche Form („Default" oder Grundform), aber in Österreich *das = der*, also *der* ist zu bevorzugen
4. umgekehrt wie 3., das es ja um Österreichisches Deutsch geht

Weil keine Zusatzangaben gemacht werden und die Interpretation in der Regel weder im Duden noch im ÖWB noch in einem anderen Wörterbuch auf dieser Ebene erklärt wird, bleibt immer eine gewisse Unklarheit bestehen. Interpretation 3 ist nicht so ungewöhnlich, wenn man erwägt, dass das ÖWB ein Gegenprojekt zum *Duden* war und dass es noch 1972 nur *das Virus* angegeben hat. Kein *der*. Zu sagen *das = der,* ist daher womöglich bedeutend, aber nun gehen wir schon sehr weit in die Spitzfindigkeiten der Lexikographie hinein. Jedenfalls werden wir aus den Wörterbüchern nicht sehr viel schlauer, zumindest nicht ohne Vermutungen, Mutmaßungen und Interpretationen, die womöglich nicht im Sinne des Erfinders sind. Dieses Resultat ist nichts Ungewöhnliches, es ist sogar die Regel. Wir müssen daher versuchen, anderswo verlässlichere Daten herzubekommen.

Test 3: Einzelbelege, die (noch) nicht in Wörterbüchern sind

Um an mehr und an bessere Daten zu gelangen, als wir sie in den Wörterbüchern finden, gibt es prinzipiell zwei Möglichkeiten. Wir suchen nun in der Fachliteratur, ob irgendwelche Hinweise zum Genus von *Virus* im Deutschen gefunden werden können. Zu Einzelwörtern gibt es leider in der derzeitigen Forschungslandschaft wenige bis gar keine Artikel. Ja, auch in der Wissenschaft gibt es, fast genauso wie bei Gucci, Chanel und Lagerfeld, so etwas wie Moden. Vielleicht könnte man etwas auf den Mailinglisten der Germanist*innen finden? Das wäre für andere Sprachen, allem voran das Englische eine Möglichkeit, da es dort Gesellschaften gibt, so wie die „American Dialect Society" oder die London „Philological Society", die auch im Internet sehr aktiv sind. Hierzu muss man leider sagen, dass es in der Germanistik noch nicht so viele Angebote gibt. Die Germanistik ist, nüchtern betrachtet, eben konservativer als andere Philologien –

mit dieser Aussage werden wir uns im Verlauf des Buches noch beschäftigen, weil dieser Konservativismus ganz konkrete, für jede*n Sprecher*in fühlbare, Auswirkungen hat.

Aufgrund dieses Mangels an Literatur sehen wir uns deshalb gezwungen, weiter zu suchen. Wie wär's, wenn wir einfach im Internet nachschauen, was wir dort an Belegen so finden? Was wir finden, sehen Sie exemplarisch in den Abbildungen 1.7 bis 1.9:

FALTER.at

ABONNIEREN EINLOGGEN

ZEITUNG ESSEN & TRINKEN BEST OF VIENNA EVENTS KINO SHOP SERVICE MEHR

Ökonom Felbermayr: "Der Corona-Virus wird uns ärmer machen! Da hilft nichts"

Vier Milliarden Euro kostet Österreich die Covid-19-Pandemie pro Woche, sagt der Spitzenökonom Gabriel Felbermayr. Die Wirtschaft ist lahmgelegt. Warum die Politik vieles richtig macht, und trotzdem scheitern könnte, die europäische Solidarität nur in der Theorie besteht, Vater Staat zurückkommen wird und Unternehmen keine Murmeltiere sind: Ein Gespräch.

EVA KONZETT
28.03.2020

Abb. 1.7: Stadtzeitung für Wien, *Der Falter*.

Unter den vielen tausenden Treffern auf Google, finden wir auf der zweiten Seite ein Zitat aus dem *Falter* von der .at-Domäne für Österreich. Abbildung 1.8 zeigt *der Virus* in Deutschland (was etwas an Suchaufwand bedeutete, weil es anscheinend nicht so oft vorkommt wie auf .at). Mit ein bisschen durchklicken findet sich auch *der Virus* in der Schweiz (Abb. 1.9).

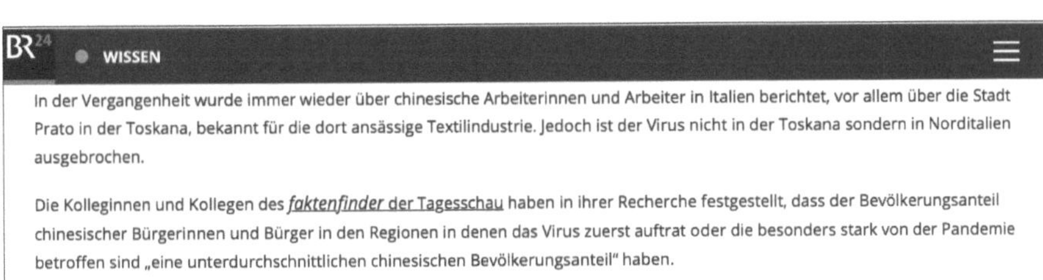

BR24 WISSEN

In der Vergangenheit wurde immer wieder über chinesische Arbeiterinnen und Arbeiter in Italien berichtet, vor allem über die Stadt Prato in der Toskana, bekannt für die dort ansässige Textilindustrie. Jedoch ist der Virus nicht in der Toskana sondern in Norditalien ausgebrochen.

Die Kolleginnen und Kollegen des *faktenfinder der Tagesschau* haben in ihrer Recherche festgestellt, dass der Bevölkerungsanteil chinesischer Bürgerinnen und Bürger in den Regionen in denen das Virus zuerst auftrat oder die besonders stark von der Pandemie betroffen sind „eine unterdurchschnittlichen chinesischen Bevölkerungsanteil" haben.

Abb. 1.8: Bayerischer Rundfunk, redaktioneller Blog-Eintrag zu Falschnachrichten

Daten gibt es also genug! Beim Überfliegen der Suchresultate könnte man aber durchaus das Gefühl bekommen, dass *der Virus* etwas Österreichisches haben könnte, weil man länger nach einem *der* oder *den* auf .de und .ch suchen muss. Aber ist das genug? Ist es nicht so, dass *der Virus* eher Dialekt und nicht Standard ist, oder so etwas in der Mitte

CORONA GREIFT MEHR ALS DIE GESUNDHEIT AN

So wirkt sich der Virus auf die Modeindustrie aus

Supermarktregale werden leer gekauft, die Aktien fallen in den Keller, Büros schliessen ihre Türen – längst ist klar, dass der Coronavirus mehr als nur unsere Gesundheit gefährdet. Das bekommt auch die Modeindustrie zu spüren. Vermutlich länger, als ihr lieb ist.

Abb. 1.9: *Schweizer Illustrierte*, „der" im Aufsatztitel (schweizer-illustrierte.ch)

wie Umgangssprache? Abbildung 1.10 zeigt Einträge aus dem Innsbrucker Treibhaus, einem alternativen Kulturzentrum: im ersten Beispiel ist es unklar, ob das Genus Maskulinum oder Neutrum ist (*an diesem sch* virus*), es wäre beides möglich. Im zweiten Beispiel, im Dialekt, wird *der Virus* verwendet.

24.03.2020 MANU DI BANGO. SEINE MUSIK IST UNSER TROST
heute ist der wunderbare MANU DIBANGO in paris an diesem scheiß virus verstorben. ja, er tröstet uns und macht noch immer das, was er am besten kann: uns mit seiner lebensfreude anstecken. trösten. aufmuntern

23.03.2020 DIE FAMILIE HAIDER & DER VIRUS AUS TIROL. WO SIND DIE HÄÄÄÄÄÄÄNDE?
I bin so schian, i bin so toll – I bin der VIRUS aus Tiroll – meine gigaschlanken Wadln – sein a Wohnsinn für die Madln – mei Figur – a Wunder der Natur / I bin so stork und a so wild – mir treibn es heiß und eisgekühlt. // und jetzt: alle

Abb. 1.10: https://www.treibhaus.at/radio/ (10 Apr. 2020)

Die Sprache in Abb. 1.10 ist jedoch nicht Standard, nicht Österreichische Hochsprache. Hmm, was heißt das nun? An dieser Stelle hört man in der Germanistik dieser Tage dann oft, dass Wort X (in unserem Fall *der Virus*) nicht Österreichische Hochsprache ist, weil Abbildung 1.10 zeigt, dass es auch im umgangs- und dialektsprachlichen Bereich so heißt.

Was tun an dieser Stelle? Man hört nun entweder auf mit der Untersuchung (wir sehen später Beispiele von denen, die das getan haben) oder man sucht sich die derzeitigen elektronischen Textsammlungen (Corpora) für das Deutsche und versucht mit den meistens eher kleinen Corpora, das Auslangen zu finden. Oder, und das werden wir machen, wir sehen uns die größte öffentliche Textsammlung der Welt an – den Google Suchindex – und versuchen dieses „Biest" für unseren Zweck zu „zähmen".

Test 4: Daten aus der weltgrößten Textsammlung

Vielleicht wundern Sie sich nun darüber, warum ich nun mit einer Suchmaschine herumhantiere, auf die jede*r Zugriff hat. Warum nehmen wir Google und nicht einen sauberen Corpus, eine saubere Textsammlung, von der wir genau wissen, welche Texte drinnen sind? Ich habe mich lange, so zwischen 2003 und 2007, genau gegen diese Praxis verwehrt, die wir uns nun im „Test 4“ ansehen werden. Das war deshalb, weil ich glaubte, dass der Google-Corpus, von dem man nicht genau weiß, was drinnen ist (ist nur Österreich drinnen, nur Deutschland?) und dessen Datenbasis sich ständig und unangekündigt verändert, keine gute Wahl sei. Ich bin falsch gelegen. Diese vier unterstrichenen Worte sind in der Wissenschaft wichtig, sehr wichtig, nur hört man sie viel zu selten, was oft zu ganz eigenartigen Verrenkungen der Realität führt (mehr dazu in Kapitel 5).

Aus der Not heraus, weil ich keine Daten zu Kanada hatte, habe ich mich doch endlich um 2006/07 herum mit dem Internet als Datenbasis genauer beschäftigt. Und, siehe da, die Ergebnisse waren um Längen besser, als jene aus allen kanadischen Corpora. Daraufhin entwickelten wir in Vancouver eine recht simple, aber effektive heuristische Methode, wie man das Internet als Corpus verwenden kann (sehen Sie sich, bei Interesse, bitte https://www.dchp.ca/dchp2/pages/how-to-use, Sektion zu „Normalizing Web Domains“, an). Das ist wichtig, weil man gerade bei der Suche nach Begriffswörtern (z.B. *Maus, Hausbau, Ytong, spielen, tanzen...*) keinen zu großen Corpus haben kann. Bei grammatikalischen Wörtern (z.B. *haben, sie, wir, ihnen, zu, wohl, der*) ist es oft nicht so schlimm, mit kleineren Textsammlungen – nur 100 Millionen oder wenige Milliarden Wörtern statt etlicher Billionen und mehr – zu arbeiten. Sehen wir uns nun in Abbildung 1.11 den Zeitungscorpus hinter dem frei zugänglichen *Digitalen Wörterbuch der Deutschen Spr*ache an.

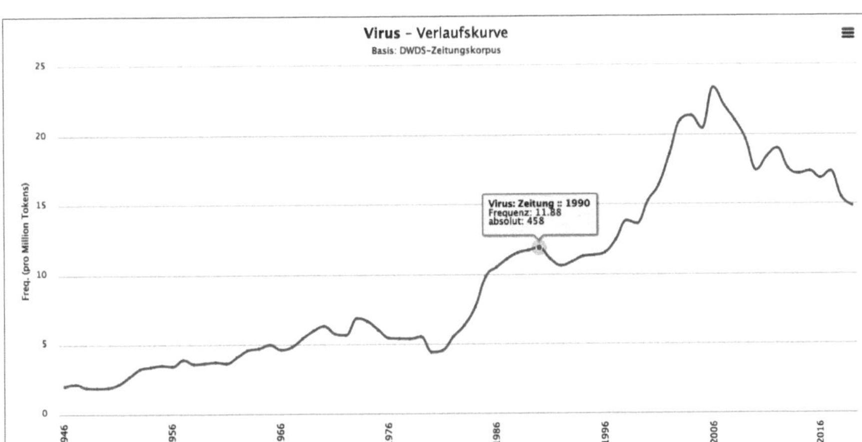

Abb. 1.11: https://www.dwds.de/wb/Virus (23 Apr. 2020)

Wie hat sich das Wort *Virus* in der deutschen Sprache gemausert? Abb. 1.11 zeigt uns, dass das Wort *Virus* einen steten Anstieg seit 1945 erfahren hat, besonders seit 1985. Aber hat es das wirklich? Das hängt ganz allein davon ab, wie viel Text in Abb. 1.11 jedem Jahr zugrunde liegt. Die Erfahrung mit Corpuslinguistik sagt mir, dass im Jahr 1945 dieser Zeitungscorpus sicher sehr viel weniger Text als Grundlage hat als im Jahr 2005. Das kommt daher, dass man ältere Daten, vor den 1980ern, erst mühsam digitalisieren muss – oft durch manuelles Eintippen und nur bedingt durch Einscannen. Der Anstieg zwischen 1945 und 1985 ist daher zu einem Teil wohl dem Anstieg der digital verfügbaren Zeitungsdaten geschuldet, und das, obwohl die DWDS-Leute die Frequenz normalisiert, also bezogen per Millionen Wörtern angeben.

Wie man sieht, ist der Anstieg von 1945 bis 2005 nur indikativ für eine Zunahme – er wird, zumindest zu einem Teil, ein Artefakt der Datensammlung sein. Eigenartig ist nicht nur der Anstieg, sondern auch der Absturz seit 2005, weil die Entwicklung von 2020 noch nicht berücksichtigen werden konnte. Wir sind daher mit den von der Forschung „akkreditieren" Corpora eigentlich immer „out of date". Um sinnhafte Daten zu haben, müssen in jeder Periode, hier in jedem Jahr seit 1945, annähernd gleich viele Daten vorhanden sein. Es gibt einen Corpus zum Österreichischen Deutsch, den *Austria Media Corpus*, der sehr groß ist und in die Milliarden Wörter – nicht Millionen, wie sonst üblich – geht. In diesem Corpus, dem, wenn Sie mich fragen, mit Abstand besten Zeitungscorpus im deutschsprachigen Raum, ist ein Großteil der österreichischen Presse seit den 1980ern erfasst. Dieser Corpus wäre der einzige, bei dem es derzeit lohnen würde nachzusehen. Er hat auch das Problem der unter-schiedlichen Verteilung, für sein einziges Genre, viel weniger als die meisten anderen Corpora.[13] Nicht nur, weil der Corpus leider noch nicht frei zugänglich ist, werde ich es aber bei dem Verweis belassen, sondern auch, weil es sogar für unsere Zwecke eine noch bessere Datenquelle gibt.

Zehntausende Belege von der/das Virus: *Google*

Gibt es noch einen anderen Weg? Ja, den gibt es tatsächlich, und er liegt eigentlich auf der Hand: sehen wir uns einmal an, was das Internet liefert – jedenfalls der Teil, den Google indiziert (oder eine andere Suchmaschine, aber die sind kleiner und lassen leider oft nicht die Art von Suche zu, die wir hier brauchen). Abbildung 1.12 ist das Resultat einer normalisierten Suche, die berücksichtigt, wie groß die einzelnen Länderdomänen sind. Die eruierten Werte, den „Frequenzindex", kann man daher direkt miteinander vergleichen. Diese Methode produziert die bisher besten Daten zu der Frage von *der/das Virus*:

13 Wie wir gleich an den Internet-Daten sehen, ist der AMC ganz gut aufgestellt. Laut Jutta Ransmayr ergibt der AMC derzeit 19.016 Treffer für Virus, davon 7.165 für *der Virus* und *den Virus*.

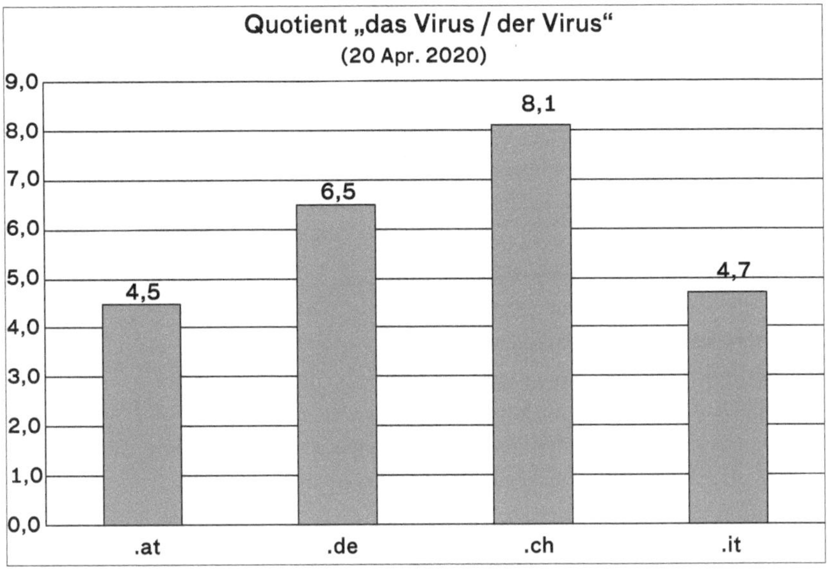

Abb. 1.12: *das Virus/der Virus* im Internet, 20. Apr. 2020, nach Länderdomänen (normalisiert)

Abb. 1.12 liefert uns also mit Abstand die beste Information zu unserer Frage, ob *der Virus* etwas mit Österreich zu tun hat. Wir sehen, dass die .at-Domäne, für Austria, die niedrigste Verhältniszahl von *das Virus* zu *der Virus* hat. Das heißt, dass zwar in der .at-Domain 4,5 mal so oft *das Virus* verwendet wird wie *der Virus,* aber dass in Deutschland (.de-Domäne), das Verhältnis 6,5 ist, d. h. pro 6500 mal *das Virus* auf .de, findet sich *der Virus* nur 1000 mal. In der Confederatio Helvetica, der Schweizer Konföderation, .ch, ist diese Verhältniszahl am höchsten, mit 8,1 zu 1 und in Italien – Südtirol – ist man mit 4,7 ziemlich niedrig und ziemlich nah an Österreichs 4,5. Solche „Muster“, im Sinne von frequenzmäßigen Naheverhältnissen, sieht man immer wieder. Ist es ein Zufall, dass Südtirol so nahe an Österreich ist? Nein, ist es nicht, denn historisch und gesellschaftlich ist Südtirol bis heute eng mit Österreich verbunden. Doch wird im Falle von *Virus* wohl eine andere Verbindung schlagend, weil *Virus* im Italienischen mit *il virus* auch Maskulinum ist.

Was die Germanistik dazu sagt

Was heißt das nun? Viele Kolleg*innen in der Germanistik würden nun wohl folgendes sagen: die Abbildung zeigt, dass *der Virus* nicht ausschließlich in Österreich verwendet wird und damit kann die Form nicht als Austriazismus gelten. Und sie schreiten fort zum nächsten Wort.

Ich sage aber: *hoit, da is a Spoit!* Abb. 1.12 sagt uns nämlich auch etwas anderes. Sie sagt uns, unter Berücksichtigung der historischen und sozialen Entwicklung der Sprache Deutsch, das Gegenteil, und zwar, dass es im Jahr 2020 *klare* Unterschiede zwischen Deutsch auf den Domänen .at, .de, .ch, und .it gibt. Sie sagt uns auch, dass .at und .it zusammen „clustern", also zusammen fallen. Das sollte einen ja auch nicht wundern, wenn man bedenkt, dass viele Südtiroler*innen nicht nur historische Bande zur Alpenrepublik haben sondern auch heute in Österreich, zumindest eine Zeit lang leben, und in der Regel mehr Kontakt hierher haben als zu Deutschland.

In absoluten Zahlen haben wir *der Virus* 46.900 mal auf .at, 857.000 auf .de, 31.700 auf .ch und 5.030 auf .it, was die Südtiroler betrifft. Das sind sehr solide Zahlenbasen, würden die Zahlencruncher nun sagen, viel solider als man sie sonst in der Corpuslinguistik hat. Setzt man diese Fallzahlen in Relation zu denen für *das Virus* auf den jeweiligen Domänen, dann ergibt sich die Balkengrafik in Abb. 1.12.

Um die Daten statistisch zu testen – ist diese Verteilung Zufall oder nicht? – muss man aber absolute Zahlen nehmen, die vergleichbar sind. Da die .de-Domäne viel größer ist als alle anderen, muss man die Trefferrate heuristisch angleichen. Das heißt nichts anderes, als dass man eine Methode nimmt, um die Größenordnungen der Treffer in Relation zur Größe der Domänen zu setzen: das ist eine wohlbesonnene, indikative Schätzung, die sich seit fast 10 Jahren bewährt hat (siehe S. 91). In Relation zu den Domänengrößen ergeben sich folgende Zahlen, die man, im Gegensatz zu den Relativwerten, auch aussagekräftig statistisch testen kann:

	.at	.de	.ch	.it
der Virus	10.984	24.141	10.326	3.422
das Virus	49.180	156.620	83.713	16.123
GESAMT	**60.164**	**180.761**	**94.039**	**19.545**

Tabelle 1.2: Normalisierte absolute Zahlen für *der/das Virus.*

Erst diese angeglichen Zahlen kann man statisch auswerten. Es sind nun zwar keine „echten" Zahlen im Sinne von Resultaten, die ich alle abgezählt habe, aber es sind Werte, die immer in Relation zur Größe der jeweiligen Domänen stehen. Wüssten wir genau, wie viele Wörter die einzelnen Domänen umfassen, könnten wir die Zahlen direkt übernehmen. Da uns Google das aber nicht sagt (Firmengeheimnis), müssen wir uns mit dieser sehr strapazierungsfähigen Extrapolation begnügen.

Nicht nur „Wien ist anders": *ganz Österreich ist statistisch signifikant anders*

Was ergibt sich nun aus dem ganzen? Nehmen wir doch einen Chi-Quadrat Test, um auszuloten, ob die Verteilungen zwischen .at und .de Zufall sind oder nicht. Chi-Quadrat ist eine einfache, aber effiziente Methode, um den Zufallscharakter eines Zahlenverhältnisses zu verorten. Es zeigt sich in der Tat, dass der Gebrauch von *der Virus* zwischen .at und .de statistisch signifikant unterschiedlich ist (Appendix B). Und das ist die wirklich interessanteste Geschichte mit *der/das Virus*, wie in Abb. 1.12 durch Unterschiede in der Höhe der Balken schon visuell suggeriert wird: *der Virus* wird in Österreich und Südtirol wesentlich öfter verwendet, signifikant öfter verwendet, als in Deutschland oder gar der Schweiz. Aber ist es damit auch gleich Österreichischer Standard, Österreichische Hochsprache? Ich würde sagen ja, aber mit dieser Frage müssen wir uns im weiteren Verlauf dieses Büchleins noch beschäftigen. Angefangen mit dem grundlegenden Problem, natürlich, was Hochdeutsch und Standard und Konsorten überhaupt bedeuten.

Was Sie in diesem Buch erfahren werden

Wie Sie sehen, ist rund um *das/der Virus* alles komplizierter – und schöner, weil eben sozial gewachsen – als man das auf den ersten Blick ausmachen kann. Ich hoffe, Ihnen mit meinem kleinen Beispiel zu *der/das Virus* gezeigt zu haben, dass die derzeitige Germanistik – sofern meine Aussage stimmt – hier zu früh aufgibt. Das ist sicher auch dadurch begründet, weil in der traditionellen Germanistischen Sprachwissenschaft eben keine*r damit rechnet, nationale Eigenheiten zu finden, was natürlich das ureigenste Problem ist: ich kann bei Ausschluss einer nationalen Komponente keine relevanten Fragen zu Sprache und Nation stellen und werde dadurch wenig relevantes für Österreich finden. Ich werde aber viele Gemeinsamkeiten der alten, grenzüberschreitenden Dialekträume ausmachen, womit wir sehen, dass die Perspektivenfrage eine wichtige ist.

Ich hoffe, dass ich Ihnen Lust auf mehr gemacht habe und Sie nun weiterlesen wollen. In diesem Buch werde ich versuchen, Ihnen Einsichten zum Österreichischen Deutsch in einer Weise zu zeigen, die wissenschaftlich abgesichert und dennoch verständlich und unterhaltsam ist. Diese Quadratur des Kreises kann ich mir erlauben, weil ich die Grundarbeiten in meinen anderen Büchern – allesamt aber auf Englisch – vorliegen habe. Mir ist in der letzten Zeit klar geworden, dass die englischen Texte gar nicht so leicht zu lesen sind, auch wenn man gut Englisch kann. Das soll in diesem Büchlein ganz anders sein: nicht zu dick, nicht zu dünn und mit vielen relevanten Abbildungen soll es für die Sprecher*innen so leicht verdaulich sein, wie nur möglich.

Mindestens drei hochdeutsche Standardvarietäten

Sie werden in diesem Buch auch sehen, dass die deutsche Sprache sich wie jede andere Sprache verhält – um genauer zu sein, wie jede andere verschriftlichte Sprache (ich vermeide hier das Wort „Kultursprachen“, obwohl ich das selbe meine) – und keinen „Sonderweg“ geht. Sie werden verstehen, dass die Theorie der Plurizentrik, die vorhersagt, dass sich mit der Zeit, gemäß den sozialen Rahmenbedingungen, eine Standardsprache (z.B. Englisch) auf mehrere Standardsprachen aufteilt (Amerikanisches Englisch, Britisches Englisch, Kanadisches Englisch, aber auch Jamaikanisches Englisch,

Indisches Englisch usw.) und dieser Prozess universell und im Grunde ohne Ausnahme ist. Wir erörtern, warum die Plurizentrik die *theory of choice*, die beste Theorie, ist, weil es keine ernstzunehmende Gegentheorie gibt. Es gibt zwar einen Gegenbegriff, aber keine Gegentheorie: das ist ein bedeutender Unterschied. Plurizentrik ist daher alternativlos.

Beim Deutschen werden Sie sehen, warum Deutsches Deutsch, Österreichisches Deutsch und Schweizerisches Deutsch – und die jeweiligen drei Hochsprachen Deutsches Hochdeutsch, Österreichisches Hochdeutsch und Schweizer Hochdeutsch und, so möchte ich anführen, wohl auch Südtiroler Hochdeutsch[14] – in der Tat sinngebende Kategorien sind. Für Österreich gibt es dazu auch den interessanten Artikel „Eine kurze politische Geschichte des Österreichischen Deutsch" von Rudolf Muhr („Weiterführende Literatur").

Österreichisches Standarddeutsch: weder nationalistisch noch EU-feindlich

In diesem Buch werden Sie auch erkunden können, warum Österreichisches Standarddeutsch nichts mit Nationalismus zu tun hat. Zumindest nichts mit Nationalismus in irgend einem bösen Sinn, wie zu Beispiel jenem, der während der 1. Hälfte des 20. Jahrhunderts soviel Unheil anrichtete und das auch heute noch tut. Im Gegenteil, dieses Buch ist aufgebaut auf der tiefen, gelebten Überzeugung, dass jede*r wirkliche Weltbürger*in nur in die Welt hinaus gehen kann, wenn er oder sie gut verwurzelt mit dem Begriff „Heimat" – im Van-der-Bellenschen Sinne – ist. Da gehört der Heimatdialekt, den man vielleicht spricht, genauso dazu, wie die Idee und das Konzept des Österreichischen Hochdeutsch, das sich von anderen Hochdeutschen unterscheiden darf, ohne dabei EU-feindlich zu sein.

Im Gegenteil: Österreichisches Standarddeutsch ist wunderschön. Genauso wie Deutsches, Schweizer oder Südtiroler Standarddeutsch und andere Standardvarietäten, die sich vielleicht noch entwickeln könnten. Auch wenn ich die drei letztgenannten Standards nicht spreche oder schreibe, verstehe ich sie wunderbar und auch das ist wunderschön. Man kriegt mit der Plurizentrik des Deutschen zwei zum Preis von einem: internationale Verständigung <u>und</u> sprachliche Signalisierung seiner Wurzeln. Wenn, ja wenn, die anderen verstehen und erkennen, dass ich Österreichisches Hochdeutsch und kein „verschandeltes, nicht ganz gutes Deutsches Hochdeutsch" spreche. Bei letzterem Verstehen hapert es zwar noch gewaltig, und wir gehen auch heute noch nicht immer in die richtige Richtung mit dem Bewusstsein, dass man die sprachlichen Identitäten, wie immer sie sich ausdrücken, zu 100% akzeptieren muss.

---

14 Sehen Sie hierzu die Dissertation von Sylvia Hofer. 2020. *„Deutsch ist nicht gleich Deutsch": Zum Umgang mit der plurizentrischen Sprache Deutsch und standardsprachlicher Variation an Südtiroler Oberschulen*. Uni Wien, Institut für Sprachwissenschaft, zugänglich via https://bibliothek.univie.ac.at (Katalogsuche)

Theorie und Daten: Auch die Forschung liegt manchmal falsch

Sie werden zwischen diesen zwei Buchdeckeln auch ganz Praktisches lernen, zum Beispiel, dass auch der am besten bezahlte Professor, die angesehenste oder vielleicht auch die sympathischste Forscherin falsch liegen kann. Das allein wäre an sich kein Problem, das Problem entsteht erst dann, wenn ein Irrtum nicht eingestanden wird. Gerade in diesem Bereich bietet unser Thema viel Material um dieses akademische Problem aufzuzeigen. Ich werde mich bemühen, das möglichst allgemein abzuhandeln und nur die Vorgänge festzumachen ohne Namen zu nennen.

Es geht mir nicht darum, Kolleg*innen anzuprangern, obwohl ich dabei schon Methode, Umgang und Probleme in einzelnen Projekten aufzeigen muss. Ich tue das, weil die facheigene Korrekturfunktion hier offensichtlich versagt hat. Ich hoffe, dass diese „Sachverhaltsdarstellungen" aus meiner Sicht dazu beitragen werden, die Schwachstellen der akademischen Kontrolle in Zukunft zu beseitigen. Was ich in der Diskussion der letzten 10 Jahre, aber auch schon als Student der Germanistik im Wien der 1990ern gesehen habe, ist, dass die Diskussion nur stattfindet, weil eine große Gruppe von Kolleg*innen theorielos an die Daten herangeht. Wissenschaftstheoretisch, erkenntnistheoretisch, d. h. epistemologisch, geht das gar nicht, weshalb ich alte aber bewährte Worte von Karl Popper, erstmals publiziert im Jahre 1934 in Wien, bemühen werde. Wie Sie sehen, es gibt viel zu erzählen.

Wos woima denn eigentli? Sprache und Identität

Außerdem werde ich in diesem Buch veranschaulichen, dass Sprache niemals nur Sprache, sondern auch immer Identität ist. Dieser Punkt ist auch der springende Punkt, der viel von dem Widerstand gegen ein Österreichisches Hochdeutsch von Seiten der Germanistik erklären kann. Nur, es sind nicht die Germanist*innen, die darüber befinden, ob es so etwas wie Österreichisches Hochdeutsch gibt oder nicht, sondern immer nur die Sprecher*innen dieser Varietäten. Das machen sie kollektiv, weshalb wir damit in der Mitte eines basisdemokratischen Prozesses sind, zu dem ich Sie, liebe*r Leser*in, herzlich einladen will.

Zum Glück müssen Sie auch in diesem Prozess nicht mir allein glauben, denn mit den Arbeiten zur Identitätsfunktion im Österreichischen Deutsch von Ruth Wodak, Rudolf de Cillia, Martin Reisigl, Markus Rheindorf und anderen sind in einem international absolut erfolgreichem Ansatz, den man sogar auf Deutsch lesen kann, exzellente Texte verfügbar. Alles andere hole ich mir von der internationalen, oft anglophonen Literatur, die ich vorher aber immer auf Brauchbarkeit im österreichischen Kontext abklopfe. Wie kann man seine österreichische Identität im EU oder globalen Kontext zeigen? Hier spielt das Österreichische Hochdeutsch eine wichtige Rolle, und es kann gerade bei einem Zusammenwachsen der Staaten dazu beitragen, eine eigene Identität im großen zu signalisieren. Sie reden mit einem Luxemburger und sagen *heuer, Jänner* oder *passt schon*? Sie signalisieren damit, auf ganz elegante Art und wirklich nebenbei, dass Sie Österreicher*in sind und werden dennoch verstanden! Das geht mit Dialekt nicht.

Am Ende des Buches können Sie dann selbst entscheiden, ob Sie, für sich, von einem solchen Österreichischen Standarddeutsch von nun an reden wollen. Ich lade Sie zu dieser sprachwissenschaftlichen, soziologischen, kognitiven und soziopolitischen Erkundungsreise zur österreichischen Identität recht herzlich ein und hoffe, dass Sie alles, was Sie hier lesen, mit Ihrer eigenen Sprachsituation abgleichen. Passt das, was sie hier lesen, passt es nicht, bzw. warum nicht? Ich würde mich auch sehr freuen, von Ihnen zu hören. Sie finden meine E-Mail-Adresse auf meiner Seite, https://ubc.academia.edu/StefanDollinger[15], die auch (fast) alle meiner anderen Texte zugänglich macht – vom Kanadischen Englisch, zu Border Studies (Grenzstudien), bis zum Deutschen, inklusive des ersten Kapitels von *The Pluricentricity Debate: On Austrian German and Other Germanic Standard Varieties.* Lassen Sie uns nun aber loslegen mit unserer Reise durch die Variation der Sprache Deutsch, die die Österreicher*innen als die „schönste"[16] Hochsprache empfinden, ohne es vielleicht zu wissen oder zu realisieren: Österreichisches Hochdeutsch.

[15] Sie brauchen sich nicht anmelden oder einloggen. Klicken Sie zum Online-Lesen das Log-in-Prompt einfach weg (Kreuzerl rechts oben bei der Log-in Aufforderung).

[16] De Cillia & Ransmayr (2019: Abb. 49).

2 Was ist Deutsch? Was ist „Hochdeutsch"?

Was ist „Hochsprache"? Weil der Terminus zwiespältig ist, nennt man in der Sprachwissenschaft Hochsprache eigentlich immer nur Standardsprache. Um zu entscheiden, was „Hochsprache" ist, müssen wir ganz von vorne anfangen. Im wahrsten Sinne des Wortes, denn wir gehen zu den Indogermanen zurück. Wenn ich aber hier in diesem Büchlein manchmal Hochsprache schreibe und manchmal Standardsprache oder auch nur Standard, dann meine ich jeweils dasselbe und hoffe, der Mix macht dieses Buch wieder ein wenig zugänglicher. Denn, wer kennt nicht das Wort Hochdeutsch oder Hochsprache? Eben.

Bevor wir uns mit Hochsprache beschäftigen können, müssen wir aber zuerst ein paar Konzepte rund um Sprache erklären. Das macht der Sprachhistoriker in mir am liebsten in Form einer kleinen Sprachgeschichte.

Kleine, leicht bekömmliche Sprachgeschichte

Wie ist das nun mit der deutschen Sprache? Ist sie nicht mit dem Englischen verwandt? Wenn dem so ist, wieso gibt es relativ wenige Wörter, die sich Deutsch und Englisch teilen, außer *book* und *Buch* oder *ship* und *Schiff* vielleicht? In diesem kleinen Abschnitt möchte ich Ihnen einen kurzen Einblick darüber geben, was Sprachen eigentlich sind und wie wir Sprachen konzeptualisieren. Sie werden dabei sehen, dass Sprachen von Beginn an ganz kritisch mit der Konzeption von Gruppen verbunden sind und dass, paradoxerweise, was wir unter Sprache verstehen, ganz und gar keine objektive, sprachwissenschaftliche Größe ist. Es ist nämlich nicht so, dass Deutsch, Niederländisch, Schwedisch, Norwegisch und wie sie alle heißen, schon immer separate Größen waren. Was wir als Sprache betrachten ist sozialpolitisch geformt und hätte auch ganz anders geformt werden können. Sprache ist immer subjektiv. Aber wie geht das und was meine ich damit?

Hier ist es hilfreich, sich vor Augen zu halten, dass die moderne Sprachwissenschaft ihren Ausgang in der Philologie, der durchaus romantischen „Liebe zu Sprachen", nahm. Im Jahre 1786 machte der englische Kolonialbeamte William Jones in Indien die Entdeckung, dass die Wörter von Sanskrit (der alten indischen Sprache), Latein und Griechisch, aber auch der keltischen Sprachen, der germanischen Sprachen (inkl. Deutsch und Englisch) sowie von Altpersisch einander so ähnlich sind, dass dies unmöglich das Resultat eines Zufalls sein kann. Mit anderen Worten, Jones erahnte den Stammbaum der Indogermanischen Sprachen. Tabelle 2.1 zeigt für zehn von ihnen, die sich von Irisch im Westen Europas bis zu Hindi am indischen Subkontinent erstrecken, das Wort *Fuß*:

Latein	Griech-isch	Englisch	Deutsch	Gotisch	Schwed-isch	Polnisch	Slowenisch	Russisch	Hindi
pedes	pódi (πόδι)	foot	Fuß	fotus	fot	stopa	stopalo	stopa (стопа)	pair (पैर)

Tab. 2.1: *Fuß* in 10 Indogermanischen Sprachen

Wir sehen hier, dass das wortanfängliche *p-* in *pedes* in Latein (einer italischen Sprache), dem *p-* im *Griechischen* (einer hellenischen Sprache) entspricht, dem *p-* in Hindi, einer indoarischen[17] Sprache. Im Englischen ist es ein *f-*, ebenso im Deutschen (zwei westgermanische Sprachen), Gotischen (einer toten ostgermanischen Sprache), im Schwedischen (einer nordgermanischen Sprache), während es im Russischen (einer ostslawischen Sprache), im Polnischen und Slowenischen (west- und südslawische Sprache, respektive) einem *st-* entspricht. Zufall? Nein. Kein Zufall, sondern das Resultat regulären Sprachwandels über lange Zeiträume, bzw. sehr alte Entlehnungen.

Wir haben es also hier mit einem Stammbaum von Sprachen zu tun, von Sprachen, die alle auf die selbe Ursprache, die selbe „Mutter" Proto-Indogermanisch, zurück gehen. Es handelt sich hier um einen natürlichen Prozess der Diversifizierung der oben angegeben Sprachen, deren „Mutter" sich zwischen 6500 bis 1000 vor unserer Zeitrechnung in mehrere „Töchter" aufsplitterte. Nun stoßen wir auf eine sehr wichtige Frage, die uns bis ans Buchende in der einen oder anderen Form begleiten wird:

> Ab welchen Punkt hat eine Sprache, sagen wir Proto-Indogermanisch, aufgehört, als solche empfunden zu werden und ab wann wurde begonnen, diese als zwei oder mehr unterschiedliche Sprachen, sagen wir die Vorläufer von Englisch und Deutsch, zu empfinden?

Hier kommt die Verbindung von Sprachen mit Gruppen von Menschen zum Schlagen. Diese Verbindung ist, wie Sprache selbst, niemals statisch, sondern immer dynamisch. Der Zeitraum der ersten Absplitterung, die Zeit der Sprachentwicklung und Differenzierung zwischen dem Englischen und dem Deutschen ist hier interessant, die in der ersten Phase vom 5. bis zum 8. Jahrhundert dauerte.

„Hochdeutsch": ein unglücklicher Begriff

Jetzt wird es Zeit für einen Stammbaum, und zwar jenem einer Untergruppe der indogermanischen Sprachen, der germanischen Sprachen. Dieser wird uns helfen, ein wenig Licht in die Unschärfe rund um den Begriff „Hochdeutsch" zu bringen. In

[17] Wie Sie sehen können, wurde das Wort „arisch" von den Nazis instrumentalisiert.

Österreich kann Hochdeutsch vor allem zwei Dinge heißen: die gehobene Form der Sprache, die die Österreicher*innen *nicht* sprechen und die gehobene Form der Sprache, die *jede*r Österreicher*in* zu einem gewissen Grad *spricht*, je nachdem, wie er oder sie sozialisiert wurde. Also, erste Interpretation: die Sprache der Deutschen (hoch im Norden), die zweite: das offizielle Deutsch, das man in Österreich verwendet. Doch wie es so mit unscharfen Begriffen ist, es schwingt immer die andere Interpretation mit.

Was sagt die Sprachwissenschaft? Hier sehen wir, dass es auch noch eine andere Bedeutung von Hochdeutsch gibt, und um die zu verstehen, brauchen wir den altehrwürdigen Stammbaum des Proto-Germanischen, das von ca. 1000 bis 200 vor unserer Zeitrechnung im Norden Deutschlands und im Gebiet rund ums südliche Dänemark angesetzt wird. Abb. 2.1 liefert einige Details:

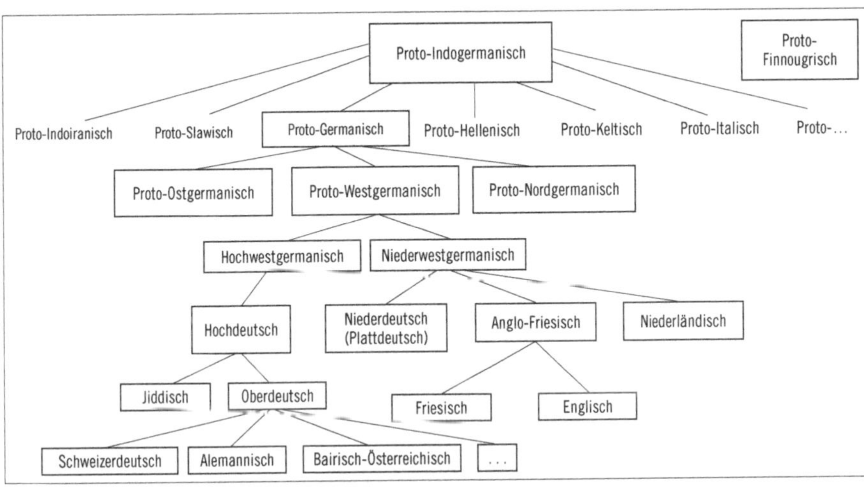

Abb. 2.1 Stammbaum der germanischen Sprachen

Das Präfix „Proto-“ nehmen wir für Varietäten, die rekonstruiert sind, d. h. wir haben keine Texte von ihnen, aber wir wissen aus anderen Quellen und der historisch-vergleichenden Methode, dass es sie gegeben haben muss. In Abb. 2.1 können Sie nun sehen, dass der Terminus „Hochdeutsch“ für den Gegensatz zu Niederdeutsch dient: Hochdeutsch, nicht Niederdeutsch. Das ist die Sichtweise, die der historische Sprachwissenschafter an den Tag legt. In dieser Definition sind Schweizerdeutsch (die Dialekte), alle Dialekte in Deutschland südlich von zirka der Mitte des Landes, alle Dialekte in Österreich und Südtirol, im Sudetenland, in der Bukowina etc. eingeschlossen. Alle diese Formen des Deutschen sind „Hochdeutsch“, wohingegen alle norddeutschen Dialekte, jene an der niederländischen Grenze und ostwärts, „Niederdeutsch“ sind.

Sie sehen, „Hochdeutsch“ ist ein verwirrender Begriff. Was dazu kommt, ist, dass „Hochdeutsch“ in Deutschland lediglich als synonym mit „Standard“ gilt, aber in Österreich immer etwas von „Standard in Deutschland“ mitschwingt, das „richtigere“, das „bessere Deutsch", „nicht unser Deutsch". Diese Verwirrung ist auch der Grund, warum man in der Linguistik heute generell von Standarddeutsch spricht und nicht von Hochdeutsch. Wenn ich den Begriff *Hochdeutsch* in diesem Buch verwende, meine ich das aber immer im Sinne von Standarddeutsch.

Sprache und Identität

Mit Abb. 2.1 können wir uns nun fragen, an welchem Punkt die Sprechenden – und auf die kommt es ja immer an – sich nicht mehr länger als Germanen gefühlt haben, sondern als Westgermanen? Das ist im Prinzip wichtig, weil die kognitive Vorstellungsebene der Sprechenden und deren Identitätskonstruktionen sich auf Sprache auswirkt. Das heißt konkret, wie Sie sich fühlen – als Germane oder doch schon als Westgermane – hat Einfluss auf Ihre Sprache. Ein Extrembeispiel kann das veranschaulichen. Während der Hitlerzeit, als Österreich Teil Großdeutschlands war, ist es nur logisch, dass viele Österreicher*innen deutsche Sprachzüge annahmen. Weniger *Jeh* für den Buchstaben „J", mehr *Jott* – es hieß ja auch *HJ – Ha-Jott*. Weniger *Sessel*, mehr *Stuhl*, oder zumindest war letzteres die Prestigevariante. Stellen Sie sich vor, jemand hätte *Ha-Jeh* gesagt: das wäre wohl Zeichen eines symbolischen Widerstandes gewesen. Ob sich das jemand getraut hätte/hat in diesem totalitären Regime? Eine grausliche Frage. Eines ist aber klar: *Österreich* als Name war verbannt, ebenso *Oberösterreich* und *Niederösterreich* und alle mussten *Ostmark* und *Ober-/Niederdonau* sagen, wenn sie nicht ihr Leben riskieren wollten. Dieses Beispiel macht den Punkt klar: wie Sie über sich denken, bzw. denken dürfen, schlägt sich auf allen Ebenen nieder, und Sprache ist da keine Ausnahme.

Aber zurück zu unseren Germanen, oder, um ein besser erforschtes, weil etwas jüngeres Beispiel zu nehmen, ab welchen Zeitpunkt fühlten sich jene germanischen Gruppen, die von Norddeutschland und Dänemark aus über die Nordsee nach England „umzogen", als Engländer und nicht mehr als alte Westgermanen oder Anglo-Friesen? Das ist in Abb. 2.1 die Stelle, wo sich „Anglo-Friesisch" aufteilt in Englisch, die spätere Weltsprache, und Friesisch, die wenig benutzte Sprache von nur ca. 40.000 Sprechenden. Aus soziohistorischen Gründen entwickeln sich zwei gleich kleine und unbedeutende Sprachen des Jahres 500 innerhalb von etwa 1500 Jahren gänzlich unterschiedlich. Eine der beiden Sprachen wurde Weltsprache (Englisch, mit mehr als 2,5 Milliarden Sprechenden und 10 Standards und mehr), während die andere (Friesisch) in gewisser Weise heute um ihr Überleben kämpft. Wir wissen vom „ehrwürdigen" Mönch Beda („Venerable Bede"), der seine Geschichte der Kirche in England (auf Latein) im Jahre 731 verfasste, dass die „Angeln, Sachsen und die Jüten" im Jahre 449 n. Chr. in der späteren englischen Grafschaft Kent ankamen. Sicher nicht über Nacht und nicht alle auf einmal, so wie das bei Beda klingt, sondern eher in einem langen Prozess, der sich über Jahrzehnte streckte und wohl auch nicht genau 449 anfing. Vier Jahrhunderte später, nach dem Friedensvertag von Wedmore im Jahre 878, entwickelte sich zunehmend eine gesamtenglische Identität, die sich aus ursprünglich sieben englischen Königreichen konstituierte („Heptarchy“). Der Friendsvertrag mit den skandinavischen Eindringlingen sollte dem englischen König Alfred den Großen das halbe Land kosten, das fortan unter Wikinger-Verwaltung stand (Gebiet des Danelaw, wörtlich, Gebiet des dänischen Gesetzes, wo englisches Gesetz eben nicht galt). Für die Herausformung einer überregionalen englischen Identität war dieser Konflikt nicht unwichtig.

Aber ab wann begannen diese Königreiche und deren Untertanen sich als Kentisch, Westsächsich (Wessex), Ostsächsisch (Essex), Südsächsisch (Sussex) Merzianisch (Merica), Ostanglisch (East Anglia) oder Nordhumbrisch (Northumbria) zu fühlen? Sicher lange vor 878. Aber wann, zwischen 449 und 878? Und war das für alle sieben Reiche gleich? Sie können sich schon vorstellen, dass die Antwort auf diese Frage vielschichtig und differenziert sein muss. Auch müssen wir beachten, dass nicht immer alle gleich in dieser Frage dachten. Sicher lange vor 878, und wohl näher an 449 als an 878, würden die sieben Reiche sich relativ stabil konstituiert haben und damit eine Art von lokalen Identitäten, die ja bis heute anhalten und mit der englischen verknüpft werden (z.B. ich bin Nordhumbrier *und* Engländer). Diese Identitäten berührten zwar nicht alle sozialen Schichten gleichermaßen, aber sie waren, zumindest für die Adeligen, von immer wichtigerer Bedeutung.

Ab wann kann man also sagen, dass die „Auswanderer“ auf der Insel sich anders fühlten als die „Zurückgebliebenen“ an der kontinentalen Nordseeküste? Diese Frage können wir den Kolleg*innen in der Mediävistik überlassen. Für uns ist nur wichtig, uns vor Augen zu halten, dass sich diese lokalen Identitäten, wohl in Verbindung mit den sieben Königreichen, irgendwann zwischen 449 und 700 verfestigt haben würden. Die Westsachsen wurden noch immer von den Zurückbleibern auf dem Kontinent verstanden und umgekehrt, aber eben schon ein bisschen komisch klingen. Vielleicht so wie der Vorarlberger Dialektsprecher für die Steirerin etwas komisch klingt, aber man versteht sich. Dieser Vorgang der Identifikationsfunktion von Sprache wurde im Verlauf der Zeit immer wichtiger, als der Mensch begann, immer weitere Einflusssphären zu errichten. Viel später, mit der Zunahme an regionaler und sozialer Mobilität im 19. und 20. Jahrhundert, wurde Sprache auch als Erkennungszeichen immer wichtiger. Woher kommt jemand? Horch zu, wie er/sie etwas sagt! Die sprachliche Zuordnung nach Dialekten würde auch heute noch sehr gut funktionieren, wäre da nicht eine andere Bewegung, die wir uns nun genauer anschauen werden: Standardschrift und Standardaussprache, also Standardsprache (oder, wie wir oben sagten, „Hochsprache“).

Sprache und Schrift: Kunstprodukt Hochsprache

Nun war es noch ein langer Weg von „Sprache“ in dem Sinn, der um 880 zu Alfreds Zeit verstanden wurde, zu einer Art von Standardsprache, wie wir sie heute kennen. Ein sehr langer Weg. Eine Vorstufe gab es im Englischen schon früh, um 1000 n. Chr., doch sie war nicht von langer Dauer. Zu dieser Zeit gab es in der Form des westsächsischen Dialektes eine Art geschriebenen Standard, geschriebene Hochsprache, Schriftsprache, was aber nur die paar Mönche und Ritter betraf, die schreiben konnten. Mit dem Einfall der Normannen im Jahre 1066 war dem aber schnell ein Ende gemacht und Standardenglisch sollte sich, als Folge, viel später und dann ganz anders als zuvor im 10. Jahrhundert entwickeln.

Eine Feststellung ist hier enorm wichtig: Standard, bzw. Hochsprache, war vom Westsächsischen an, ums Jahr 1000, bis weit ins 19. Jahrhundert eine rein schriftliche Angelegenheit. Beim „Standard" ging es also nur um relativ einheitliches Schreiben – wie Sie das dann aussprachen, war Ihre Sache und ziemlich unwichtig. Natürlich muss hier dazugesagt werden, dass Latein und auch Französisch bis ins Spätmittelalter die wesentlichen Schriftsprachen waren und erst danach mehr und mehr auf Englisch geschrieben wurde. Für Europas Sprachen war die frühe Neuzeit, speziell um die Zeit der Erfindung des Buchdruckes – die vorletzte Informationsrevolution also, die ausgelöst durch Gutenberg (nicht Zuckerberg) – eine enorm wichtige Phase der Nationenbildung und, Sie haben's erraten, der Schriftsprachenstandardisierung. So um 1450–1650 waren allen Nationen, bzw. die, die eine Nation werden wollten, damit beschäftigt, ihre schriftliche Norm festzulegen, nach der Bücher gedruckt werden sollten. Nach und nach setzten sich hier bestimmte Normen in den jeweiligen Varietäten Europas durch. Beliebige Normen, die der Zufall der sozialen Entwicklung und Erwägung noch „oben" spülte, während andere, eben so gute Konventionen, nach „unten" gedrängt wurden und als Nicht-Standard in den Nicht-Standarddialekten weiter lebten.

> **Regel Nummer 1:** Standardsprachen sind künstlich geschaffene Sprachen (geschaffen von Menschenhand). Das einzig natürlich Vorkommende waren und sind Dialekte. Selbst diese sind aber Wandel unterworfen.

Regel Nummer 1 ist wichtig, denn sie wird uns durch das ganze Buch begleiten. Es tut daher gut, sie ein wenig besser zu begründen. Wie meine ich das? Der Standard ist künstlich? Ist er nicht das, was wir in der Schule lernen? Ja und ja. Würden Sie im Jahr 700 in die (Kloster-)Schule gehen, als Ritter oder Mönch, oder, wenn Sie besonderes Glück hatten, als eines der wenigen Mädchen, das Lesen und Schreiben lernen durften, hätten Sie keinen Standard in dem uns vertrauten Sinne gelernt. Sie hätten lediglich gelernt, im lokalen Dialekt zu schreiben. Das heißt, sofern Sie in der Lokalsprache und nicht auf Latein gelesen und geschrieben hätten, was viel häufiger der Fall war. Schreiben und Sprechen waren also stark getrennte Sphären, die wenig miteinander zu tun hatten.

Lesen und Schreiben per se braucht also keinen Standard. Warum brauchen wir ihn aber dann? Hierzu müssen wir Regel Nummer 2 festhalten.

Regel Nummer 2: Gesprochene Sprache ist kulturgeschichtlich wichtiger als geschriebene Sprache. Linguist*innen nennen das „Primat der Sprechsprache“ (primacy of speech).

Regel Nummer 2 mag wohl als Schock für all jene von Ihnen kommen, liebe Leserin und lieber Leser, die sehr strenge Deutschlehrer*innen hatten. Ich hatte auch einmal so eine. Jene Lehrerin, die uns Rechtschreibung wirklich beibrachte. Dieser Eindruck entsteht dadurch, dass Schreiben viel wichtiger sei als Sprechen, auch im Schulalltag allgemein: alle Schularbeiten sind schriftlich, mündliche Leistungen zählen wenig bis nichts. Noch zu Shakespeares Zeiten, so um 1590 herum, wäre keine/r auf so eine Idee gekommen. Der Barde zum Beispiel unterschrieb selbst in mehreren Versionen seines Namens: *Shakespeare, Shackper, Shakspear*, inklusive. Und seine Zeitgenossen benutzen Formen wie *Shakysper, Shaxpeer, Shakspeyre, Shexpere*, oder *Schakespeire*. Ja, sogar anlautendes *sch-* im letzten Beispiel, wie auf Deutsch.

Wie konnte es daher kommen, dass wir heute so sehr auf eine Form, eine Rechtschreibvariante, bei allem bestehen? Das liegt an der Ideologie der Standardsprachen, die vorgibt, dass jeweils nur eine Form “richtig” sei. Shakespeare und seine Zeitgenossen hatten andere Probleme, als sich um so Kleinigkeiten zu kümmern, und waren hier viel toleranter. Sie sehen also mit diesem kleinen Beispiel, dass sich der Umgang mit Sprache durch die Kulturgeschichte hindurch verändert. Buchdruck war für Alfred den Großen oder, am Kontinent, Karl den Großen, noch kein Thema, weshalb es auch viel weniger Ansporn gab, abseits von Latein eine überregionale Schreibung für die Landessprachen zu normieren. Um 1500 war aufgrund der neuen Technik des Buchdrucks der Bedarf ein ganz anderer. Und heute sehen wir schon, wie die Neuen Medien seit 20 Jahren unseren Sprachgebrauch beeinflussen. Es wäre komisch, wenn dem nicht so wäre, denn der Sprachwandel ist in Sprache „eingebaut“. Alles, das lebt, verändert sich.

Definition: Hochsprache = Standardsprache = Standardvarietät

Mit zwei Regeln ausgerüstet, wagen wir uns in ein Kapitel der Begriffsklärung. Was sind „Standardsprachen“, „Hochsprachen“ oder „Standardvarietäten“, wie sie die Linguist*innen nennen?

Zuvor schnell noch eine 3. und letzte Regel bevor wir versuchen, uns im „Dschungel Deutsch“ einen Überblick zu verschaffen. Stellen Sie sich vor, es ist 1945, der Krieg ist in Europa aus. In New York forscht ein russischer Linguist, der in Deutschland ausgebildet wurde und einer der großen Linguisten wurde, ganz besonders was die Erforschung des Jiddischen betrifft. Max Weinreich heißt der Mann. Nach einer seiner Vorlesungen an der Columbia Universität kam jemand aus dem Publikum zu ihm und teilte Weinreich auf Jiddisch – der Sprache der Juden Osteuropas – einen Vergleich, ein Bonmot mit, das Max Weinreich[18] später weiter verbreiten sollte. Der Zuhörer soll auf Jiddisch gesagt haben (eine hochdeutsche Sprache, siehe Abb. 2.1):

> Jiddisches Original: א שפראך איז א דיאלעקט מיט אן ארמיי און א פלאט
> Jiddische Transkription: *a shprakh iz a dialekt mit an armey un flot*
> Englisch: *a language is a dialect with an army and a navy*
> Deutsch: *Eine Sprache ist ein Dialekt mit einem Heer und einer Kriegsflotte*

Dieses Bonmot ist so richtig und prägnant, dass alle meine Studierenden diesen Satz lernen müssen, was uns zu Regel Nummer 3 bringt:

> **Regel Nummer 3:** *„Eine Sprache ist ein Dialekt mit einem Heer und einer Kriegsflotte“* (Max Weinreichs unbekannter Zuhörer)

Mit den Regeln Nummer 1, 2 und 3 bestückt, sind wir nun ausreichend gewappnet, uns in den Dschungel „Deutsch“ vorzuwagen.

Am besten tun wir das an sprachlichen Beispielen und in vergleichender Art, wofür ich Ihnen ein und denselben Satz in zehn germanischen Sprachen (man könnte als historischer Linguist auch Dialekte sagen) und zwei nicht-germanischen, nicht-indogermanischen Sprachen, angebe. In Tabelle 2.1 gehören Finnisch und Estnisch zum Finno-Ugrischen, zur Schwester des Indogermanischen, wie Sie in Abb. 2.1 im Parallelzweig ganz rechts oben sehen können. Hier nun die Beispiele:

DE/AT	Ich	gehe	zur	Schule,	um	viel	zu	lernen.	
JID	Ikh	gey	im	shule			tsu	lernen	fil
LUX	Ech	ginn	an	d'Schoul	fir	vill	ze	léieren.	
DK	**Jeg**	**går**	**i**	**skole**	**for**		**at**	**lære**	**meget.**
NOR	**Jeg**	**går**	**på**	**skole**	**for**		**å**	**lære**	**mye.**
SWE	**Jag**	**går**	**i**	**skolan,**	**för**		**att**	**lära**	**mig mycket.**
ICE	**Ég**	**fer**	**í**	**skólann**	**til**		**að**	**læra**	**mikið.**
EN	I	go	to	school	to			learn	much.
NL	Ik	ga	naar	school	om	veel	te	leren.	
FRS	Ik	gean	nei	skoalle	om	in protte	te	learen.	
FIN	Minä	käyn		koulua	jotta			oppisin	paljon.
EST	Ma	käin		koolis		palju		õppimas.	

Tab. 2.2: Ein Satz in zehn germanischen und zwei finno-ugrischen Sprachen

Die germanischen Sprachen sind nach Verwandtheitsgrad in drei Gruppen eingeteilt.

[18] Sein Sohn, Uriel Weinreich, wird auch Sprachwissenschafter in New York und einer der besten Köpfe des Fachs. Obwohl Uriel sehr früh an Krebs stirbt – mit 40 – schafft er es wichtige, bis heute einflussreiche Bücher und Artikel zu schreiben und den Begründer der Quantitativen Variationslinguistik, William Labov, maßgeblich zu beeinflussen.

Deutsch (DE/AT), Jiddisch (JID) und Luxemburgisch (LUX) sind Geschwister ersten Grades, wie auch (fett) Dänisch (DK), Norwegisch (NOR), Schwedisch (SWE) und Isländisch (ICE), sowie Englisch (EN), Niederländisch (NL) und Friesisch (FRS). Sie sehen auf einen Blick die verblüffende Ähnlichkeit innerhalb der Spalten: *ich, ikh, ech*, die skandinavischen Formen *jag-jeg* mit *j-* (und das *-g* ist stumm) und die niederwestgermanischen Formen *i* und *ik*. Sie kennen sicher die österreichischen Dialekte, die *i* für *ich* haben. Oder *gehen* – ob es *gey* oder *ginn* oder *går* (Aussprache *gohr*) oder *go, ga*, oder *gean* sind –, ist kein Zufall. Auch das Isländische *fer* ist regelmäßig und mit deutsch *fahren* (*fahrende = gehende Handwerksgesellen*) verwandt. *Schule* ist auch kein Zufall *sh/sch* oder *sk* sind alles regelmäßige (kleine) Lautverschiebungen. Ebenso *lernen*, ob *lära* oder *lære* oder *learn*, es ist alles das selbe Wort und klingt noch bis heute fast gleich. Genauso wie englisch *much* (obwohl *a lot* idiomatischer wäre), oder *mikið (mikith), mycket, mig, meget*, oder *mye*. Nur NL, LUX, DE/AT und JID scheren hier aus mit *viel, veel, vill* und *fil*, welche ihrerseits wieder verwandt sind. Bei den syntaktischen Konstruktionen, die Zweck ausdrücken, gibt es drei Gruppen: *um-zu* (om-te), *to* (tsu, till að) und *for* (för, fir ze). Man sieht im letzten Beispiel in LUX mit *fir ... ze* und Isländisch mit *till ... að* Kombinationen und Permutationen von zwei anderen Mustern (*for* und *to*). So machen Sie also Hochsprachen: mix and match aus den ursprünglichen Formen!

Schauen wir kurz zu Finnisch und Estnisch: man sieht, die beiden sind gegenseitig (in diesem Beispiel) voll verständlich. Wie auch im Nebensatz (*um zu...*-Satz) im Germanischen sehen wir kleine Unterschiede in der Syntax – im Satzbau. Im FIN kommt *oppisin* (würde lernen, mit Konjunktiv) zuerst, und *paljon* (viel) erst nachher. Im Estnischen umgekehrt. Alles kein Problem. Und Sie sehen auch, dass *koulou* Schule heißt (*kouloun* für Richtung: in die Schule, Aussprache *golun*, weil *k* = *g* im Finnischen).

Auch keine Hexerei, dass Finnisch-Ugrische. Nicht so „schwer" wie alle in Österreich immer sagen, wenn Sie zu Finnisch etwas sagen. Dabei wird so getan als ob das Finnische eine außerirdische Sprache wäre. Dabei ist Finnisch lediglich am Parallelzweig von unserem eigenen Strang. Im Finnischen, übrigens, kam die Schreibung spät im europäischen Vergleich auf, so erst gegen 1800. Dafür ist sie aber auch schön regelmäßig (fast 100% phonetisch, mehr noch als Deutsch), denn die finnischen Kodifizierer wussten über die Fehler und Unregelmäßigkeiten, die bei Deutsch und Englisch passierten, Bescheid und machten es besser.

Die meisten der Sprachen in Tabelle 2.1 hat es um das Jahr 1000 schon in einer Vorform gegeben – das Konzept „Sprache" war damals schon verfügbar, allerdings mit ein paar wichtigen Unterschieden zu heute: Dänisch, Schwedisch und Isländisch waren zusammen als Altnordisch bekannt, Englisch war eine relativ junge Abspaltung vom Friesischem, in gewisser Weise, wie wir gesehen haben, auch vom Deutschen, Jiddisch war gerade dabei sich als weit verbreitete Sprache durch das – hauptsächlich aus Gründen der Verfolgung – mobilere Judentum zu mausern. Wäre es nicht zur Shoah gekommen hätten wir heute vielleicht Jiddisch als Verkehrs- und europäische Integrationssprache.

Das Niederländische begann erst um 1500 sich im Gegensatz zum Deutschen zu definieren, also als etwas anderes als eine Gruppe (nieder)deutscher Dialekte. Aber da gibt es weitaus spätere Fälle der Sprachenwerdung. Einige Norweger hatten es um 1830 satt, Dänisch zu schreiben, und begannen eine Kunstversion ihrer norwegischen Dialekte als Neunorwegisch (Nynorsk) zu verschriftlichen. Im Jahre 1905, mit der Abspaltung Norwegens von Schweden, war es dann soweit und das Norwegische als Sprache wurde geboren und zwar in zwei Formen. Der konservativeren Buchsprache (Bokmål) und dem radikaleren Neunorwegisch. Aber es gibt noch jüngere Beispiele der Sprachwerdung von einstmaligen Dialekten. Nach dem 2. Weltkrieg war es dann auch für Luxemburg soweit, und vier deutsche Dialekte wurden in einer Kunstversion als Luxemburgisch, das 1984 dann zur offiziellen Sprache des Großherzogtums wurde, zusammengeführt. Just genau zu dem Zeitpunkt, nach dem 2. Weltkrieg, ging auch Österreich daran, seinen eigenen Standard, seine eigene Hochsprache, durch das ÖWB auf amtlichem Wege zu kodifizieren.

Manche Kolleg*innen in der deutschen Linguistik machen Aussagen, die in direktem Gegensatz zu dem stehen, was Sie in Tabelle 2.1 sehen. Wenn da jemand zum Beispiel sagt, dass 2% Unterschiede zwischen den Varietäten nicht genügt, dann liegt man schlicht und einfach falsch. Warum? Im Detail werde ich das im Kapitel 5 erklären, aber im wesentlichen sagt die Kolleg*in das gleiche wie: 2% Genunterschiede zwischen Schimpansen und Mensch kennzeichnet keine Spezies. Und hier würde jeder widersprechen. Mehr zur Art der Zählung dann im fünften Kapitel, was jetzt aber in Tabelle 2.1 herausgestrichen werden muss: sehen Sie sich die drei Gruppen an: DE/AT-JID-LUX, DK-NO-SWE (vielleicht lassen wir ICE weg, als Spezialfall), EN-NL-FRS: der Unterschied ist so gering, dass man nicht sagen kann, dass die drei Gruppen und Sprachen genau so aufgeteilt werden müssen, wie wir sie aufgeteilt und gruppiert haben. Warum wurde das dann so gemacht? Weil sich das geopolitisch so ergeben hat: NL weg von DE/AT, oder LUX weg von DE/AT. Heute entstehen solche Entscheidungen im Idealfall per Mehrheitsbeschluss der Sprecher*innen, z.B. durch die demokratische Teilung der Tschechoslowakei in ein Tschechien und eine Slowakei, mit dazugehörigem Zerfall von Tschechoslowakisch in ein Tschechisch und ein Slowakisch.

Ist die politische Einheit, der Staat, aber für Sprache wichtig? Ist es Zufall, oder etwa gar altmodisch und nationalistisch, dass hier eine Sprache (Schwedisch, Norwegisch) oft mit einem Staat korreliert? Nein, ist es nicht, und ja, der Staat ist auch bei Sprache wichtig, auch wenn sich das in der Germanistik noch nicht ganz herumgesprochen hat. Der Staat ist wichtig, weil er als so ziemlich einziger die Autorität und Macht hat, vor allem durch die Bildung und Bildungsnormen, aber auch durch die Amtssprache, einzugreifen. Wie kann man sich das vorstellen? Wenn sich z.B. das Großherzogtum Luxemburg 1871 doch dazu entschlossen hätte, den Bund mit Deutschland einzugehen, dann wäre es nach der Katastrophe des 2. Weltkrieges nicht möglich gewesen, sich eine neue Hochsprache, Luxemburgisch (Letzeburgisch), zu zimmern. Bayern hat das anders gemacht und steht seither linguistisch eingeebnet da – applaniert, würde man in Österreich sagen.

Sie sehen also, dass wir es mit dem dynamischen und sehr sozialen Phänomen Sprache zu tun haben. Sprache ist vorrangig ein soziopolitisches Produkt, erst in zweiter Instanz ein linguistisches. Sollte nun jemand erklären wollen, dass irgend welche Sprecher*innen nicht wissen, wovon sie reden und dass in Wirklichkeit ja Sprache A und Sprache B das gleiche sind, antworten Sie bitte: „diese Haltung ist sprachimperialistisch und wohl kolonial, haben Sie das schon bedacht? Lassen Sie mich ein wenig erklären." Wie wir später noch sehen werden, muss man auch mit manchen germanistischen Sprachwissenschafter*innen reden. Im Jahre 2020, wohlgemerkt, nicht 1920! Ich will damit keineswegs sagen, dass die Kolleg*innen deutschnational orientiert wären. Das sind sie nicht. Sie sind aber Kinder ihrer Sozialisation und die war eben, in den allermeisten Fällen, nicht in Österreich, sondern irgendwo in der BRD. Und der große tut sich ja mit den Eigenheiten der kleinen Nachbarn nicht immer leicht.[19]

Wie ist das aber nun genau mit den Varietäten des Deutschen? Abbildung 2.2 zeigt die Konzeption der Sprache „Deutsch" mit drei Standards, drei Arten von Hochdeutsch: Österreichisches Standarddeutsch, Schweizer Standarddeutsch und Deutsches Standarddeutsch, die die Spitzen der Pyramiden ausmachen.

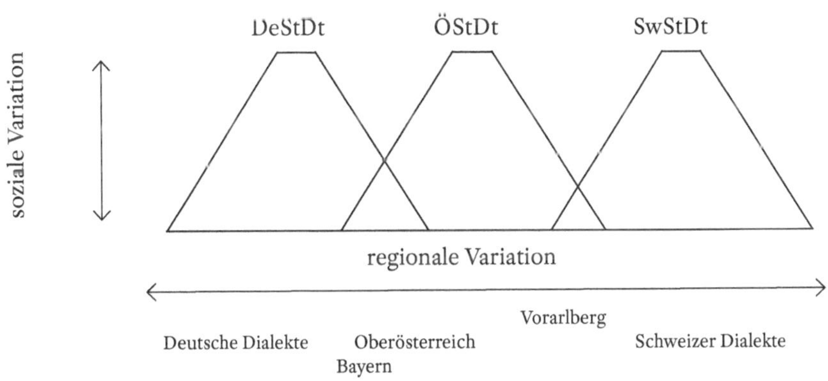

Abb. 2.2: Schematische Darstellung der deutschen Sprache mit drei Standardvarietäten („Hochsprachen")

Als Begründung könnte man einfach Regel Nummer 3 anwenden: gibt es ein österreichisches *Bundesheer*? Eine deutsche *Bundeswehr*? Eine *Schweizer Armee*? Ja,

19 Whaley, Joachim. 2002. Federal habits; the Holy Roman Empire and the continuity of German federalism. In *German Federalism: Past, Present, Future,* ed. by Maiken Umbach, 15–41. Houndmills: Palgrave. **Kernthese:** Von der nachkriegsdeutschen Intelligenzia wurde der Fehler gemacht, deren Missachtung der Kategorie Nation auch auf kleine Nachbarländer umzulegen.

die gibt es alle drei und, Meerzugang miteingerechnet, alle drei haben adäquate Flotten – in der Nordsee, oder eben auf der Donau und am Genfer See. Man sieht ja schon in den offiziellen Namen dieser Heere, dass es bereits auf der Benennungsebene klare Unterschiede gibt: *Bundesheer, Bundeswehr, Armee.* Unterschiede, die sich auch im täglichen Sprachgebrauch finden lassen.

Warum, werden sich jetzt manche Leser*innen fragen, so martialisch? Das Militär spielt ja in einem friedlichen Europa keine Rolle mehr. Ja, das dachte ich mir auch, als ich, behütet vom starken Schilling und der Sozialpartnerschaft, ganz darauf vergessen habe, dass uns ja die Nato und die USA schützten. Ist die Militärsache aber wirklich für Sprache wichtig? Als Pazifist und ehemaliger Zivildiener darf ich Ihnen sagen, dass das Militär hier symbolisch steht für Unabhängigkeit von anderen Entitäten. Meister im eigenen Haus zu sein, denn darum geht's wenn es um Sprache geht: wer bestimmt, was Standard ist und was nicht? Nur, ganz allein und ausschließlich, die Sprecher*innen selber.

Welche Sprecher*innen? Die der Sprachgemeinschaft. Welche Sprachgemeinschaft? Um 1939 würde man gesagt haben, die des deutschen Volkes. Ab 1945 sagt man nun, die der Österreicherinnen und Österreicher. Abb. 2.2 muss so gelesen werden: es gibt viele Überlappungen auf der Basisebene, den Dialekten und Umgangssprachen, zwischen den drei Hochdeutschen, zum Teil große Überlappungen, z.B. wie zwischen Oberösterreich und Bayern oder Vorarlberg und den schweizerischen, alemannischen Dialekten. Solche Gemeinsamkeiten sind kein Problem für eigenständige Standardvarietäten. Eigentlich müsste man sich Abb. 2.2 als kreisrunde Version vorstellen: dass die deutschen Dialekte links sich mit den Schweizer Dialekten rechts verbinden und dort auch Überlappungen produzieren.

Das, was Sie in Abb. 2.2 sehen, ist das international akzeptierte Modell, das auf der Theorie der Plurizentrik fußt. Sie sehen in Abb. 2.3, wie das für drei (von vielen) Standards im Englischen aussieht:

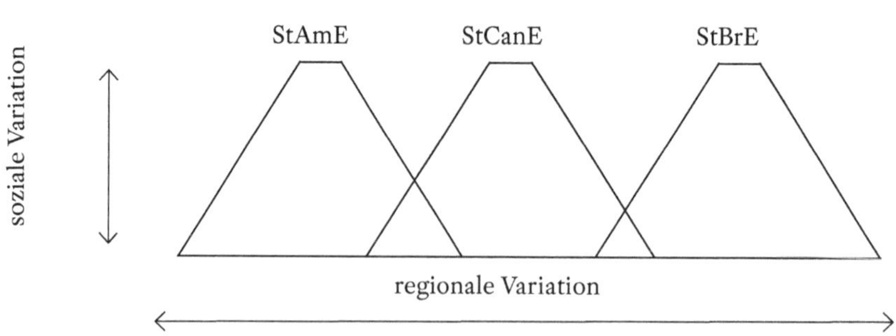

Abb. 2.3: Schematische Darstellung der englischen Sprache (UK und Nordamerika, ohne Irland, Australien, Neuseeland etc.) mit drei Standardvarietäten („Hochsprachen")

Es gibt hier ebenfalls Überlappungen, wesentlich mehr zwischen Amerikanischem und Kanadischem Englisch, als mit „Britischem" Englisch (eigentlich gibt es dort aber eher Englisches Standardenglisch und Schottisches Standardenglisch usw.).

So ist die Lage heute mit allen plurizentrischen Sprachen, wie das Phänomen von Linguist*innen genannt wird. Global gibt es sicher mehr als 50 solcher Sprachen. Englisch, Deutsch, Spanisch, Arabisch, Französisch, Portugiesisch, sogar Schwedisch sind heute plurizentrische Sprachen: sie haben mehr als ein „Zentrum", mehr als einen Standard, mehr als eine Hochsprache. Das macht auch kulturgeschichtlich Sinn und spiegelt die Dynamik jedes kulturellen – inklusive sprachlichen – Handelns wider.

Was aber macht derzeit die germanistische Sprachwissenschaft, die sich mit solchen Dingen beschäftigt? Wie ich in einem späteren Kapitel noch genau zeigen werde, leider fast das komplette Gegenteil. Nicht aus Böswilligkeit, sondern wohl aus Verpflichtung den alten Usancen aus dem 19. Jahrhundert gegenüber. Wie ist das möglich? Es hat wohl etwas damit zu tun, dass so ziemlich alle Hauptakteure aus Deutschland kommen. Ich werde mögliche Verzerrungen später ausführen. Jetzt müssen wir nur wissen, dass auch in der Sprachwissenschaft erkannt wird, dass Deutsches Standarddeutsch als „besser" gesehen wird. Unmarkiert heißt in der Sprachwissenschaft „neutral", die „Basisvarietät".

> Kommen wir schließlich zum deutschen Standarddeutsch: Dieses gilt [...] meist – wie selbstverständlich – als der 'unmarkierte' Fall.[20]

Das heißt, alles andere ist „markiert" und damit „unnormal". Kein gutes Omen für Österreichisches Standarddeutsch. Ich verkürze hier, auf Kapitel 5 verweisend, um schnell zum Punkt zu kommen: wie modellieren diese Kolleg*innen denn Deutsch, wenn nicht wie in Abb. 2.2? Abbildung 2.4 schematisiert das Gegenmodell:

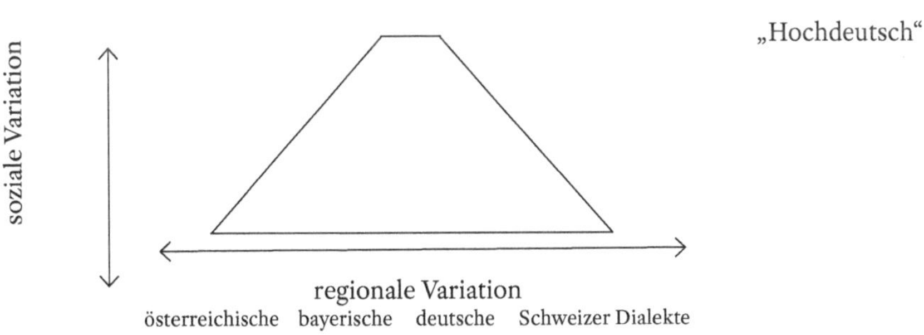

Abb. 2.4: Konzept des Deutschen in der Germanistik, z.B. im Projekt „Deutsch in Österreich" (Dollinger 2019a: 14 „One Standard German Axiom")

20 Dürscheid, Elspaß & Ziegler (2011: 129), siehe Fußnote 63 auf Seite 156.

In diesem Modell, das als „unmarkierte" Basis in den Köpfen mancher Linguist*innen herumgeistert, ist Österreich so wie Bayern und andere deutsche Varietäten unter dem Gipfel des Einheitsdeutschen zusammengefasst. Das hat es durchaus einmal gegeben, von Maria Theresias Zeit bis zumindest 1866, aber schon damals funktionierte es nicht so ganz recht, denn vor allem in Österreich zwickte und spießte es sich mit dem, was die Gebildeten so schrieben und sprachen. Der Volksmund war ja ohnedies weiter entfernt vom Einheitsstandard.

Dass nun manche meinen, dass ja die Bayern so reden wie viele Österreicher*innen, kann schon stimmen, zumindest reden sie fast so wie jene aus Ober- und Niederösterreich, aber diese „Überlappungen" kann die Plurizentrik in Abb. 2.2 gut erklären – sie sind visualisiert. Das monozentrische Modell in Abb. 2.4 ermöglicht jedenfalls nur, dass sich alle Österreicher*innen immer ein bisschen schlecht fühlen dürfen wegen deren Deutsch, das nur untergeordnet ist. So wie mir einmal ein Kieler Student nach zehn Minuten Unterhaltung bescheinigte: „Mensch, Sie sprechen 'nen starken Dialekt". Ich hatte mich mit ihm im Österreichischen Standarddeutsch unterhalten, weil ich es für ihn leicht machen wollte.

Plurizentrik: eine enorm nützliche Theorie

An diesem Punkt, dem Punkt des krassen Missverständnisses, müssen wir uns ein wenig mit der Theorie hinter den Pyramiden in den obigen Abbildungen beschäftigen. Wie konnte es zu dieser Ignoranz kommen, dass der Standard eines Landes als tiefer Dialekt verkannt wird? Der Fall ist klar, denn Dialekte spielen in der BRD eine viel kleinere Rolle, zwar regional unterschiedlich, aber doch eine viel untergeordnetere Rolle als in Österreich. Dazu gibt es auch gute Zahlen. De Cillia und Ransmayr führen an, dass Lehrer*innen in den österreichischen Schulen „viel" mit den folgenden Varietäten konfrontiert sind (Sprachen der Schüler*innen): Umgangssprache: 85%, Österreichisches Standarddeutsch: 61%, Dialekt: 51%, andere Sprachen: 30%, BRD Standarddeutsch: 3%.

In Deutschland können 40% der Bevölkerung gar keinen Dialekt, und von jenen 60%, die einen Dialekt beherrschen, spricht ihn mehr als ein Drittel nie.[21] Das heißt, dass weniger als 40% der Deutschen zumindest „manchmal" Dialekt spricht, z.B. wenn Sie mit den Eltern am Land reden. Man könnte sagen, dass vielleicht ein Drittel der Deutschen, Tendenz abnehmend, zumindest oft Dialekt spricht, was die Hälfte des österreichischen Wertes ist, der jenseits der Schule wohl am oberen Ende zwischen den 51% und 85% liegt. Dazu kommt, dass der deutsche Standard als „anziehender"

21 Die Zahlen sind von Ludwig M. Eichinger et al. 2009. *Spracheinstellungen in Deutschland*. Mannheim: Institut für Deutsche Sprache. https://core.ac.uk/download/pdf/83653098.pdf

und „schöner“ als der bairische Dialekt betrachtet wird, was sich wieder negativ auf deutsche Bewertungen des österreichischen Standards niederschlägt.

Wie man sieht, wird die Strukturierung der deutschen Sprache in Standards und Dialekte in Österreich und Deutschland sehr unterschiedlich bewertet. Solche Differenzen sind weitere Argumente für die Modellierung des Deutschen als plurizentrische Sprache, denn wenn die Varietäten unterschiedlich bewertet werden, muss sich das in der Modellierung niederschlagen. Tut es aber oft nicht.

Alles okay, alles leiwand?

Nein, alles ist nicht leiwand. Warum nicht? Es gibt einen Gegenterminus zur Plurizentrik: „Pluri-Arealität“, ein behäbiges Ding von einer Wortschöpfung. „Pluri-Arealität“ ist ein leerer Terminus, der nichts anderes besagt, als dass Deutsch geographische Variation zeigt und keinerlei – im Gegensatz zur Plurizentrik – Vorhersagen trifft. Aber dazu brauche ich keinen neuen Terminus, sondern kann beim altbekannten Phänomen der „geographischen“ oder „regionalen“ Variation bleiben. „Pluri-Arealität“ ist ein gigantischer Rauchschwall der Anti-Plurizentrist*innen. Da dieses Unding sehr beliebt ist im Projekt „Deutsch in Österreich“, weil sich de facto alle der Projektprofessor*innen dazu bekannt haben, sagen wir: *Houston, äh, Vienna, we have a problem!* Ein Problem, das wir im Kapitel 5 weiter erörtern werden. Vielleicht hat das Projekt ja eher den Fokus „Deutsche forschen in Österreich“.

Variation in der Hochsprache

Wenn Leute von Variation sprechen, geht es in aller Regel um Dialekte. Dort findet sich in der Tat die meiste Variation, doch auch in der Umgangssprache und in der Hochsprache, im Standard, findet sie sich. Warum? Weil Variation eine Kerneigenschaft von Sprache ist. Sie kann reduziert werden, aber nicht gänzlich verhindert werden. Und so nimmt die Variation von den Dialekten über die Umgangssprache bis hin zum Standard immer mehr ab, doch ganz verschwindet sie nie. In diesem Teil wenden wir uns der Variation in der Hochsprache zu, die natürlich für die nationalen Hochsprachen ein Hauptmerkmal sein kann, aber nicht muss.

König, wenig, Venedig

Ich kann mich noch gut an das Einführungsproseminar „Deutsche Hochlautung“ im Rahmen des Germanistik-Studiums an der Uni Wien erinnern. Die Lehrbeauftragte teilte uns Drittsemestrigen viele Sachen mit, z. B. dass man *-ig* in der Hochlautung im Deutschen mit *-ich* ausspricht. *Könich*. Wir waren damals, ich der Oberösterreicher, aber auch meine zwei Wiener Freunde, völlig baff: bitte wie? Seither hat sich *-ich* ein wenig mehr verbreitet, aber auf Nachforschung bin ich nun zu dem Schluss gekommen, dass es sich bei der Variation *-ig/-ich* um stabile Variation handelt, die nirgendwohin geht. Manchmal sagt man *-ig*, manchmal *-ich* und es bedeutet – im Gegensatz zu anderen Unterschieden (Linguist*innen sagen „Variablen") nichts. So z. B. sagt der Journalisten-Dollinger aus dem 1. Kapitel im Weltjournal am 20. April 2020:

> Am 3. Jänner habe ich den ersten Radiobericht über eine mysteriöse Lungenkrankeit nach Wien geschickt. [...] [Panik gab es noch keine.] Man wusste einfach noch zu weni[ch] über den neuen Krankheitserreger.

Er signalisiert mit *-ch* nicht, dass er deutschophil ist. Würde er *Januar* und nicht *Jänner* sagen, wäre das etwas anderes, weil *Jänner* Österreich signalisiert (man sagt „indiziert"). Tut er aber nicht. Das heißt also, dass nicht alle Variablen gleich sind. Es gibt solche, die sozial wichtig sind und etwas signalisieren (*Jänner* sagt „ich bin Österreicher*in" oder „ich bekenne mich zum Österreichischen Deutsch"). *Weni[ch]* tut nichts dergleichen, sondern ist neutral. Diese Bewertungen muss man herausfinden.

Und Tschüss!

Manchmal kann sich die soziale Bedeutung von linguistischen Varianten schnell verändern. Als ich aufwuchs, wäre mir ein *Tschüss* nicht über die Lippen gekommen. Als Heiko, der Cousin des Nachbarn aus Hamburg, der drei Jahre älter war, auf Besuch im Salzkammergut war – ich war 10 – sagte ich zu ihm *Tschüss*, aber sonst benutzte ich die Abschiedsformel nirgendwo. Zu deutsch. Über die Jahre hat sich die Einschätzung *Tschüss* bezüglich verändert. Aber schon um 1991/92 gab es Leute, die eher generell *Tschüss* sagten. Mein HTL-Banknachbar und Freund, der Werner, zum Beispiel, war damals schon so ein Fall. Dem Werner hat der Film *Werner Beinhart!* mit dem Spruch „*...und Tschüss*" besonders gut gefallen. Es wurde verwendet, wenn perfide Streiche erfolgreich abgeschlossen wurden. Das hat ihm so gut gefallen, dass er fortan eine Zeit lang fast nur mehr *(Und) Tschüss* sagte[22].

Es sollte sich 25 Jahre später herausstellen, dass der Mühlviertler damit den sprachlichen Trend der Zeit für diese Variable schon lange vor den anderen erkannt hatte. Der Werner arbeitet heute in München – wie viele österreichische Ingenieure und Techniker*innen – wo er *Tschüss* gut brauchen kann. Ich glaube aber zu wissen, dass der Werner mit der deutschen Abschiedsformel nicht darauf abstellte, Deutschland zu signalisieren, sondern vielmehr [+urban] [+cool] [+Jugendsprache]. Dass er damit in Kauf nahm, auch [+Deutschland] zu signalisieren, muss er angesichts der sozialen Vorteile – Coolness – als vertretbar betrachtet haben.

---

22 Sehen Sie hier ein kleines Beispiel: https://www.youtube.com/watch?v=ii6qAkiN21s (22. Mai 2020)

Rückblickend wird mir klar, dass der Werner da eher Laissez-faire war und ich eher jene Varianten, die mir als [+Deutschland] erschienen, aktiver vermieden habe, so wie vielleicht der Pix, der Moar oder auch der Hofer-Bua. Naja, der Moar eigentlich weniger strikt, aber *Seas, Pfiatdi, Moch's guat, Baba* sagte auch der viel öfter als *Tschüss*. Außer bei *Vertschüss di!*, das sagte der pubertierende Mayer-Bua öfter. Sie sehen, solche unterschiedlichen Einschätzungen und Haltungen wie zwischen dem Werner und mir gibt es nicht nur in einer Klassengemeinschaft, sondern generell in jeder Sprachgemeinschaft. Mit dieser Variation müssen wir auch umgehen und, im Endeffekt, sind diese Entscheidungen heute basisdemokratische Abstimmungen. Die um *Tschüss* habe ich klar verloren, und es stört mich nicht mehr. Aber verwenden tue ich *Tschüss* trotzdem noch immer sehr selten. Wenn aber Österreich gegen Deutschland spielt, waren und sind der Werner und ich zu gleichen Maßen auf der rot-weiß-roten Seite, *Tschüss* hin oder her.

Soziale Bedeutungen: „Indexikalisierung"

Wie kann man die verschiedenen Funktionen einer Variable voneinander differenzieren? Die unterschiedlichen sozialen Bedeutungen, die immer mitschwingen, nennt man „Indexikalisierungen". Linguistische Formen können daher verschiedene Bedeutungen indexikalisieren oder, einfacher gesagt, markieren, z. B. [+Österreich] oder [+Deutschland] oder vordergründig etwas anderes, wie *...und Tschüss!* [+cool] [+Jugendsprache] [+große, weite Welt auf deutsch]. Ist sie in stabiler Variation (wie *-ig/-ich*) oder [+Österreich] wie *Jänner* oder [+Deutschland] wie *Abitur*? Nur durch genaues Zuhören, mit den Leuten reden und viel vergleichen kann man dieser Variation auf die Schliche kommen, durch qualitatives Kennen der Situation und durch kritisches Hinterfragen.

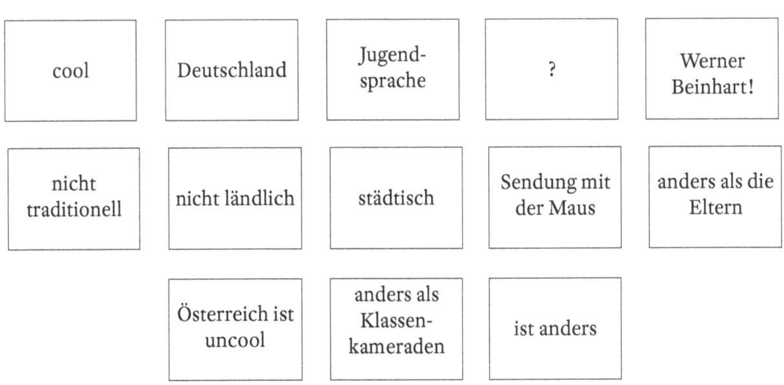

Abb. 2.5: Indexikalisierung von *Tschüss*

Abb. 2.5 zeigt, dass *Tschüss* im österreichischen Kontext, sagen wir der Einfachheit halber im ländlichen österreichischen Kontext, eine Reihe von Funktionen haben kann. Wenn die Jugend nun mehr *Tschüss* sagt als meine Generation (außer HTL-Schüler Werner vor bald 30 Jahren), kann das vieles bedeuten. Klar, [+ Deutschland] ist eine Bedeutung, aber so ist auch [+ urban], [+ jung], oder (wobei „-" einfach „nicht" bedeutet): [- wie der Papa/die Mama] oder auch [- wie ältere Geschwister], ein heißer Anwärter ist natürlich [- wie's immer war]. Letztere Bedeutung kann eine große Motivation für Teenager sein: es anders machen, und was wirkt da besser, als die kleine Verabschiedung *Tschüss*, zumindest für eine Zeit lang.

Österreichisches Standarddeutsch: ein Wiedergänger

Nachdem wir uns nun mit einigen sozialen Grundlagen beschäftigt haben, um zu verstehen, wie man Sprachgebrauch erfassen kann, werfen wir einen Blick auf die Entwicklung des Hochdeutschen. Wie hat sich der Standard, bzw. wie haben sich die Standards, der deutschen Sprache entwickelt?

Denken Sie bitte wieder kurz zurück an Abb. 2.1, den Stammbaum der germanischen Sprachen. Von der „Heimat" der Urgermanen, die Proto-Germanisch sprachen, zersplitterten sich die verschiedenen Gruppen. Die, die über das Meer gingen, würden sich ab ca. 880 *Engländer* nennen. Die, die südlich zogen, begannen um die selbe Zeit sich mehr und mehr als *diutisc* [diutisch] oder *tiusch* zu bezeichnen, was von althochdeutsch *diot* abstammt und auf Latein einfach *gentilis, popularis,* oder *vulgaris* heißt, also die *gents,* die *people,* die *Vulgären,* kurz: *d'Leit, die Leute* haben sich die frühen Deutschen genannt. *Also bye-bye Germanentum, hello Deutschtum,* will heißen *Leute-tum.* Das ist ja einmal ein netter Gedanke.[23]

Mit dem Ende des Mittelalters und dem Beginn der Neuzeit, zu der Zeit also, als der Buchdruck eingeführt wurde, ging man dazu über, das Lateinische, das als Sprache der gehobenen Bedürfnisse galt, durch die Landessprachen mehr und mehr zu ersetzen. Ein großer Demokratisierungsprozess, könnte man heute im Rückblick sagen, wobei der treibende Gedanke damals aber durchaus ein anderer war. Stellen Sie sich vor: Es ist das Jahr 1500, Maximilian der Erste ist auf dem Thron des Heiligen Römischen Reiches Deutscher Nation, so wie der französische, der spanische, englische und der dänische König in deren Reichen, und sie alle kämpfen um die Vormachtstellung.

[23] Genauer nachlesen können Sie das in Wilhelm und Jacob Grimms *Deutschem Wörterbuch*, das 1838 von ihnen begonnen und dann bis 1961 fertig gestellt wurde. Der Neid der Engländer, bis diese ihr eigenes historisches Wörterbuch 1928 fertig gestellt hatten und mit dem *Oxford English Dictionary* dann den Grimm auch noch überflügelten. Den Grimm gibt es hier: http://dwb.uni-trier.de/de/. Suchen Sie im Wörterbuch nach „deutsch", wählen Sie dann „DEUTSCH, a*dj. und adv.*".

Was brauchte man da? Richtig! Die Idee der „Nation" kam damals wirklich stark auf (nicht zu verwechseln mit der Idee der Staatsnation, die wir heute haben). Es ging darum, die Nation einzuspannen um zu beweisen, dass die jeweils eigene Nation die beste wäre, dass das eigene Volk die besseren Leute wären. Natürlich war da die Tatsache, dass die Wissenschaft, die Theologie, die Verwaltung in Latein getätigt wurden, ein Problem von der nationalen Idee her. Dessen vollständige Beseitigung sollte aber noch bis weit ins 19. Jahrhundert hinein reichen, denn soziale Konventionen sind oft starr und schwierig zu ändern (*ein Gottesdienst muss auf Latein sein! Der König ist auf Latein, vielleicht auf Französisch, anzusprechen!*).

Die Standardisierung des Deutschen ging parallel mit jener der anderen europäischen Sprachen einher (mit einigen Ausnahmen wie Finnisch und Norwegisch, die jünger sind, oder auch die vielleicht jüngsten europäischen Standardsprachen Slowakisch, Kroatisch oder Bosnisch). Es ist daher kein Zufall, dass um 1500 die Niederländer anfingen, sich von der deutschen Sprache zu differenzieren. Denken Sie an Regel Nummer 1: Standardsprachen sind künstlich geschaffene Sprachen (geschaffen von Menschenhand). Da die Niederländer danach trachteten, ihr eigenes Staatsgebilde, ihre eigene Nation zu festigen, mussten Sie Niederländisch als eigene Sprache – im Gegensatz zum Deutschen – kodifizieren, auch wenn es keine Sprachgrenze zwischen Niederländisch und Niederdeutsch gab. Alles, was es in Wirklichkeit gibt, sind Dialektkontinua, fließende Übergänge. 500 Jahre später, aber, gibt es solche Sprachgrenzen *als Resultat* der sozialpolitisch durchgesetzten Differenzierung zwischen Niederländisch und Deutsch: dieser Unterschied war von den Herrschenden gewollt, hätte aber ebenso auch anders aussehen können. Kurzum, linguistisch gibt es keinen Grund für die „Essenz" von Niederländisch und Deutsch. Es gibt zwar die Sonne und den Mond als Entitäten, aber Niederländisch und Deutsch gehören in eine andere, von Menschhand geschaffene, Kategorie.

Wie war das nun mit Deutsch? Von ca. 1550 bis 1750 gab es zwei gleichberechtigte Standards: das Gemeindeutsche, das in Nürnberg, Augsburg und Wien am Hof des Kaisers zu Hause war – und dieser Kaiser in Wien führte ja bis 1804 das Heilige Römische Reich Deutscher Nation an: der deutsche Kaiser in Wien! Das war eine andere Art Deutschland als die, die es nach 1866 gab. Ein Deutschland ohne die erstweilige Führungsmacht Habsburg. Ab dem Jahre 1517 sollte ein aufmüpfiger Priester in Wittenberg nicht nur Glaubensangelegenheiten ziemlich durcheinander wirbeln, sondern auch die deutsche Sprache beeinflussen. Martin Luthers Bibelübersetzung ins Deutsche baute auf dem sächsischen Standard auf, auf dem Meißner Deutsch, das von ihm weiterentwickelt wurde. Lutherdeutsch war also neben dem Hofstandard in Wien, dem „Gemeindeutschen", ab diesem Zeitpunkt an der zweite gültige Standard.

Die zwei Standards, Gemeindeutsch und Lutherdeutsch, waren bis in die 1750er wirklich gleichberechtigt. Erst Maria Theresias Schulreformen in den 1770ern änderten die Ausrichtung des Gemeindeutschen grundlegend. Maria Theresia, als deutsche Kaiserin, fand Lutherdeutsch viel eleganter als den heimischen Standard und beauftragte Johann Iganz von Felbiger in den Schulbüchern eine „Verpreußisierung" des österreichischen Standards durchzuführen. Von daher kommt die Idee der einheitlichen deutschen Schreibung, die das amtliche Regelwerk und die Dudenredaktion bis heute durch die Welt tragen.

Aber Österreichisches Standarddeutsch ist nicht totzukriegen, obwohl das seit mindestens 1774 immer wieder versucht wird. Wie kann das sein, fragen Sie sich? Wie Kollegin Anna Havinga[24] kürzlich zeigte, wurden manche Merkmale in der Schriftsprache unterdrückt, z.B. das Dativ *-e* in *der Fraue*, was vom Lutherischen *der Frau* verdrängt wurde, jedoch blieben andere Merkmale erhalten, und besonders in der Sprechsprache hatte die Lutherische Norm wenig Effekt. Österreichisches Deutsch ist nicht totzukriegen, wie ein Wiedergänger, ein Zombie, im besten Sinn des Wortes.

What's in a name?

Der englische Germanist Martin Durrell brachte das Problem „What's in a name?" – was macht der Name aus? – in Bezug auf Deutsch in einem Aufsatz aus dem Jahre 2002 auf den Punkt.[24] Seit dem endgültigen politischen Bruch zwischen Österreich und Preußen (der anderen Großmacht) haben uns die Namen einen Streich gespielt. Die deutschen Staaten vereinigten sich 1871 ohne Österreich unter dem Namen Deutschland. Das war ungefähr so, als ob sich in den USA vor 1776 die Staaten New York, Vermont, New Hampshire, Maine, Rhode Island und Connecticut, den Namen United States of America gegeben hätten und nicht Neu England. Klar, die sechs sind wichtige Staaten, aber sie repräsentieren nicht die Vereinigten Staaten. Dann wäre der Name blockiert gewesen und die anderen Staaten hätten sich anders nennen müssen. In deutschen Landen ist das aber so passiert. Nun hat dieses Restdeutschland den Namen Deutschland und mit ihm die Idee, als ob alles „deutsche" in ihm am „pursten" repräsentiert sei.

Martin Durrell fragt, was passiert wäre, wenn sich der neue deutsche Staat 1871 Großpreußen genannt hätte, was ja ein ehrlicher Name gewesen wäre, einer, der die Führungsrealitäten klar widerspiegelt? Wenn nun, denken wir weiter, die Schweiz, Großpreußen und Österreich deutsch sprächen, dann wäre die Idee, dass das Deutsch in Großpreußen am besten sei, leicht zu widerlegen. Vielleicht würden dann norddeutsche Sprachschulen mit dem Vorurteil kämpfen, dass sie schlechtes Deutsch lehren und dass nur in Wien oder Zürich das wirklich gute Deutsch unterrichtet wird.

---

[24] Havinga, Anna D. 2018. *Invisibilising Austrian German: On the Effect of Linguistic Prescriptions and Educational Reforms on Writing Practices in 18th-century Austria*. Berlin: de Gruyter.

Durrell, Martin. 2002. Political unity and linguistic diversity in nineteenth-century Germany. In: Umbach, Maiken (ed.). *German Federalism: Past, Present, Future*, 91–112. Basingstoke: Palgrave.

Nomen est Omen: kleine linguistische Namenskunde

Ja, auf den Namen kommt es wirklich an, wie das vorige Beispiel zeigt. Bismarck hat alle ausgetrickst und den Widersacher, die Habsburger und Österreich, ganz schön abserviert. Das ging übrigens weiter nach dem 2. Weltkrieg mit der Wahl der deutschen Bundeshymne, die ja melodisch das *Gott behalte, Gott beschütze,* das Kaiserlied von Joseph Haydn ist.

Ich sage das nur, weil diese Zusammenhänge ziemlich verschüttet sind. So weit, dass Ottilie Normalverbraucherin das heute nicht weiß. Aber Namen haben auch in der Sprache eine wichtige Funktion, die auch kürzlich von der Linguistik (wieder) entdeckt wurde. Bei Personennamen kann man sagen, dass da schon ein Hauch Österreich mitschwingt bei Namen wie *Anzenberger, Anzengruber, Bayer, Feiersinger, Gabauer, Heller, Hofer, Pollheimer, Reiffenstein, Reiffeneder, Rosenblatt, Öttl, Neubauer, Hintermeier, Ransmayr, Ruckerbauer, Sackbauer, Seiringer, Seidl, Seidlhofer* oder *Schendl,* und genauso bei den mehr international angehauchten *De Cillia, Hojac, Nemcek, Polaschek, Pospisil, Smekal, Tomaselli,* und wie sie alle heißen. Die Onomastiker*innen, die Namensforscher, werden da ihr gutes Teil beitragen können, wie die Muster der österreichischen Namen denn so lauten.

Und dann gibt es da natürlich (fast) institutionelle Namen, von *Burgtheater, Bergisel,* über *Hofburg* und *Uhrturm* bis zu *Landstraße, Hohensalzburg, Hellbrunn* oder *Seebühne.* Alle wissen sofort, in welcher österreichischen Stadt sich diese Orte befinden. Oder auch Namen wie *Orsolics, Ocwirk, Krankl, Prohaska, Koncilia, Felder, Innauer, Klammer, Hirscher* usw., alle bis hin zu *Niki Nationale Lauda.* Negativbeispiele gibt es leider auch: *Mauthausen* (KZ der Nazis), *Franz Fuchs* (der Briefbomber), *H.C. Strache,* der *Ibiza* in Verruf brachte (als Kompromitteur der Republik) oder, je nachdem, wie man es sieht, *Jörg Haider.*

Sie sehen schon wieder, dass auch Eigennamen selten neutral sind: *Mauthausen* [+Massenmord] [+Greuel] [+NS Terror] [+österreichische Mitschuld]. Als die liebe Maria in der WG in Wien sagte, sie komme aus Mauthausen, waren die Begriffe in eckigen Klammern meine ersten Gedanken. Erst nach und nach konnte ich da andere Attribute dazu nehmen [+Hochwasserschaden] [+Donaubrücke] [+netter, alter Ort]. *Hirscher* weckt ganz andere Assoziationen als Mauthausen, vielleicht [+bester Schifahrer], [+Frühpension] und dergleichen. Ebenso *Graf Bobby* oder *Weißes Rössl,* wobei es bei *Ischgl* im Frühjahr 2020 eine Umindexikalisierung gegeben hat, die es nun mühsam wieder zu reparieren gilt.

Und so geben auch die Eigennamen und Eigenheiten der Alpenrepublik eine besondere Bedeutungsebene ab, die auch kulturell bedeutsam ist. *Kellerstöckl* im Südburgenland sind dem Weinkenner bekannt, oder *Heurige* in Wien oder auch *Buschenschank,* letztere in der Steiermark von Erzherzog Johann eingesetzt. Oder *Steckerlfische,* neben der Traun – auch beim Traunfall – in Oberösterreich und, lustigerweise, auch beim Traun-, aber seltener beim Attersee. Eine *Burenwurst* – auf die Burenkriege der Briten zurück gehend –, oder *Burenhäutl* sind eine Sache, ein *Bosna,* hauptsächlich in Oberösterreich und Teilen Salzburgs zu haben, dafür aber noch besser (Bratwürstel mit Curry und Senf/Ketchup in einem kleinen weißen Baguette, mit Zwiebeln). *Törggelen* bei den Tirolern zum Advent und *Beisl* mehr national, so wie der *Christkindlmarkt* (nennt ihn nicht *Weihnachtsmarkt*).

Österreichisches Standarddeutsch ist *alive and well*

Obwohl die Namensfindung unglücklich ist, deutsch, Deutschland, Österreich, österreichisch usw., kann man da nichts mehr machen. Aber das ist auch ganz egal, weil es dem Österreichischen Standarddeutsch eigentlich sehr gut geht, und das schon sein Jahrzehnten. Nur mit der Bewusstmachung hapert es noch. Der ORF ist da ganz wichtig, aber auch die privaten Radio- und TV-Sender halten sich sehr an die „ORF-Regel", wie ich sie nennen würde: wer, der ORF Eigenproduktionen macht, muss schon wie das Original, also wie Österreich klingen. Es gibt kleine Ausnahmen, Markus Lanz und andere dürfen auch im ORF ihre Eurovisionssendungen senden, aber die Ausnahmen sind wenige. Es hat zwar immer die These gegeben, dass das Österreichische Deutsch durch den Konsum von deutschen Medien aussterben wird, aber dieser Fall ist weder in Österreich noch in Kanada durch die nun schon lange fortdauernde Medienintegration in beiden Ländern mit den großen Nachbarn eingetreten, obwohl das viele erwartet hätten. Dann gibt's Leute, die sagen, dass der Internetkonsum das alles zum Deutschen Deutsch steuert. Wieder eine Übertreibung, die 10-jährigen in Graz klingen nicht deutsch, auch nicht die Wiener*innen, oder die Bludenzer. Klar, es mag da einige geben, derzeit besonders in Wien, die das Deutsche Deutsch mehr aufnehmen, aber dafür gibt's wieder andere, die das ablehnen und wieder solche in der Mitte. Man wird es kaum glauben: aber beim Singen mit 16 hab ich auch immer sehr norddeutsch geklungen. Solche Phasen gehen wieder vorbei.

Ich sage immer, dass man oft in der ersten Silbe hört, ob jemand aus Österreich oder Deutschland kommt. Ein Sachse, ein Holsteiner, eine Kölnerin – man mag vielleicht nicht wissen, wo genau sie herkommen, aber aus Österreich kommen sie nicht. Soviel weiß man fast immer. Natürlich ist mein Einsilbenkriterium ein bisschen überspitzt bei manchen Konstellationen, aber recht lange dauert es auch nicht, wenn die Leute aus Niederbayern kommen. Je nachdem, wo man herkommt, kann man auch solche Sprecher*innen sehr gut zuordnen. Als Zentraloberösterreicher kann ich den Bayern aus Simbach oder Freilassing sehr gut heraushören; ein Kärntner hat's da vielleicht etwas schwerer. Aber so ist das mit der Sprache, alles ist relativ und nur in dieser Relativität, im Bezug zu einer Lebensrealität, macht sie Sinn. Oder, wie sagte die Wirtin im Gasthof Wimmer Weissbräu auf der deutschen Seite in Simbach auf die Frage, ob sie die Braunauer von den Simbachern unterscheiden kann: „Mit dem ersten Wörtchen." Sie sollte es wissen.

„Kommen Sie vielleicht aus Bayern?“, fragte der Brenner, der aus der Krimiserie von Wolf Haas, der Privatdetektiv Simon Brenner und ehemalige Gendarm, also fragte der Brenner den Herrn, weil er immer „Toch-TER“ sagte (Wolf Haas’ Silentium 1/2, Öl, 30 Mai 2020). Ach ja, die lieben Bayern. Mehr zur bayerischen Situation und warum die „österreichisch-bairischen“ Dialekte kein Hinderungsgrund dem Österreichischen Hochdeutsch gegenüber sind, im letzten Kapitel. Und wenn’s der Brenner schon hört, wird etwas dran sein...

Aussprache: *Kese*, nicht *Käse* und *Kaffee,* nicht *Kaffe*

Wir haben eingangs gesagt, dass sprachlicher Standard vor allem mit Schriftsprache zu tun hat. Das stimmt und historisch betrachtet gab es sprachliche Ausgleichstendenzen schon seit dem Hochmittelalter und Mittelhochdeutsch (Blütezeit 1150–1250), wenn nicht schon im Althochdeutschen (ab dem 8. Jahrhundert). Im Laufe des 20. Jahrhunderts hat sich aber auch die Aussprache etwas mehr – nie so sehr wie die Schriftsprache – angeglichen. Wer sagt heute noch *Ross* (die alte österreichische & bayerische – südliche Form) und nicht *Pferd* (die ostmitteldeutsche, preußische Form)? Oder *Paradeiser* (alte Österreich-Sudetendeutsche-Südtiroler Form) und nicht *Tomate* (ursprünglich ziemlich ausschließliche Form aus Deutschland). *Schwammerl* aber z.B. hält sich konsequent in Österreich, *Pilz* – preußische Form – ist eine Sekundärform (es sei denn als Nachname oder in der Zusammensetzung *Glückspilz*).

Obwohl es *Gnack* ‚Genick’ noch in Österreich gibt, ist diese Form doch als Dialekt oder höchstens Umgangssprache zu verbuchen, denn *Genick* ist auch Österreichischer Standard – die ursprünglich preußische Form. Der *Schnupfen*, eine ursprünglich südwestliche, rheinische Form, ist nun auch Österreichischer Standard und Umgangssprache, und hat sogar das dialektale *Strauka* (*Straucha*) verdrängt. Die Formen *er* (Personalpronomen) oder *auf* (Präposition) sind aber österreichisch-bayerische, teilweise auch badische Formen, die preußischen *hä/he* (ja genau, wie im Englischen, *he* für *er*, sind als niederdeutsche Formen nahe Verwandte des Englischen – siehe Abb. 2.1). *Hä/he* wurde so wie *up/uf* oder Schleswiger *op* verdrängt. Sie sehen, so ein Ausgleich findet statt, und es sind nicht immer die Dialektalformen von Preußen oder des Ostmitteldeutschen, die sich durchgesetzt haben, aber oft.

Wie war das aber nun mit dem *offenen ä* – Umlaut *a* – und dem *geschlossenen e?* Beim „offenen“ machen Sie den Mund weiter auf als beim „geschlossenen“. In diesem Bereich hat das Österreichische Deutsch eine besonders bemerkenswerte Eigenentwicklung durchgemacht, die ich gerne mit einer kleinen Anekdote einführen würde.

In meinem ersten Jahr als Lehrer unterrichtete ich neben English auch Deutsch als Fremdsprache in der VHS Rudolfsheim-Fünfhaus in Wien, damals der ethnisch diverseste Bezirk Österreichs. Im Kapitel 2 des Lehrbuches für Anfänger wurden ein, zwei Seiten für Aussprache verwendet. Ein Problem war in der Tat der Inhalt, der für die 2. Unterrichtseinheit als lernnotwendig vorgestellt wurde: der Unterschied zwischen dem *ä* in *Bär* und dem (ersten) *e* in *Beere*. In meinem Standarddeutsch sind *ä* und *e* homophon – sie klingen gleich. Nur wenn ich jemandem buchstabieren will, dass man *Bär* mit Umlaut *a* schreibt, mache ich meinen Mund sehr weit auf, so weit, dass es sich für mich lustig und übertrieben anhört. Im Österreichischen Standarddeutsch gibt es den Zusammenfall von *ä* und *e* wohl seit dem 2. Weltkrieg und er ist ziemlich kategorisch – ohne große Ausnahmen. Die Forschung bestätigt meinen Eindruck. Wie Moosmüller, die kürzlich verstorbene Doyenne der österreichischen Phonetik, sagt, diese beiden Vokale „sind komplett zusammengefallen“ im Österreichischen Standarddeutsch.[25] Also *Käse* klingt wie *Kese* in Österreich. Und der 1. Vokal in *Käse* ist der selbe wie in *Beet*. Die Forscher*innen schließen mit der Einschätzung, dass auch die Aussprache des Österreichischen Hochdeutsch das Resultat von Sprachkontakt ist, eine Kompromissvarietät zwischen deutschem Hochdeutsch und den mittelbairisch-österreichischen Dialekten, die in Österreich überwiegen.[26] So weit, so gut.

Ich gehe nun einen Schritt weiter und ziehe aus diesen Daten den naheliegenden, doch in der Literatur noch nicht vorgetragenen Schluss, dass die Aussprache-Systeme des Deutschen und Österreichischen Hochdeutsch sich in den letzten Jahrzehnten unterschiedlich entwickelt haben. Ein Phonem, ein bedeutungsunterscheidender Laut, ist weggefallen im Österreichischen Standard, aber nicht (vielleicht noch nicht) im Deutschen Standard. Das Phonem ist das offene [ɛ:], das im österreichischen Standarddeutsch so nicht mehr vorkommt, wie z.B. in *Bär*, das in Österreich mit geschlossenem [e:] ausgesprochen wird, so wie *Ber*. Sie unterschieden nicht zwischen *Bär* und *Ber*? Ich traue mich zu wetten, dass Sie wohl in Österreich sozialisiert wurden.

Was dachten sich meine Deutsch-Schüler*innen zum Phonemzusammenfall? Ich versuchte Ihnen zu erklären, dass wir diesen Teil der Lektion als in Österreich unwichtigen und unrichtigen nicht machen und unsere Zeit mit lebensrelevanteren Dingen verbringen würden. Nicht jede*r verstand zuerst, warum das, was im Buch steht, nicht wichtig war. Zum Beispiel arbeiteten wir an der Aussprache von Essvokabular, so wie *Kaffee*. Sehen Sie dazu Abb. 2.6.

25 S. 343 in Moosmüller, Sylvia, C. Schmid, & J. Brandstätter. 2015. Standard Austrian German. *Journal of the International Phonetic Association* 45(3), 339–348. Auf Seite 343 heißt es, dass [ɛ:] – Bär – „has completely merged with /e:/“ – Beet.

26 Ibid, S. 340.

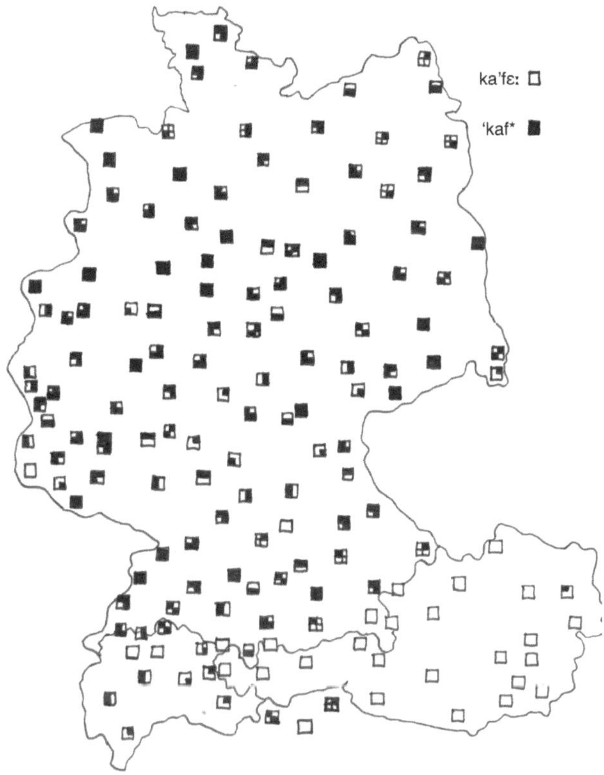

Abb. 2.6: Die Aussprache von *Kaffee* (Sekundarschüler*innen)[27]

Weiße Felder bedeuten *Kaffee* mit langem *e* (Symbol ɛ:, wo die Doppelpunkte bedeuten, dass der Vokal lang ist). Mit Betonung auf der Silbe *fee*. Die, die *Kaf* betonen, in schwarz, sind ja eher nicht in Österreich zu finden. Dass es da in Wien einen gibt (einen von vieren, die gefragt wurden, einen in der ganzen österreichischen Stichprobe), der *Kaffe* sagt, mit Betonung auf *Kaf* und das *e* kurz, ist ja schön und bezeugt die Vielfalt in Österreich, tut aber der Österreich-Indizierung der langen Silbe *fee* keinen Abbruch. Der zu erwartende Kontakt, die Variation und der Austausch zwischen den Standards negiert ja das Österreichische Deutsch nicht: wenn ein Wiener aus der Reihe tanzt und auch ein paar Deutsche und Schweizer das Wort so wie in Österreich aussprechen (weiße Punkte in D und CH), ist das kein Problem für die Plurizentrik. Das aber ist genau die Argumentation einiger germanistischer Kolleg*innen, in krassem Gegensatz zu einer realistischen Einschätzung. Eine

27 Quelle: S. 367 in Schmidt, Jürgen Erich und Joachim Herrgen. 2011. *Sprachdynamik: Eine Einführung in die moderne Regionalsprachenforschung*. Berlin: Erich Schmidt Verlag.

ähnliche Vorgehensweise wird zumindest seit Ebners 1969er-Duden Band aufs Österreichische Deutsch angewendet:

> Wenn ein österreichisches Wort vereinzelt auch in Deutschland vorkommt, im allgemeinen aber dort noch ungebräuchlich ist, gilt es in diesem Buch immer noch als Austriazismus.[28]

Deshalb bedeutet die „neue deutsche Welle" der Linguistik in Österreich einen methodischen Rückschritt. Wir hingegen sagen, auch wenn eine österreichische Form von der BRD generell übernommen wird, tut das ihrem prinzipiellen Status als Austriazismus keinerlei Abbruch. Es wird Zeit uns anzusehen, was in Österreich als Hochsprache und was in Deutschland als solche gilt.

---

[28] S. 10 in Jakob Ebner. 1969. *Wie sagt man in Österreich? Wörterbuch der österreichischen Besonderheiten*. 1. Aufl. Mannheim: Duden-Verlag.

3 Hochsprache *da/hier*, aber nicht *dort/da*

Interrail war in meiner Schulzeit ein wichtiges Sozialisierungs-, ich würde sagen, Europäisierungsangebot. Etwas, das man dort lernte, war, dass die Deutschen, Schweizer, Niederländer, Dänen und Luxemburger, also jene, die oft Deutsch sprechen, ein anderes Deutsch reden. Besonders die Deutschen, und die gibt's auf Reisen ja in hoher Stückzahl, diese Reiseweltmeister Europas. Da kam es öfter zu Missverständnissen, bis ich lernte, mich sprachlich an das deutsche Modell über meinen Hamburger Kindheitskontakt hinaus noch mehr anzupassen, ohne zu viel von meinem sprachlichen „Ich" abzulegen. Denn sie sollten schon alle die Chance haben herauszubekommen, wo ich denn herkam.

Aber eine gewisse Anpassung war nötig, denn mein: *„Da war es nicht, aber dort hab' ich es gefunden"* war verwirrend. Die deutschen Freunde, auch die Münchner von der 1993er-Reise, sagten alle *„Hier war es nicht, aber da hab' ich es gefunden"*. Also sagte ich, schön brav von nun an in internationaler Kommunikation auf Deutsch: *hier* für Dinge in meiner Nähe und *da* für Dinge, die weiter weg waren. Der Homo Austriacus passt sich ja in solchen Sachen wie ein Chamäleon an. Zuhause aber würde mir diese *hier-da*-Sache nicht einfallen, denn *da-dort* kommt viel natürlicher und ist auf allen drei Ebenen – Dialekt, Umgangssprache, und Standard – gebräuchlich, obwohl man im Standard auch *hier-da* sagen bzw. schreiben kann.

An den Quellen des Österreichischen Deutsch, mit großem Ö

Bleiben wir gleich in den 90ern. An der Uni Wien gab es damals für mich einen Lehrer, der wichtig in meiner Bewusstseinsbildung zum Österreichischen Deutsch war. Professor Richard Schrodt unterrichtete am Institut für Germanistik und zeigte uns in seiner Vorlesung, dass Österreichisches Deutsch nicht schlechter sei, dass es nicht falsch sei, als jedes andere Deutsch, aber dass es der Duden nur bruchstückhaft – wenn überhaupt – erfasste. Der Titel dieses Textteils ist einem seiner Aufsätze aus jener Zeit entliehen, in denen er sich an die „Quellen" des Österreichischen Deutsch machte, was wir jetzt auch tun müssen.

Wie kann man am besten die österreichische Varietät der Standardsprache beschreiben? Kolleg*innen greifen hier oft zu Literatur. Obwohl interessant, sind die Ergebnisse oft nur bedingt aussagekräftig, da viele Verlage in Deutschland auch für den österreichischen Markt produzieren und man sich als heimischer Autor dann oft mit in Deutschland sozialisierten Lektor*innen herumzuschlagen hat. Wie Marlene Streeruwitz sagt, den *Kübel* schmeißen sie ihr immer hinaus, man solle *Eimer* nehmen. Das, bitte, geht aber gar nicht. Zeitungen sind da besser, können aber regionale

Unterschiede innerhalb Österreichs nur mit Einschränkungen abbilden. Sie geben aber eine gute Idee von dem, was man so liest – geschrieben meistens von Österreicher*innen für alle, die hier leben.

Wie ist das aber mit der Sprechsprache? Hier hat der ORF eine Kernfunktion. Hören Sie sich die ZiBs an, die Öl Journale oder die Ö3 Scherzer und kuhlen Hunde von FM4: klingt alles sehr österreichisch. Nur *das Virus* ist mir ungut aufgefallen, aber das wissen sie jetzt ja eh schon. *Ja eh schon*, auch so eine österreichische Phrase, die ich gerade in der Stimme von Robert Hazivar vom ORF höre. Ich weiß nicht genau warum, aber eines scheint klar: habe *eh* noch von keinem woanders sozialisierten im Standard gehört. Dieses Modalpartikel *eh* ist ein Stück Heimat, sozusagen, ganz besonders, wenn es mir hier auf der Fähre im äußersten Westen Kanadas vom Kopfhörer in die Ohren serviert wird. Warum aber sagt dann Kollege Herrgen, vom Deutschen Sprachatlas in Marburg, dass in Österreich „zwei Standards" gleich akzeptiert sind: Deutsches Deutsch und Österreichisches Deutsch? Und das sich Österreichisches Deutsch „entnationalisiert"? *Was ist hier los?*, der deutsche Kollege würde wohl sagen, *was geht hier ab*?

In Österreich Hochsprache, in Deutschland nicht

Kann es sein, dass die Kolleg*innen in Marburg hier etwas außer Acht lassen? Vielleicht genauso wie die Kolleg*innen im FWF-finanzierten Projekt „Deutsch in Österreich"? (Der FWF ist der vom Bund finanzierte österreichische Forschungsfonds.) Ich fürchte, ja. Könnte es sein, dass die Eigenständigkeit und Unabhängigkeit des Österreichischen Standarddeutsch nicht erkannt wird, bzw. dessen Einbettung in ein hochkomplexes soziales und linguistisches Gefüge von zugleich Stolz und Minderwertigkeit völlig übersehen wird? Denn, wer ist denn heute das kleine Österreich und darf man den mächtigen Nachbarn, den „großen Bruder" überhaupt so kritisieren? Widmen wir uns dieser äußerst interessanten Frage zuerst indirekt mit einer Diskussion, was denn Standard in Österreich ist und was in Deutschland. Das macht man am besten, in dem man sich die Schreiber*innen und Sprecher*innen ansieht und anhört, die einen gebildeten Status besitzen: also die Profis im Bereich Sprache, die Journalist*innen und ORF-Leute, die das Land mit Information versorgen. Man sagt dazu die Modellsprecher*innen und -schreiber*innen.

Land der Berge, Land der *-erl*

Wer spricht „Hochsprache"? Das ist so eine Frage, auf die viele Leute unterschiedliche Antworten haben. Mancher Hannoveraner mag meinen, dass er das beste Hochdeutsch spricht. Die, die historisch etwas bewandert sind, könnten meinen, dass Leipzig oder Meißen die Zentren sind. Man kann sich gut vorstellen, dass es da Matches der

Eitelkeiten gibt. Aber eines steht fest: bei den ca. 100 Millionen Deutsch sprechenden hat Österreichisches Standarddeutsch wenig Chance auf das „beste" Hochdeutsch, mit Ausnahme der ehemaligen Staaten der Habsburgermonarchie, in denen der österreichische Standard bisweilen als „schöner", als „melodischer" geschätzt wird.

Zu dieser Melodiösität, ein subjektiver Faktor, ebenso wie „Schönheit" oder andere Attribute, mag aber vielleicht auch das Verkleinerungssuffix (Diminutivsuffix) -*erl* beitragen. -*Erl* ist ein besonders schöner Fall (auch wieder subjektiv). Natürlich kann jemand sagen, dass *Kipferl, Busserl* und Co nicht hochsprachlich seien, das wurde und wird auch gesagt, nur würde er/sie sich dann als des Österreichischen[29] unkundig erweisen. Es gibt ja ganz schön viele -*erl*-Fälle, die auch ganz schön häufig vorkommen. Hier eine kleine Auswahl:

> *Achterl, Betthupferl* (Gute-Nacht-Geschichte), *bisserl* (bisschen), *Busserl* (Küsschen), *Drangerl* (Getränk), *Ferserl, (Essig-)Gurkerl, Häuferl, Kammerl* (kleines Zimmer, Büro), *Katzerl, Kipferl* (Hörnchen), *Leiberl* (T-Shirt), *Mascherl, Pickerl* (Aufkleber), *Packerl* (Paket), *Schmankerl* (Delikatesse, auch metaphorisch), *Schneeglöckerl, Schnauferl, Schupferl* (kleiner Sprung), *Schwammerl, Wagerl* (Einkaufswagen), *Zuckerl, Zutzerl* (Nippel), *Zwutschkerl* (etwas kleines)

Ist Österreich der -*erl*-König? Mit ziemlicher Sicherheit: ja. Nun möge manche*r Skeptiker*in protestieren und sagen, aber Sprecherin X in Hessen sagt auch -*erl* beim Wort Y, womit ich dann antworten kann: das ist schön und freut mich, aber das macht das -*erl* im Sinne der Variation nicht unösterreichischer, weil die Tendenz klar ist. Wolfgang Dressler und Jutta Ransmayr schauten sich dieses -*erl* in Österreich genau an und kommen auch zu diesen Schlüssen.

Und wie steht es um die Frage, ob -*erl* Standard ist? Schauen wir einmal in die Medien. Was sagt der Chef des ÖGB im Interview mit dem Öl-Mittagsjournal?

> Maskentragen und Händewaschen „san eh scho, zum Teil, a bisserl in Fleisch und Blut übergegangen" (Wolfgang Katzian, Mittagsjournal, 2. Mai 2020)

Gewerkschafter*innen sind oft schlaue, aber immer volksverbundene Leute. Das Zitat oben von Katzian ist demnach Österreichische Umgangssprache (*san* ← *sind, scho* ← *schon*). Das zeigt auch eine neue Studie, eine der wenigen, die nicht in einem Einheitsdeutsch-Muster durchgeführt werden. Wolfgang Dressler ist wohl, gemeinsam mit seiner Kollegin Ruth Wodak, der berühmteste heimische Linguist. Auch er sagt, in Kooperation mit hochtalentierten jüngeren Kolleg*innen, dass es notwendig ist, die bisher mangelhafte

---

29 Könnte hier auch „des Österreichischen Deutsch" schreiben, ist aber etwas lang. Erhebe damit keinen Anspruch auf eine eigene Sprache.

Literatur zu korrigieren, zumindest auf die bisher mehrheitlich gängigen Forschungs- und Wörterbuchmeinungen, wonach *-erl*-Diminutive meist nicht als standardsprachliche Diminutivformen gelten, sondern vornehmlich der umgangssprachlichen oder dialektalen Ebene zugeschrieben werden. Dass diese Lehrmeinung für österreichisches Standarddeutsch nicht zutreffend ist, zeigen die in ihrem Aufsatz vorgestellten Daten.[30]

Das sind klare Worte und bestätigt die Interpretation, dass *bisserl*, wenn der Herr Obergewerkschafter der Nation das in den Radiohauptnachrichten sagt, nicht Dialekt ist. Es ist ein Indiz dafür, dass *bisserl* zumindest Umgangssprache ist. Es hat sogar gute Chancen, als Österreichisches Standarddeutsch kodifiziert zu werden.

eh: Wien ist anders? Ganz Österreich ist anders!

Sprache ist ja ein enorm spannendes Phänomen. Sprache fasziniert meistens jeden. Deshalb ist es auch verblüffend, dass die soziale Bedeutung von Sprache, wohl die wichtigste Funktion von Sprache, in der Sprachwissenschaft – grosso modo – noch immer nicht voll anerkannt wird. Es gibt viel zu viele Schulen in der Sprachwissenschaft, die die soziale Funktion zwar nicht mehr offen verneinen, aber eben als weniger interessant als irgendwelche „Tiefenfunktionen" ansehen. Wie wir später sehen werden, sind davon auch manche Soziolinguist*innen paradoxerweise nicht ausgenommen.

Wie ist das nun mit *eh*? Ich meine das *eh*, das Diskurspartikel, wie es Linguist*innen nennen, in Sätzen wie *Das hast du mir eh schon gesagt.* Ein erster Ansatz ist immer, dass man nach Formen – Lautfolgen, die so klingen oder Buchstabierungen *e-h*, oder nur *e* – sucht. Man kann das tun, muss es auch, und man wird dann finden, dass es *eh* in Österreich und Deutschland gibt. Daher Fehlanzeige mit der österreichischen Dimension? Weit gefehlt! Jetzt muss man sich die Funktionen und Bedeutungen von *eh* ansehen. Das geschieht noch immer eher selten. *Warum?*, werden Sie fragen. Der Grund liegt darin, dass man nach Formen automatisch suchen kann, man aber Bedeutungen und Funktionen dieser Formen manuell durchgehen muss, also durch Lesen und Interpretieren der Beispiele. Ich habe Ihnen hier sechs aktuelle Beispiele ausgesucht. Nicht zufällig sind vier aus Österreich (1a bis 1d) und zwei aus Deutschland (2a und 2b):

> (1a) Bisher zeigten sich Gerichte von aberwitzigen Behauptungen der Beklagten bisweilen beeindruckt, etwa dass Kunden ihr Dieselauto selbst dann gekauft hätten, wenn ihnen die Abgasmanipulation bekannt gewesen wäre, weil ihnen die Umwelt **eh** egal ist. Damit sollte nun Schluss sein.
>
> (Luise Ungerboeck, auf derstandard.at, 25.5.2020)

---

30 Ransmayr, Jutta, Wolfgang U. Dressler & Sonja Schwaiger. Im Druck. Semantische Untersuchungen zu standardsprachlichen Diminutiven und Diminutivkomposita im österreichischen Deutsch. *Zeitschrift für Dialektologie und Linguistik.*

(1b) Wie sehr sich die „Krone“ als Partner und Sponsor des Skiverbands an Veith abgearbeitet hat, das trat vor wenigen Tagen noch einmal zutage. Da posaunte das Blatt die Ankündigung von Veiths Rücktritt hinaus, um die „riesige Wandlung“ der Sportlerin schon im Titel zu loben, der da lautete „Von der ‚Zicke‘ zur Dame“. Zicke **eh** unter Anführungszeichen. „Stur“, „scheu“, „unfreundlich“ sei Veith gewesen, ehe sie, „geprägt von all den Rückschlägen und der Ehe mit ihrem Manuel, zur Dame wurde“, hieß es im Text.

(Fritz Neumann, auf derstandard.at, 23.5.2020)

(1c) Ulrike Lunaceks allerletzte Chance: Die Kulturnation darf nicht zur „**Eh**-wurscht-Nation“ verkommen

(Leitartikel, auf nachrichten.at [OÖ Nachrichten], 14.5.2020)

(1d) Virtueller Maturasegen soll Vorbereitung den letzten Schliff verleihen. “Am Vorabend ist es **eh** schon zu spät, da hilft nur noch beten.“

(epaper.vn.at [Vorarlberger Nachrichten], 23.5.2020)

(2a) Dann, so Pieper, sei Schwitzen gesund wie **eh** und je – und nicht gefährlicher als ein Restaurantbesuch. „Aber leider lässt bislang nur Rheinland-Pfalz am 10. Juni die Saunen wieder öffnen.“

(Ingrid Brunner, auf sueddeutsche.de, 25.5.2020)

(2b) In vielen Ländern ist der Absatz sogar komplett zum Erliegen gekommen. Und nur wenig deutet darauf hin, dass es in den kommenden Wochen allzu schnell wieder aufwärtsgeht und die Welt deutsche Autos begehrt wie **eh** und je.

(Niklas Záboji, auf faz.net, 25.5.2020)

Sehen Sie einen Unterschied im Gebrauch von *eh*? In Deutschland überlebt das Wörtchen vor allem in lexikalisierten, stehenden Phrasen, wie z.B. im obigen (2a und 2b) *wie eh und je*. In Österreich hingegen muss das Wörtchen sein Dasein nicht nur hauptsächlich in stehenden Phrasen fristen, sondern kommt auch in freier Wildbahn vor. Es hat eine Reihe von Funktionen zu erfüllen, zum Beispiel:

- zur Betonung des Stereotypes des umweltverachtenden Autofahrers (1a)
- zur Abschwächung des Schimpfwortes *Zicke* (1b)
- für eine kreative hauptwörtliche Neuzusammensetzung (1c)
- zur Betonung der Sinnlosigkeit verspätetenden Handelns (1d)

Bespiel (1d) ist wahrlich ein Zitat aus dem österreichischen Sprechalltag. Obwohl es in Österreich natürlich auch die Funktionen in lexikalisierten Phrasen wie in (2a) und (2b) gibt, sieht es so aus, als ob *eh* in den nicht-lexkalisierten Funktionen wie in (1a-1d) in Österreich Standard ist, aber nicht in Deutschland. Ich will es bei diesen sechs Beispielen belassen, vielleicht können Sie ja auch selber suchen und der Frage nachgehen, bzw. meine These versuchen zu falsifizieren (mehr dazu in Kapitel 5). Ich möchte noch dazusagen, dass ich eine ähnliche Tendenz für ein anderes altes Wort – *hudeln* – gefunden habe. In Österreich ist es Standard, in Deutschland nicht.[31] Wer hätte gedacht, dass das

[31] In der *Pluricentricity Debate*, Seiten 95–100.

alte mittelhochdeutsche Worte *hudeln* heute eine österreichische Dimension haben könnte? Was man da wohl noch alles finden kann, wenn man sich die Funktionen der Wörter, nicht nur deren Formen, anschaut?

Schaut aus wie Dialekt, ist es aber nicht: *Hacklerregelung, straucheln, picken*

Diese Überschrift, „schaut aus wie Dialekt (für Unkundige), ist es aber nicht", scheint mir den Nagel auf den Kopf zu treffen. Denn Wörter wie *Gaudi* 'Freude', vom Lateinischen *gaudium, Erlagschein* (den es noch immer gibt, zum Geldeinzahlen auf der Bank), oder *Turnus* (Arztpraktikum, wieder vom lateinischen Wort für „Runde"), *Stempelmarke* (ein Weg der Gebühreneintreibung, den es seit 2001 nicht mehr gibt), aber auch neuere Dinge wie *Bankomat* sind ziemlich österreichspezifisch, denn in Deutschland sagt man *EC-Automat* oder *Geldautomat.*

Alle diese Begriffe sind keine „süßen Provinzwörter" und irgendwie andere Kuriositäten, wie es einem der lautstarke Deutschlandbesucher manchmal auch ganz ungefragt wissen lässt. Man kann diese Frage auch noch weiter verfolgen. So stellte Ingrid Thurnherr, auf ORF III in ihrer Informationsrunde mit den Chefredakteur*innen österreichischer Zeitungen, doch wirklich die Frage, ob das behandelte Thema denn *total wurscht* sei: reden wir nun von der Umgangssprache oder vom österreichischen Standard? Auf jeden Fall reden wir nicht vom Dialekt, denn der wäre noch einmal ganz anders und auch direkter und deftiger als ein saloppes *wurscht.* Wie sieht es aber aus mit Verben wie *straucheln,* das auch in politischen Diskussionen Verwendung findet? Klar, der Bayer wird das auch sagen, aber er sagt das nicht in der prestigeträchtigsten nationalen Radiosendung, wie etwa Volker Obermaier im Ö1-Mittagsjournal, als am Beginn der Coronakrise „noch kein Unternehmen gestrauchelt [war]" (Volker Obermaier, Mittagsjournal, 2. Mai 2020). Wenn das alles Teil der Österreichischen Hochsprache ist, was, bitte, sagen dann die Deutschen in ihrer Varietät der Hochsprache? Es ist Zeit, sich das bald ein wenig anzusehen.

Ö1 gehört gehört!

Kennen Sie Wolf Haas? Nein, mit der Traudl Haas (dem Mariandl aus der Wachau im *Hofrat Geiger* Film) hat er meines Wissens nach nix zu tun. Und eigentlich heißt er ja Wolfgang Haas, aber als Sprachwissenschafter darf er auch mit dem eigenen Vornamen kreativ sein. Und kreativ ist er, weil er sich nach dem Sprachwissenschaftsstudium nicht so wie ich fad und unoriginell im Wissenschaftsbetrieb sein Brot verdient, sondern als Werbedichter und dann als Krimi-Autor verdinglicht hat: *de Brenner-Krimis werden's jo nu kenna?* Sprachlich sind diese sechs Brenner-Romane sehr interessant. Ich würde sie, obwohl auch schon ein paar Jahre alt, jedem deutschen Professor, der in Österreich arbeitet oder arbeiten will, und jeder deutschsprechenden Zuwanderin generell warm ans Herz legen. Die Krimis sind sogar bei einem deutschen Verlag erschienen.

Wie dem auch sei, der geniale Werbeslogan in der Überschrift stammt aus Wolf Haas' spitzer Feder. Und nein, das ist nicht ungrammatikalisch und es ist schnurzegal was der *Duden* oder der *Wahrig* (auch ein Wörterbuch) sagt, den die kümmern sich alle nicht primär ums Österreichische Deutsch (in der doppelten Bedeutung von *kümmern*^{1} „sich damit ernsthaft beschäftigen" und *kümmern*^{2} „etwas behüten"). Denn Hüter des Österreichischen Deutsch ist er sicher nicht, der *Duden*. Der *Duden* gehört kritisiert! Das *ÖWB* gehört auch kritisiert und auch beworben (und verbessert und ausgebaut und wohl vom Klett-Verlag zurück gekauft, der es vom ÖBV in der schwarz-blauen Privatisierungsphase erstanden hat). Koste es, was es wolle, wie der jetzige Finanzminister einmal gesagt hat. Und ja, Öl gehört gehört![32]

In Deutschland Hochsprache, in Österreich nicht

Nun müssen wir uns auch den Nachbarn im Norden zuwenden. Mein HTL-Klassenvorstand verwendete Konstruktionen wie, z. B. „Da kann ich doch nichts für!" Der liebe Dipl.-Ing. Jörg, der uns unterrichte, war und ist ein sehr liebenswürdiger Mensch, ein Mordskerl, wie wir sagen könnten. Obwohl er aus Aachen kam und auch so klang, wussten wir Schüler (keine Mädchen in der Klasse), dass diese Verwendung von *für* nicht Standarddeutsch war. Der Maatsch, z.B., erkannte das als erster und machte mich darauf aufmerksam. Ja, das ist so eine Sache, wenn man aus Aachen oder Hannover oder sonst irgendwoher kommt, wo die Leute glauben, man spräche selbst das beste Deutsch (in den USA ist das der Fall bei Michigander*innen, in Kanada, bei Leuten aus Ontario oder Britisch-Kolumbien). Doch das stimmt nicht. Die nicht-Standard *da*-Tilgung ist unser erster Einwand.

da-Tilgung

Ja, Konstruktionen wie *da kann ich doch nichts für!* oder *da hat man was von* sind vielleicht praktisch, aber österreichisch sind sie nicht, da brauchen wir schon noch ein *da*-davor. Sie sind auch nicht Standard. Nicht österreichischer Standard, vielleicht mögen Sie ja deutscher Standard sein. Möglich, es wird aber wohl eher Umgangssprache sein, aber das mögen bitte in letzter Instanz andere beantworten, denn unsere Forschungszeit möchten wir dem Österreichischen Deutsch widmen. Humoristisch merke ich an, dass sich vielleicht einige Kolleg*innen aus der Gruppe *Deutsche forschen in Österreich* dafür interessieren könnten? Zum Beispiel kann man sich der Frage annehmen, warum

32 Falls Sie die Wendung nicht verstehen: das erste *gehört* bedeutet „muss.... werden": *Öl muss gehört werden.*

manche Präfixe, die in Österreich vorkommen, bzw. durch Orthographieaussprachen einzementiert wurden, in D oft wegfallen. Wir schreiben ja *dafür* und *davon* in diesem Zusammenhang, nicht *für* oder *von*, womit diese Aussprache in Deutschland vom Schriftbild abweicht.

Deutschlands *Pf*-Vermeidung: *Pfeife → Feife*

Wer hat das noch nicht gehört, *Feife* für *Pfeife*, auch wenn man nicht *Pfeifenberger* im Nachnamen heißt, wie der Fußballer, der beim Hamburger SV wohl der *Feifenberger* war, ne? Das *Peh-Eff.* Witzig, eigentlich, dass es in Deutschland oft nicht ausgesprochen wird, wenn man bedenkt, dass die Lautverschiebung von *p-* zu *pf-* am Wortbeginn ein Kennzeichen des Deutschen wurde, also im Unterschied zu den Niederwestgermanischen Mundarten (wie dem Plattdeutschen, Friesischen, Englischen, Niederländischen). Diese Lautverschiebung, von *p-* wie Englisch *Pope*, Latein *Papa*, zu Deutsch *Pfaffe*, ist Teil der 2. Lautverschiebung, die das Hochwestdeutsche von den Niedergermanischen Mundarten trennt, wie Sie auf Abb. 2.1 sehen können. Und nun ist dieses anlautende – am Beginn eines Wortes – *pf-* nicht im deutschen Hochdeutsch, im Deutschen Standarddeutsch hörbar. Schon schräg, oder? Auch schräg ist, dass sich norddeutsche Sprecher*innen gar nicht im klaren sind, dass die Anlautreduktion von *pf-* auf *f-* nicht im Sinne des Erfinders – der 2. Lautverschiebung – ist. *Was, was meinen Sie bitte, ne? Pf- aussprechen? Das geht doch nich'!* (Sehen Sie, das weggelassene auslautende *–t* ist auch nicht Standard). Lustig, oder? Das riecht nach Schummelei, wie der österreichische Schlawiner sagen würde.

Dabei gibt es gar nicht so wenige anlautende *pf-*s auf deutsch. Es ist da das *Pferd,* der besagte *Pfarrer,* die *Pfeife* (und alle Zusammensetzungen damit, mit und ohne *-berger), das Pfund, der Pfirsich,* die *Pfründe,* und, wichtig für österreichische Häuslbauer, der *Pfusch* und noch viel mehr. Wie Sie sehen, die (nord- und auch einige mittel-) deutschen Nachbarn müssen sich hier ganz schön mit historisch rückgebauter Lautung durch die nicht passende Schreibung kämpfen. Das ist durchaus lustig, oder?

Lustiges Deutschland, 1. Teil: [r] in *wirklich, Berg, richtig*

Wie Sie sehen, was Leute in Deutschland als Standard wahrnehmen, hat manchmal wenig mit der Sache zu tun. Das finden wir oft im Vokalbereich, da sich Vokale oft verschieben – sie lieben es geradezu, sich zu ändern – aber auch im Konsonantenbereich – Tiroler *Kuchl* mit zwei *ch*-Lauten, *Kchuchl,* vs. Niederösterreichische *Küchn* mit nur einem *ch*-Laut. Es gibt sehr schöne Unterschiede. International betrachtet kommt dem [r] vielleicht eine besondere Stellung zu. Bill Labov, der nunmehr 93-jährige Gründer der Variationslinguistik, sagt, dass *r* der interessanteste Konsonant im Englischen ist, eine Art „Drehkreuz" für andere Laute. Im Deutschen weiß ich davon wenig zu berichten, außer dass mir das *r* auffällt bei der Britta aus Ternitz, die ihr Zungenspitzen-*r* noch rollt. Dieses Zungenspitzen *r*, zwar nie so frappant wie in Spanien, war das normale *r* in ganz

Europa, bis im Paris des 17. Jahrhunderts das *r* mit dem Gaumenfortsatz, der Uvula, geformt wurde (das Zapferl hinten im Mund, das von oben herunter hängt). Das Uvula-*r* breitete sich über ganz Europa bis 1900 aus, aber machte vorm Osten Ostösterreichs halt, weshalb die Britta noch immer ihr Zungenspitzen-*r* hat.

So weit, so gut. In Deutschland hat man aber in der Regel das Uvula-*r*. Man fragt sich, ob das *r* im Deutschen nicht doch ein wenig an Labovs Charakterisierung des *r* im Englischen erinnert. Da gibt es ja die Leipziger (und andere Varietäten) „lustige *r*-Vermeidung", wo *wirklich* als *via---klich* (mit einer Silbenpause die drei Mal so lang wie in Österreich ist) und *Berg* als *Beh-ag* klingt, mir fällt aber auch das lange, gerollte Uvula *r* der Bayern ein. Nicht *richtig* sondern, *rrr-ichtig*, oder auch *rrr-ichtich*. Anders als in Österreich.

Der Weg als Wech

EU-Kommissionspräsidentin Ursula Von der Leyen hat kürzlich ihren Vorschlag zur Überwindung der Corona-Krise vorgestellt: 500 Milliarden Euro Zuschüsse und 250 Milliarden als billige Kredite für die Corona-gebeutelten EU-Staaten. Sebastian Kurz, Österreichs Kanzler, ist ja ein Sparefroh und auf die Differenzen zu Kurz angesprochen, meint die Kommissionspräsidentin, dass es natürlich anfangs immer unterschiedliche Standpunkte in Europa gibt, aber dass es darum geht,

> dann den gemeinsamen Wech zu finden, und weil er ein gemeinsam gefundener Wech ist, ist er dann auch ein guter Wech (27. Mai 2020, in der ZiB-2)

Wech für *Weg*. Hmm... Ist das Standard? Schauen wir uns einmal die verbriefte (altmodische) Bühnenaussprache an, die sich ja nur minimal nach Ländern unterscheidet, weil sie noch zur Zeit der Monarchie festgeschrieben wurde. Diese Dokumente stammen aus den ersten Jahren des 20. Jahrhunderts von Theodor Siebs und sind sehr norddeutsch geprägt. Österreich bekam später durch den Anglisten Karl Luick einen landesspezifischen Zusatz zum „Ausspracherecht". *Weg* ist mit [g], doch *König* ist mit [ch] kodifiziert. Tut mir Leid, Frau Präsidentin. *Wech* ist nach dieser Definition, nach Siebs, nicht Deutsches Hochdeutsch.

Es ist aber gar nicht so, dass ich Siebs Regeln heute für sehr brauchbar halte. Auch das Beiblatt zur Aussprache des Österreichischen Standarddeutsch, das in die 1957er-Ausgabe des Siebs gelegt wurde, ist nur bedingt hilfreich, weil es den Siebs als Grundlage nicht hinterfragt. In seinem engen Rahmen aber ist das Beiblatt Ausdruck einer sprachlichen Selbständigkeit seit 1957 und auch Indikator für gewisse Eigenheiten schon anno dazumals. So ist für Österreich zum Beispiel *-ig* nicht als *-ich* kodifiziert, sondern nur als *-ig*. Im Wiener Hochlautungsseminar hätten wird also tatsächlich *König* mit *-ig* lernen sollen. *Kaffee* mit langem *e* ist weiters als eine der österreichischen Eigenheiten angeführt, genau so wie *St-* in *Standard*, das nicht

Scht- ist sondern *St-*.Wenn Sie sich mehr zum Thema informieren wollen, kann ich auf Ehrlichs Doktorarbeit (gratis als pdf) oder Muhrs Aussprachewörterbuch verweisen, ebenfalls gratis und online. Luicks Basiswerk zur Aussprache in Österreich mit dem 1957er-Beiblatt ist ein wichtiger Bezugspunkt für Österreich.[33]

Wie wurde der Siebs eigentlich zu einem Maßstab? Der Siebs wurde erstmals 1898 publiziert, als Regelwerk für die deutsche Bühne. Bis 1969 erschienen 19. Auflagen, nur die 18. Auflage von 1957 hatte das Beiblatt für Österreich. Die 1969er Ausgabe ist die aktuellste. Sie sehen, wir sind nicht ganz am Zahn der Zeit mit der Bühnenaussprache mit dieser Auflage, die nun veraltet ist und, im krassen Gegensatz zur Plurizentrik, das österreichische Beiblatt nicht enthält. Wenn Sie neugierig sind, sehen Sie sich den aktuellen Siebs gratis an.[34]

Ich zitiere nun ein wenig aus dem Vorwort der 1912er-Auflage (siehe Abb. 3.1), damit Sie sehen, mit welcher Haltung dieses Werk geschrieben wurde. Der erste Satz auf Seite 1 lautet so: „Durch lange sorgfältige Pflege hat sich auf der Bühne eine besonders reine Aussprache des Deutschen herausgebildet." Da müsste jede*r Linguist*in heute erschauern, denn Begriffe wie „Reinheit" und Herausbildung im Theater – und nicht in authentischen Sprachgruppen – ist auch nicht das, was sozial als eine gefestigte Gruppe gilt. Ab 1922 wurde der Titel des Siebs mit dem Wort *Hochsprache* ergänzt, wiewohl sich an der Konzeption des Werkes nichts änderte.

Was tut der Siebs? In den nüchternen Augen von Dr. Ehrlich: dieses Aussprachewörterbuch hat „die ‚hochdeutsche Aussprache' nach niederdeutschen Lautwerten beschrieben" (Ehrlich 2009: 34). *Suppa*, könnte man da als Österreicher*in sagen, *und wos mochma mit dem, jetzt? In d'Hoa schmian?* Das wäre nicht einmal so eine blöde Idee, denn wieso sollte jemand in Graz auf der Bühne so klingen wie jemand in Kiel, dessen Aussprache der Siebs als Grundlage genommen hat? Das Duden-Aussprachewörterbuch, das einzige Aussprachewörterbuch, das man heute noch über den Buchhandel und nicht übers Antiquariat beziehen kann, ist da nicht anders. Erschienen erstmals 1962 redet es von mehr Toleranz, aber geht dann konsequent den Siebschen Weg, „da Mangold [der Autor] der Auffassung war, dass die Bühnenhochlautung den obersten Maßstab für eine Aussprachekodifikation darstelle" (Ehrlich 2009: 33) und keine Abweichung dulde. Österreich geht wieder leer

33 Ehrlich, Karoline. 2009. Die Aussprache des österreichischen Standarddeutsch: Umfassende Sprech- und Sprachstandserhebung der österreichischen Orthoepie. Doktorarbeit, Universität Wien, Institut für Germanistik. Verfügbar auf: http://othes.univie.ac.at/6128/ (28 Mai 2020).

Luick, Karl. 1996 [1904 [1932]]. *Deutsche Lautlehre: Mit besonderer Berücksichtigung der Sprechweise Wiens und der österreichischen Alpenländer.* Nebst einem Nachdruck des „Österreichischen Beiblattes zu Siebs". Hg. von Otto Back. Wien: ÖBV.

Muhr, Rudolf. 2007. *Österrreichisches Aussprachewörterbuch – Österreichische Aussprachedatenbank.* Frankfurt/Main: Lang (www.adaba.at)

34 https://archive.org/details/deutschebhnena00siebrich (28. Mai 2020)

aus. Sie sehen, dass Ehrlichs Arbeit wichtig ist. Es ist kein Zufall, dass sie 2009 unter der Betreuung von Prof. Peter Ernst, einem Wiener Urgestein, entstanden ist.

DEUTSCHE BÜHNENAUSSPRACHE

Nach den Beratungen
zur ausgleichenden Regelung der deutschen Bühnenaussprache
die im April 1898 in Berlin unter Mitwirkung der Herren
Graf von Hochberg, Freiherr von Ledebur, Dr. Tempeltey,
Prof. Dr. Sievers, Prof. Dr. Luick, Prof. Dr. Siebs
und nach den ergänzenden Verhandlungen, die im März 1908
in Berlin mit der Genossenschaft deutscher Bühnenangehöriger
stattgefunden haben

Auf Veranlassung des Deutschen Bühnenvereins
und der
Genossenschaft Deutscher Bühnenangehöriger
bearbeitet von

Theodor Siebs

Dr. phil., ord. Professor der deutschen Sprache und Literatur
an der Kgl. Universität zu Breslau

Zehnte Auflage
10–12 Tausend
den Gesang berücksichtigend und mit Aussprachewörterbuch

Abb. 3.1: Der „*Siebs*“, 10. Auflage (1912).
„Prof. Dr. Luick“ ist der besagte Wiener Anglist

Was hat Siebs, den Germanistikprofessor an der Peripherie in Breslau, heute Wrocław in Polen, eigentlich angetrieben, die deutsche Aussprache einzementieren zu wollen? Wie schon erwähnt, die Aussprache im Theater ist der Gegenstand des Siebs. Sich auf Goethes Aussage von 1803 berufend finden wir als Hauptargument für seine Reglementierung folgendes:

> Wenn mitten in einer tragischen Rede sich ein Provinzialismus eindrängt, so wird die schönste Dichtung verunstaltet und das Gehör des Zuschauers beleidigt. (Goethe 1803 in „Regeln für Schauspieler“, zit. nach Siebs 1912: 1)

Und weiter:

> Man hat freilich behauptet, die Sprache des Schauspiels müsse in Zusammenhang mit der lebendigen Volkssprache bleiben, den Bühnen müssten Zugeständnisse an die landschaftliche Sprache erlaubt und so der „Erdgeschmack" der Sprache geschont [sic] werden. Das ist nicht Ernst zu nehmen. (Siebs 1912: 1–2)

Siebs verkündet darauf, wenn lokale Aussprachen erlaubt wären, würden mit dem „Erdgeschmack" „zweifellos alle Leiter deutscher Bühnen [D, A, CH, I etc.] den Untergang kunstmäßiger Aussprache als gegeben betrachten." (ibid: 2). Diese Ansicht ist insofern bemerkenswert, als dass man den Schauspieler*innen, Direktor*innen und Theatertruppen nicht selbst überlassen wollte, wie am besten gesprochen wird.

Bemerkenswert, weil genau gegensätzlich, ist ein vergleichbares Aussprache-Experiment aus dem Englischen: als man im Jahre 2005 zum ersten Mal Shakespeare nicht in der zeitgenössischen englischen Standardaussprache, sondern in der Originalaussprache (OA), der rekonstruierten Aussprache um 1590, aufführte, waren alle, wie David Crystal, erzählt, sehr nervös: würden die Zuschauer es verstehen? Würde es ihnen gefallen? Seither gehören OA-Aufführungen von Shakespeare, also (fast) so, wie sie der Barde selbst gehört hat, zum fixen Bestandteil des Globe Theaters an der Südseite der Themse in London. Warum das? Weil die Reaktionen auf diese alt-dialektalen Aufführungen so unglaublich positiv waren: jeder reklamierte diese alte Sprache als die „seine", sie alle sahen darin den Vorgänger *ihres eigenen* Dialektes: von den Schottischen Elitebürgern bis zu den Cornwallschen Ravern und den Manchester Hooligans (die paar, die das Stück halt sahen).

Hören wir uns ein paar Erfahrungsberichte der Schauspieler*innen an: Die Schauspieler*innen waren berauscht von den Reaktionen, schreibt Crystal. Einer von ihnen sagte, dass er die OA als viel breiter und übergreifender empfand („a lot more encompassing"), als er sich das vorgestellt hatte.

> „[Er] liebe die Art, mit der sich OA von einem Ort zum anderen, von Phrase zu Phrase wandte – West Country Englisch, Irisch, Schottisch, Nordenglisch verschmolzen in eins. Das begeisterte [ihn]. Es gab Wahlmöglichkeit und das ganze Land war dabei inkludiert". Ein anderer Schauspieler ergänzte „Als jemand, der einen Adeligen spielte, fand ich die Option, einen anderen Akzent als den englischen Standardakzent zu nehmen, unglaublich befreiend." [35]

[35] Nachzulesen bei David Chrystal. 2019 [2005]. *Pronouncing Shakespeare: The Globe Experiment.* Cambridge: Cambridge University Press. Sehr empfehlenswerter Text, der auch mit mittelmäßigem Englischkenntnissen gut lesbar ist. Alle Zitate von Crystal (2019: 92). Übersetzungen SD.

Es sieht so aus, als ob Siebs nur in einem Sinn heute recht behält, und zwar, dass die „Erdigkeit" der nichtgezähmten historischen Dialekte klar hervorsticht. Nur mit der Reaktion, dass die Erdigkeit ein positives Attribut ist, hätte er sicher nicht gerechnet, der Siebs, der Feind der natürlicheren Hoch- bzw. Standardlautung.

Phrasen aus Deutschland: *Verstehe oft nur Bahnhof*

Ein wesentlicher Aspekt von Sprache ist ihre kulturelle Einbettung. Sprache ist ja nicht nur Kommunikationsmittel, sondern Trägerin von Kultur, Sozialisierungsmittel und Medium, mit dem man aufwächst oder sich anderweitig sozialisiert, sei es in der primären, sekundären oder weiteren Sozialisierung – das hört beim Menschen ja nie auf. Sprache ist daher auch Vehikel einer Menge an Emotionen in allen möglichen Konstellationen. Ob es nun um Manner-Schnitten geht, oder Milka-Schokolade, NÖM, Schärdinger oder doch Milfina-Joghurts, oder auch Landliebe Joghurts im Glas aus Deutschland (übrigens, *das Joghurt* in Österreich, nicht *der Joghurt*, wie in der BRD), Osterlamperln oder Vanillekipferln, wir alle haben unsere fest verbundenen Erinnerungen mit manchen dieser Begriffe.

Das zeigt sich natürlich auch in den vorgefertigten Teilen der Sprache, die ja sehr wichtig sind. Da gibt es viele Beispiele, denn diese vorgefertigten „Chunks", Teile, egal ob Sprichwörter, wie oben, oder andere Phrasen, so wie *mehr oder weniger, a la longue* (letzteres viel häufiger in Österreich ist als in der BRD), *grosso modo, übern Daumen gepeilt,* und andere vorgefertigte Stücke, machen einen Großteil unseres Sprachgebrauchs aus. Da gibt es allgemein verwendete Chunks, wie *auf kurz oder lang, auf Nummer Sicher gehen,* oder *durch die Lappen gehen* usw. und eben solche, die mehr spezifisch auf ein Land abstellen, wie z.B. die Italienisch, Lateinisch und Französisch inspirierten Ausdrücke. Dann gibt es jene, die eng mit Gebrauchs-gegenständen und Institutionen verbunden sind (*zum ÖAMTC fahren, beim ARBÖ anrufen, vielleicht dem VCÖ [Verkehrsclub Österreich] beitreten, beim Billa einkaufen* oder doch *beim Hofer etwas Geld sparen*) oder mit der Geschichte verwoben sind (*mit Erlagschein einzahlen, vom Bankomaten abheben, ein Achterl trinken gehen*). Alles Phrasen, die man in Deutschland so nicht hören würde.

Natürlich gibt es dieses Phänomen auch umgekehrt, was ganz wunderbar ist, weil es einfach zeigt, wie lokal verankert unsere Kultur auch in der Sprache ist. Bastian Obermeyer, der Leiter des Investigativressorts der *Süddeutschen Zeitung*, ist einer der Veröffentlicher der bekannten Passagen des berüchtigten Ibiza-Videos. Er sagte z. B. folgendes in einem Interview mit dem *Standard.* Welche Phrase ist nicht für Österreicher*innen verständlich?

> Obermeyer: [...] Manchmal ist es ein wenig durchsichtig, wenn Straches Freunde in der Medienbranche auf ihren Kanälen gegen „SZ" und „Spiegel" hetzen, aber das können wir schon ab. Umso mehr freuen wir uns über die vielen positiven

> Reaktionen auf unser Buch und unsere Recherchen, die wir ja auch aus Österreich bekommen.[36] [...]

Was fällt Ihnen auf, sofern Sie in Österreich sozialisiert wurden? Was ist nicht Österreichisches Standarddeutsch? Richtig! Es ist „das können wir schon ab". Ich habe diese Wendung wohl noch nie gehört, sie muss aber so etwas wie „mit dem können wir schon umgehen" bedeuten, was meine österreichische Übersetzung wäre. Obermeyer ist meine Generation (späte Generation X) und er benutzt Sprache, die ich nicht kenne. Er ist in Rosenheim (Bayern) aufgewachsen, ich in Attnang-Puchheim (Oberösterreich). Distanz: 160 km oder 1 ½ Stunden mit dem Auto. Er ging in München auf die Uni, ich anfangs in Linz.[37] Gleicher geht's nicht – von der kleineren Stadt in die nächste größere Regional- und Landeshauptstadt (sorry, München). Und doch gibt es solche Unterschiede wie oben. Wie kann das sein? *Glasklar wie Kloßbrühe* (sage ich normalerweise nicht, außer ich rede mit meinem Kollegen Lars Hinrichs, dem Bonner in Texas): die Staatsgrenze, die linguistisch so oft unterbewertete Staatsgrenze. Generell alle Staatsgrenzen, nicht nur die österreichisch-deutsche Grenze, wo die Linguistik nicht immer genau hinschaut.

Ich würde mich gerne einmal mit Herrn Obermeyer unterhalten, es wäre sicher hochinteressant. Auch wenn wir unterschiedliche Standards des Deutschen verwenden und, sofern er auch Dialekt spricht, wohl fast identische mittelbairische Dialekte sprechen. Wir alle in Österreich sollten ihm danken, dass das Ibiza-Video veröffentlicht wurde. Obwohl es mich immer ein wenig irritiert hat, warum dazu anscheinend kein österreichisches Medium in der Lage war. Ich mein', es ist ja eher selten der Fall, dass investigativer Journalismus zu Kanada in den USA publiziert wird. Das würde hier, in Kanada, nämlich weniger gut ankommen aus Gründen der politischen Souveränität.

Sprachliche Unsicherheit, oder *auf der Nudelsuppe daherschwimmen*

Kennen Sie das auch: Manche*r Österreicher*in hat bezüglich Sprache manchmal das Gefühl, dass, egal was man tut und wie sehr man sich anstrengt, man sprachlich immer auf der Nudelsuppe daher gekommen zu sein scheint. Die Linguist*innen, die dieses Phänomen untersuchen, nennen es *sprachliche Unsicherheit* oder *linguistische Unsicherheit*. Diese Unsicherheit hat einen großen, ja enormen Einfluss darauf, wie man sich als Sprechende*r, als Individuum, fühlt. Dieses so wichtige Phänomen, das fast alle, oder zumindest die große Mehrheit der Österreicher*innen, kennen, ist glücklicherweise in der internationalen Linguistik gut erforscht, und zwar im Kanadischen Englisch, wo es Literatur seit den 1960ern gibt, wie sich die Kanadier so mit ihrer Rolle, als „Maus"

36 https://www.derstandard.at/story/2000117514064/chuzpe-straches-hat-ibiza-aufdeckeram-meisten-ueberrascht (16. Mai 2020)

37 https://de.wikipedia.org/wiki/Bastian_Obermayer (16 Mai 2020).

neben dem amerikanischen „Elefanten"-Nachbarn (ein Pierre E. Trudeau-Zitat) fühlen: linguistic insecurity, linguistische Unsicherheit oder sprachliche Unsicherheit.

Wenn Sie mich fragen, ist das Konzept der sprachlichen Unsicherheit das Sesam-Öffne-Dich zum Österreichischen Deutsch: wird es nicht oder nicht adäquat berücksichtigt, und versucht man nicht, es in allen Studien zu minimieren, wird man ganz falsche Resultate kriegen. Was kann man sich darunter vorstellen? Ich habe lange überlegt, wie ich dieses so wichtige Konzept hier präsentieren kann. In meinem englischen Buch zum Thema, mache ich das über die kanadische Schiene, wo das Phänomen *linguistic insecurity* gegenüber dem Amerikanischen und Englischen Standard vermessen wird. Für dieses Buch aber suchte ich nach einer direkteren Methode des Themas Herr zu werden: also direkt auf Österreich bezogen und auf eine Art, die zeigt, wie weit verbreitet diese Unsicherheit ist.

Eines nachmittags habe ich das Spätabendprogramm auf ORF III (ja, wir sind 9 Stunden hinten in Victoria, BC) geschaut: *Ka Zukunft* von Lukas Resetarits. Da hörte ich dann das folgende Lied, das Resetarits im Jahre 1982 dichtete: die Phrase *Bub sprich schön* war der Knackpunkt:

Man sagt nicht Nazi
Zum Heimatdienstler
Net Owizahrer
Zu an Lebenskünstler
Man sagt nicht halbstark
Sondern punk!

„Brüderlich helfen" sagt man
Nicht Besetzung
Sagt Pressefreiheit
Nicht Verhetzung
Sagt Kettenfahrzeug
Und nicht Tank!

Bub sprich schön! -- Uh!
(Resetarits' Gesicht beutelt sich nach rechts
wegen einer virtuell verabreichten Ohrfeige)

Das schuf mir schon mein Papa an
Bub gewöhn dir eine noble
Ausdrucksweise ah-ah-ah-ahn!

Man sagt Aussteiger
Und ja nicht Sandler
Sagt Secondhand-Boutique
Zu an Tandler
Nicht oides Graffl, sondern Antik
Es heißt im Außendienst
Und nicht keiln
Man sagt der gute Ton
Und ned Oaschkrein
Statt Wadelbeißen
Heißt's Po-li-tik!

(Lukas Resetartis 1982)

Ich danke Ihnen, Herr Kammer-Kabarettist Lukas Resetarits, für Ihr 1982er-Programm *Ka Zukunft*. Ihr *Bub, sprich schön!* war die Lösung aller meiner Probleme zur Präsentation der sprachlichen Unsicherheit.

Ja, *schön sprechen!* Welches Kind in Österreich, vom Neusieldersee bis zum Bodensee, hat diese Phrase nicht sehr, sehr oft gehört? Aber, was genau ist dieses *schön sprechen*? Hier haben wir nun sprachliche Unsicherheit: schön sprechen tun immer die anderen und nämlich vor allem die Deutschen, am besten die aus dem Norden. Was mich in dieser Hinsicht verblüfft, ist die scheinbar akademisch-neutrale, in Wirklichkeit aber die Sprachsituation verkennende Frage eines der (österreichischen) Experten zum Österreichischen Deutsch. Peter Wiesinger formuliert in einem Überblicksartikel 1995 abschließend folgendes:

> Sollten sich wirklich viele Österreicher ihrer, weil stark dialektal gefärbten Sprache schämen und diese minderwertig empfinden oder nur unzulänglich die Standardsprache beherrschen, so ist diesem Defizit durch einen besseren Sprachunterricht in der Schule auf der Basis der österreichischen Standardsprache gegen zu steuern.[38]

Die Infragestellung des wohl entscheidendsten Faktors im heutigen Österreichischen Deutsch, der linguistischen Unsicherheit, ist eines der zwei Kernprobleme in der Forschung zum Österreichischen Deutsch.

Nun gibt es verschiedene Reaktionen, wie man mit dieser Unsicherheit umgeht, die praktisch alle Österreicher*innen, vielleicht mit Ausnahme einiger sehr gut situierter Wiener und Salzburger Familien, kennen. Man wird entweder ganz leise und fühlt sich als nicht ganz „komplett" – eine wohl häufige Reaktion – oder man erklärt Österreichisches Deutsch als einen Blödsinn, ein schlechtes Sammelsurium von Varianten, läuft zur Gegenseite über und promotet Deutsches Deutsch. Letzte Reaktion spiegelt keine Mehrheitsmeinung wider, sie kommt aber vor und spielt wohl in den Reaktionen zum ÖWB und zu den negativen, heruntermachenden Äußerungen zum Österreichischen Deutsch eine Rolle.

Manche gehen auch den Schritt, wie ein Chamäleon die landeseigene, angestammte Rede- und Schreibform abzulegen und zu verdeutschen. Das kommt weit nicht so oft vor, wie das die Kolleg*innen einem glauben manchen mögen. Stimmt schon, es gibt derzeit viel Wehklagen, dass die „Jungen" so „piefkenesisch", so deutsch, klingen. Das mag daher kommen, dass manche Signalwörter, die noch bis vor kurzem als Indikatoren und Schibbolethe des Österreichischen Deutsch galten, mittlerweile nicht mehr so stark sind (dafür gibt es andere, die weiterhin so sind und wieder neue, die eine neues Österreichisches Deutsch markieren): *Tschüss, lecker* und *Stuhl* mögen für Sprecher*innen den Eindruck der „Ver-BRD-ung" des Österreichischen Deutsch über Gebühr strapazieren. Hören Sie sich aber einmal so eine Kandidatin an, wie hier Lea die junge Lehrlingsfrau, die im Ö1-Mittagsjournal zu Wort kam, https://youtu.be/6tqNm7ZoL4g (1:38 min), was hören Sie da? Ok, da gibt es – vor allem – ein bissi BRD-Intonation, aber wenn Sie wirklich genau zuhören, dann schimmert da noch immer unverkennbar rot-weiß-rot lautstark durch.

Es erscheint plausibel, dass sich Lea vielleicht später bewusst machen wird, so wie

38 S. 71 in Peter Wiesinger. 1995. Das österreichische Deutsch in der Diskussion. In *Österreichisches Deutsch: Linguistische, sozialpsychologische und sprachpolitische Aspekte einer nationalen Variante des Deutschen*, hg. v. R. Muhr, R. Schrodt, P. Wiesinger.

vielleicht damals mein 16-jähriges Ich, das oft wie Groenemeyer klang, dass *des eigentli a Bledsinn is*. Mit mehr Internationalität kommt *es oft z'ruck, des heimatliche* (im Van-der-Bellenschen Sinne), was ja auch vom dynamischen Charakter jeglichen Sprachverhaltens zeugt. Oder aber die Lea wird Teil einer neuen, aktualisierten Form des Österreichischen Deutsch, wo sie bei *andernorts* (Sekunde 40), *in Quarantäne sein* (Sek. 43), *Geld* (1:08) und *sind* mit stimmhaften s- (1:11) schon eher deutsch klingt. Aber, *olles hoib so wüd*, denn bei Minute 1:12 sagt sie aber schon *bei dem man ein Geld sparen sollte* (1:12), also sehr österreichisch mit *ein*, oder auch *durchfliegen* (Sek. 46, nicht *durchfallen*) und immer *Österreich* (1:15, niemals *Öst-reich*). Ihr *Sommer* (Sek 49) ist dahingehend interessant, dass er nicht stimmlos ist wie bei Ambra Schuster (der Redakteurin, bei 1:02) oder der Öl-Nachrichtensprecherin Agathe Zupan, sondern irgend etwas in der Mitte. Wie im kanadischen Englisch könnten sich hier neue Zwischenformen herausbilden, die dann, wie in Kanada, neue Marker des Österreichischen Deutsch werden. Also, keine Panik, denn *so schnö schiaßn de Preißn ah wieda net!*

Thomas Brezinas *Sessel* und der *Stuhl* in der *Sendung mit der Maus*

Thomas Brezina braucht man ja nicht vorzustellen, aber für all jene, die ARD, ZDF und vielleicht schon KIKA für Kindersendungen zur Verfügung hatten und nicht den ORF: Thomas Brezina ist die J. K. Rowling der österreichischen Kinderliteratur, möglicher Nachfolger (würdig wäre er) von Christine Nöstlinger und er schupft im ORF große Teile des Kinderprogrammes: *Tom Turbo, 7 Wunder, Trickfabrik, Knall Genial, Museum AHA!* und was ihm sonst noch alles über die bisher drei Jahrzehnte – wir hoffen auf viele mehr – eingefallen ist. J. K. Rowling darum, weil er ähnlich gute Kinder-Literatur schreibt: 25 Jahre *Knickerbocker-Bande* usw.

Dieser Thomas Brezina ist aber kein Mundartsprecher, als Wiener der Bildungsschicht hat er es nicht so sehr mit Dialekt. Aber er ist ein gutes Beispiel für den Österreichischen Standard, bzw. auch die Umgangssprache. Und da sagt er nicht, z. B. *Hallo, ihr Mausgucker!* wie bei der sehr genialen *Sendung mit der Maus*. Sondern eher, *Herzlich willkommen, grüß euch bei Knall Genial!* Und, der Österreichischen Hochsprache verpflichtet ohne das an die große Glocke zu hängen, sagt er natürlich *Sessel*. Nein, nicht zu einem schweren, gepolsterten Ding mit „Leseohren" wie in Abb. 3.3. Sondern zu so etwas wie in Abbildung 3.2, wo man Thomas Brezina mit seinen 748 Helium-Ballons und seinem *fliegenden Sessel*, nicht *Stuhl*, sieht. Er sagt dazu: „Einen fliegenden Sessel hab' ich mir immer schon gewünscht". Gut, oder? Denn es ist nicht der *Sessel* in Abb. 3.3, den man sich in Deutschland vorstellen würde.

Wie ist das nun mit dem *Sessel*^{Ö} und dem *Sessel*^{D}? Sehen wir einmal in den Katalogen von österreichischen und deutschen Handelshäusern nach, wohlwissend, dass die österreichischen Möbelhäuser davon profitieren, wenn sie auch internationales Vokabular als Suchtermini erlauben, z.B. für den deutschen Austauschstudenten, der sich einen *Sessel*, d.h. für ihn *Stuhl*, für sein WG-Zimmer kaufen will.

Abb. 3.2: „Einen fliegenden Sessel hab' ich mir immer schon gewünscht" (*7 Wunder*, 24 Apr. 2020, 23:45 min. Quelle: tvthek.ORF.at (Verwendung mit freundlicher Genehmigung)

Abb. 3.4 zeigt, von kika.at, dass ein *Sessel* eine harte Angelegenheit ist. Auf lidl.de, z.B., in Abb. 3.5, sieht man für *Sessel* wieder nur gepolsterte, super bequeme Fauteuils.

Abb. 3.3: Ein *Sessel* für Deutsche (lidl.de) („Ohrensessel" Chesterfield)

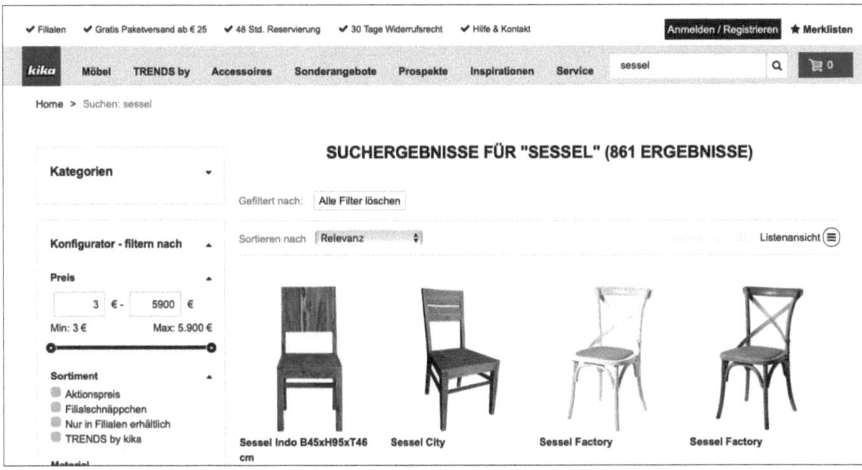

Abb. 3.4: „Sessel“ auf kika.at

(Mit freundlicher Genehmigung der kika Möbel-Handelsgesellschaft m.b.H.)

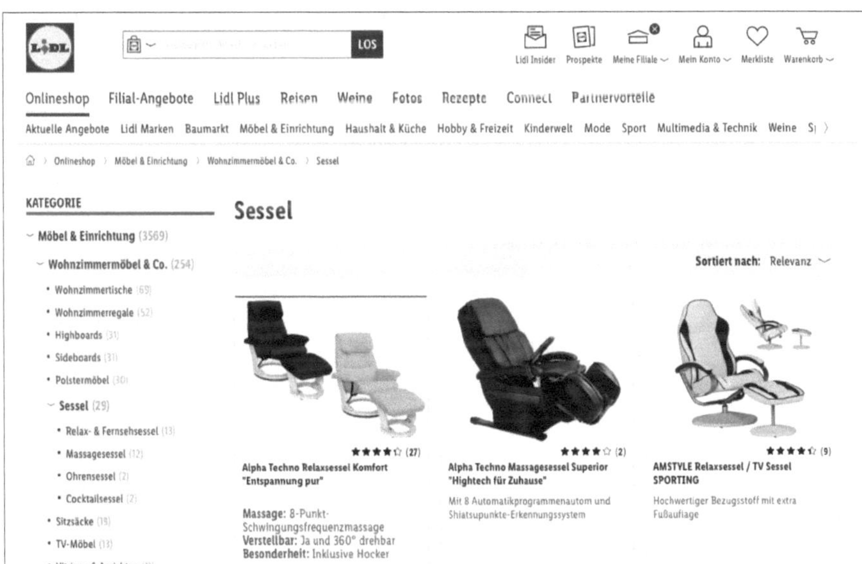

Abb. 3.5: „Sessel“ auf lidl.de

Ich finde diese Erweiterung um den bundedeutschen Gebrauch in mancher Hinsicht schade. Warum? Weil am *Sessel*^{Ö} nichts falsch ist. Leider sehen das, zu meiner Verblüffung, nicht alle österreichischen Sprachwissenschafter*innen so. Lesen Sie, was einer von ihnen zu diesem Themenkomplex meint. Ich kann ihm nur widersprechen, weil er die Verbindung von Sprache und Identität ausblendet:

> Bei allem Verständnis für sprachlich symbolisierten Patriotismus – kein österreichischer Kunde hat im Supermarkt (denotative) Probleme mit Produktbezeichnungen wie *Blumenkohl* anstelle von *Karfiol* oder *Kissen* für *Polster.* Nicht die geringste Begeisterung hingegen dürften dieselben Kunden für Mehrkosten aufbringen, die aus einer – womöglich gesetzlich verordneten – österreichischen Produktkennzeichnung resultieren würde.[39]

Ich wollte nachschauen, ob der Kollege – ein Steirer in Wien – mittlerweile nebenberuflich als Sprachrohr der Wirtschaftskammer agiert. Hab es aber dann gelassen, weil selbst in der Wirtschaftskammer verstanden wird, dass es eine Zumutung wäre, wenn man nur mehr *Quark, Blumenkohl, Schlagsahne* oder *Aprikosen* auf den Etiketten und Preisangaben sehen würde. *Wo samma denn?* Auch will ich bezweifeln, dass es keine denotativen – d.h. objektive bedeutungstechnische (nicht konnotative, subjektive-emotionale) – Probleme geben würde. Wenn man im Supermarkt das Ding sieht, wohl nicht. Wenn man aber den Preis erfragen will, wohl schon.

So, liebe Leser*innen, wird in der Germanistik also ernsthaft argumentiert. Wenn man so denkt, kann man gleich zusperren, weil man damit die bloße Möglichkeit auf eine österreichische Standardvarietät im vornhinein ausschließt und der Lächerlichkeit preis gibt. Ganz so lächerlich kann aber das Küchenvokabular nicht sein, wenn es sogar für die Kleinkunst brauchbar ist. Alfred Dorfer sagt in seinem Programm *fremd,* z.B. *Karfiol* und er verwendet die Neuschöpfung *Karfiolose*[40] – Aversion zu Karfiol. Frage an die Kolleg*innen: Warum nimmt er *Karfiol* und nicht *Salat* oder *Gurke* als Beispiel? Hat wohl mehr Bedeutung, dieses Küchenvokabular, als so manche*r wahrhaben will.

Kleines Listlein von Kandidatenwörtern

Sehen wir uns einmal die Sachlage für einige Wörter an. Man könnte und sollte das auch für Morpheme tun (Teile von Wörtern, so wie *-erl*), Phoneme (Laute), Intonation (Betonung von Silben bzw. Satzmelodie), Grapheme (Schreibzeichen, z. B. *ß* gibt es in der Schweiz nicht und wird – amtliches Regelwerk hin oder her – immer durch *ss* ersetzt), Sytax (Satzbildung) und, ganz wichtig, Pragmatik (wie man Sprache konkret benutzt, z.B. wie bestellt man eine Semmel beim Bäcker in Wien vs. ein Brötchen in Kiel und wie gliedert sich dieser Dialog). Hier beschränken wir uns auf Lexeme – auf Wörter – und ich gehe ein paar durch, die mir aufgefallen sind.

---

39 S. 129–30 in Manfred M. Glauninger, 2013. Deutsch im 21. Jahrhundert: 'pluri-', 'supra-' oder 'postnational'? In *Im Dienste des Wortes: Lexikologische und lexikografische Streifzüge: Festschrift für Ioan Lazarescu*, hg. von Doris Sava & Hermann Scheuringer, 123–132. Passau: Stutz.

40 https://tvthek.orf.at/profile/Alfred-Dorfer-fremd/13890850/Alfred-Dorfer-fremd/14051809

***Fauteuil, Kübel, Leitungswasser* ... und?**

Das *Fauteuil* kenne ich noch aus meiner Kindheit. Aber ich dachte mir, dass der Terminus heute eher weniger verwendet wird. Dann lese ich in Marlene Streeruwitz' Fortsetzungs-Coronaroman in Episode 16 vom 29. April 2020, „Fiorentina saß wieder in Bettys Lesefauteuil."

Man sieht in Abb. 3.6, wie wenig wichtig *Fauteuil* auf .de ist, wie häufig es auf .ch. und .it gefunden wird, wo wir auch die italienischen und französischen Treffer von *Fauteuil* finden, wie hier von der Seite www.molteni.it:

> Les **fauteuils** design modernes de Molteni&C visent à combiner un aspect fonctionnel avec une valeur esthétique qui peut satisfaire l'esprit.

Italienische Firmen bieten ihr Service, im Sinne der Romania, also auch auf Französisch an und in Frankreich ist *Fauteuil* ja ohnehin ein normales Wort. Nur in Österreich ist *Fauteuil* wirklich fix im Deutschen verankert – der Unterschied von Faktor 10 spricht eine klare Sprache. Nicht, dass nun jede*r in Österreich *Fauteuil* gebrauchen muss, aber er/sie kann. Was sagt der Duden? *Österreichisch, Schweizerisch, sonst veraltet.* Man sieht, wie der Duden-Benutzer zur Einschätzung kommt, dass Österreichisch *niedlich und altmodisch* ist und dadurch der österreichische Benutzer indirekt disqualifiziert wird.

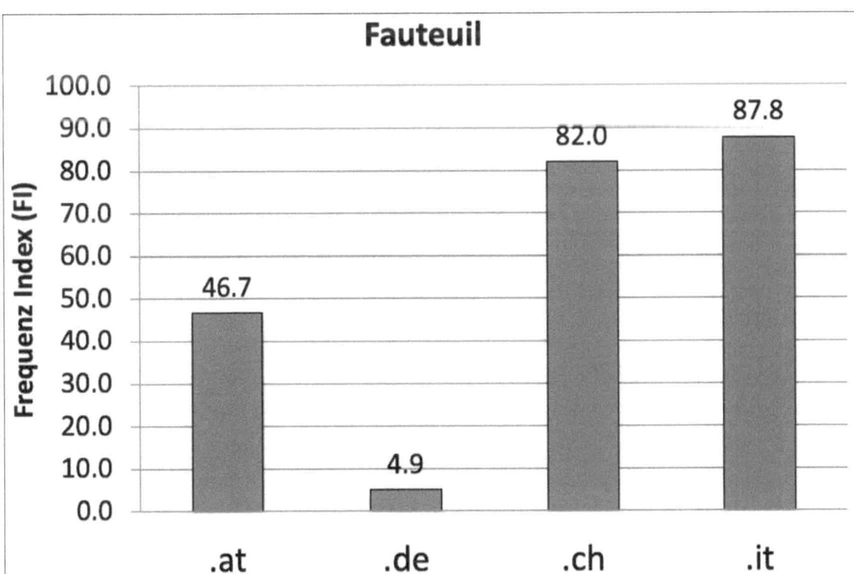

Abb. 3.6: *Fauteuil* auf google.com mit der DCHP-2 Methode

Und erst *Kübel.* Na, das ist ein interessantes Wort. Wer es nicht kennt, mag wahrlich glauben, dass es Dialekt sein muss. Doch weit gefehlt, denn *der Kübel* ist in Österreich Standard. Daran besteht kein Zweifel. *Es schüttet* nicht nur *wie aus Kübeln* (im Sprichwort), sonder das Lagerhaus verkauft auch *Kübel und Tröge* (Abb. 3.7). Oder man kauft *Kübelobst* – Äpfel, Birnen, Marillen oder was auch immer – das man im Kübel im Supermarkt kauft und dann nicht nur Obst, sondern auch einen Kübel mitbekommt (sehr praktisch). Wie wir von Marlene Streeruwitz schon wissen, ist *Kübel* auch jenes Wort, das von den Lektor*innen ihrer deutschen Verlage immer herausgestrichen und durch *Eimer* ersetzt wird. Das lässt sie sich als streitbare Schriftstellerin nicht gefallen und setzt sich durch, aber nervig muss das schon sein, bei jedem Roman, bei jedem Text, der das Wort beinhaltet, sich immer wieder aufs neue „rechtfertigen" und hartbleiben zu müssen. Das sollte nicht so sein und wenn dieses Büchlein ein bisschen hilft, *Kübel* jenseits der Staatsgrenzen zu akzeptieren, dann bin ich schon froh.

Abb. 3.7: *Kübel* auf www.lagerhaus.at
(Mit freundlicher Genehmigung der Raiffeisen-Lagerhaus GmbH)

Aber wie ist das mit *Leitungswasser*? Der Literaturnobelpreisträger Peter Handke schreibt schon lange vom Leitungswasser, zumindest seit seinem berühmten Krimi, *Die Angst des Tormanns beim Elfmeter,* der 1970 bei Suhrkamp in Deutschland erschienen ist. Der Protagonist Bloch, der Baumonteur, der eines Tages einfach die Baustelle verlässt, tut folgendes in der Nähe des Wiener Naschmarktes:

> In einem Kaffeehaus trank er lange an dem Leitungswasser, das man in einem Glas zu dem Kaffee servierte. (Peter Handke, 1970)

Jetzt muss man schon sehr genau hinsehen, denn *Leitungswasser* ist in Österreich und Deutschland ähnlich beliebt. Aber den Zusammenhang, die Praxis, mit dem Kaffee ungefragt ein Glas Leitungswasser serviert zu bekommen, ist gute alte Wiener Kaffeehaustradition, die, zugegeben, schon in Linz nicht mehr so praktiziert wird, aber das wär ja sonst auch fad, ein Einheitsbrei.

Ach ja, *fad*: das ist pures Österreichisch: vom französischen *fade* hat man es sich angeeignet und zu eigen gemacht. So sehr, dass unsere Maturazeitung in der HTL ein „Fadogramm" hatte mit der Einheit „fad". 3 fad bei den Klassen des Lehrers A, 2,5 fad bei Lehrerin B, oder 25 bei Lehrer C. *Maturazeitung* ist ja auch so ein Terminus. Österreichischer geht es wirklich nimmer.

Leitungswasser ist, im Gegensatz zu *fad* und *Maturazeitung*, kein einfach zu findender Austriazismus, und wenn man ihn als solchen bezeichnet, dann nur kulturell-kaffeeehausspezifisch, also Typ 4 in unserer Terminologie der Austriazismen. (s. S. 20). Durch Zufall bin ich aber wieder einmal auf einen anderen Austriazismus gestoßen und zwar in diesem Handke-Buch. Würden Sie ihn finden? Es ist sogar im Titel. Welches Wort in *Die Angst des Tormanns beim Elfmeter* könnte ein Austriazismus sein? Was glauben Sie? Es ist ... *Tormann*. Sie sind überrascht? Ich war es auch, sehen Sie dazu Abb. 3.8 (bzw. hätte ich in Ebners Wörterbuch nachsehen können):

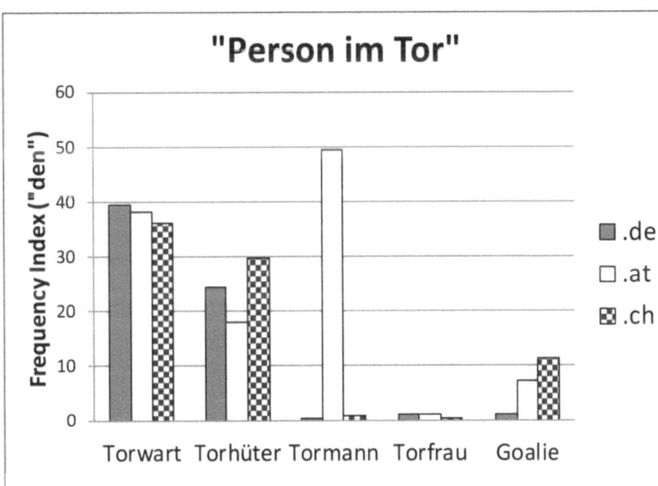

Abb. 3.8: *Tormann* und Varianten in .de, .at und .ch
(Dollinger 2019a: Image 19)

Wenn man schließlich darüber nachdenkt, dann könnte einem die Richtigkeit der Aussage schon auffallen: *Torwart, Torhüter*, ja, das sagen die Kommentator*innen aus Deutschland oft. *Goalie* lieben, wie Abb. 3.8 zeigt, die Schweizer am meisten, gefolgt von den Österreicher*innen (nennt sie niemals *Ösis*, ein Schimpfwort. Denn wir sagen ja auch nicht *Piefke* oder *Emmentalfresser*, wenn wir über D und CH reden, außer zum Beleidigen, aber wer will das schon?). Bei *Torfrau* können alle drei noch zulegen, den geben tut es sie ja, nur über sie geschrieben wird anscheinend noch nicht so viel, wie sie es verdienen würden.

Steigerungsadverben jenseits von *sehr: recht & g'scheit*

Steigerungsadverben sind ein Bereich der Sprache, der sich sehr schnell und sehr oft ändert. In der Umgangssprache werden die Ostösterreicher*innen ihr Präfix *ur-* kennen: *urlangsam, urcool, urschnell.* Dieses Adverb wird gebildet mit einem Präfix. Es gibt auch andere, weiter verbreitete Steigerungsadverben in Österreich: *echt cool, echt langsam, echt teuer.* Weiters *wahnsinnig teuer*, oder kreative Bildungen wie *steinzeit-langsam*, oder *1960s-London cool* und auch solche, die sich aus zwei Teilen zusammensetzen: *so teuer dass du spinnst, so super dass du ausflippst*! Von den oben genannten, würden wir aber weder *ur-*, noch *wahnsinnig* und sicher nicht *steinzeit* als Standard akzeptieren.

Was ist nun Standard im Bereich der Steigerungen? Sehen wir zuerst zu den deutschen Nachrichtensprecher*innen. Hören Sie hinein auf ARD und ZDF: *sehr* ist der unangefochtene Spitzenreiter. Manchmal hört man *ungewöhnlich, es ist ungewöhnlich kalt für die Jahreszeit.* Aber meistens *sehr*: *die Kanzlerin zeigte sich sehr enttäuscht, die deutsche Mannschaft schlug sich bisher sehr gut.* In Österreich sagen die Sprecher*innen auch oft *sehr*, aber da gibt es auch andere Steigerungsadverben, die es in der BRD im Standard so nicht oft gibt. *Recht*, so wie hier in der ZiB 1:

> ... grundsätzlich aber sind die [Corona] Zahlen in Österreich weiterhin recht stabil: 21 neu auf Corona positiv Getestete sind zuletzt dazu gekommen...
> (Susanne Höggerl, 17. Mai 2020, ZIB 1)

Es gibt auch *gescheit* oder *g'scheit*, das die Wienerin und Chefin der NEOS, Beate Meinl-Reisinger, pointiert einsetzt als effektive Kritik zum anfangs fabrizierten 2020er-Budget, wegen der fahrlässig unrealistischen Angabe der Einnahmen. Meinl-Reisinger sagte in der Ö1-Sendung *Klartext*, dass es so ausschaut, als ob sich der Finanzminister gesagt hätte,

> wenn schon unseriös, dann g'scheit unseriös (Meinl-Reisinger, 27.5.2020)

Wir haben hier ein gutes Beispiel für ein Steigerungsadverb der österreichischen Umgangssprache, das Meinl-Reisinger mit raffiniertem Effekt in ihr österreichisches Standarddeutsch einwirft.

Ausdrücke: *... geht da (et)was weiter?*

Das sagt Stefan Kappbacher, der Moderator des Ö1-Mittagsjournals am 2. Mai 2020. Wir haben hier eine Kombination von BRD-*was* (nicht älteres österreichisches *etwas*) und *weiter gehen* 'vorwärts kommen' als spezifische österreichische Form. Wie Sie sehen, ist das eine Form, die als Standard gelten kann, denn der Modellsprecher Kappbacher hat das nicht zum Scherz so formuliert. Und wie sieht es aus mit anderen Phrasen und Ausdrücken? *Mit der Kirch'n ums Kreuz* als Ausdruck für eine Lösung, die als außergewöhnlich kompliziert und umständlich erscheint. Ist das Standard? Es ist zumindest Umgangssprache. Was ist mit *Das Glück ist ein Vogerl,* Ostösterreichisch für die Launenhaftigkeit des Glückes, oder *Mein lieber Schwan!* als Ausdruck für Erstaunen über außergewöhnliche Konsequenzen oder Effekte? Die könnten durchaus Standard sein, denn auch der Standard hat ja formellere (*Euer Hochwohlgeboren*) und informellere Ausdrücke (*es schüttet wie aus Kübeln*). Aber wie sieht es aus mit *Hobts ihr daham an Leberkaas?,* für die sarkastische Frage und Aufforderung, nachdem jemand vergessen hat, die Tür zu schließen? Das ist wohl Umgangssprache, und eher das untere Ende davon, an Dialekt grenzend.

Meine Einschätzungen zur sprachlichen Ebene von Ausdrücken sollten einsichtig sein, doch kann man sie diskutieren, wiewohl man für jeden Ausdruck Tests 1–4 anlegen müsste, wie wir es in Kapitel 1 beim *Virus* getan haben. In jedem Fall braucht man gute Hypothesen, die es dann zu testen gilt. Da gibt es ja so viele vorgefertigte, enorm brauchbare und effektvolle Versatzstücke der Phraseologie: *Ein gutes Gulasch brennt zwei Mal, ana hot immer des Bummerl, passt scho* (das universale „ok" heimischer Prägung), oder dieses vorsichtig zuversichtliche aber nicht verbindliche *schauma amoi/amal,* das vielleicht eine Kernqualität aller österreichischen Varietäten repräsentiert. Textkünstlerin Karin Bornett sagt dazu:

> Wollen wir heute noch in den Supermarkt? „Schau ma mal" – also „mal sehen" ist bei den Österreichern ein äußerst beliebter Ausdruck – wohl um Zeit zu schinden und sich nicht festlegen zu müssen. „Schau ma mal" scheint für die Alpenländer die ideale Antwort auf diverseste Fragen. Wie wohl das Wetter morgen wird? „Schau ma mal". Welchen Fußbodenbelag willst du verlegen? „Schau ma mal". Wie war die Prüfung? „Schau ma mal". Ich kenne Deutsche, die diese Antwort schon zur Verzweiflung gebracht hat.
>
> (Karin Bornett 2018)[41]

Ja, die kenne ich auch! Schon sehr versatil, dieses *schauma amoi,* das es auch in regionalen Anpassungen gibt.

[41] https://www.spotahome.com/de/blog/osterreichische-redewendungen-und-ausdrucke-die-du-kennen-solltest/

Ein letztes Beispiel möchte ich noch bringen: *Aktion scharf.* Das ist für mich etwas ganz altes und etwas, wo man wirklich aufpassen muss: nichts zum Spaßen. O ja, und *Spaß*, seit der 1996er Rechtschreibreform sind ja lange Vokale durch ein *ß* gekennzeichnet, kurze durch ein *ss*. Daher muss man in der BRD *Spass* schreiben – weil kurzer Vokal – aber *Spaß* in Österreich, weil der Vokal ja lange, ja sehr lange ist.

www.derstandard.de › ... › Österreich ▾ Translate this page
Polizei mit Aktion scharf gegen Tuner und Raser - Österreich ...
12 hours ago - Leibnitz – Die steirische Verkehrspolizei hat in einer "Tuning" genannten Schwerpunktaktion an zwei Abenden im Bezirk Leibnitz zahlreiche ...

www.pinterest.de › pin - Translate this page
Mit der "Aktion Scharf" soll in Vöcklabruck gegen das illegale ...
Mit der "**Aktion Scharf**" soll in Vöcklabruck gegen das illegale Glücksspiel vorgegangen werden. Hierzu wurden mehrfache und jeweils mehrstündige Kontrollen ...

www.verdi.de › pressemitteilungen ▾ Translate this page
Bremer Nacht-und-Nebel-Aktion scharf kritisiert - ver.di
Bremer Nacht-und-Nebel-**Aktion scharf** kritisiert. 18.06.2002. -. Scharf kritisierte der Bundesvorstand der Deutschen Journalistenunion (dju) in ver.di, dass die ...

Abb. 3.9: Erste Seite der Google-Suche "Aktion scharf" auf site:.de (Mai 2020)

Ich habe schon damals, als Germanistikstudent, diese neue *ss/ß*-Regelung sehr elegant und geglückt gefunden. Heute weiß ich warum: Plurizentrik wird hier orthographisch umgesetzt.

Zurück zur *Aktion scharf*! Googeln Sie das auf .de-Seiten, bekommen Sie Beispiele wie: „die Polizei hat die Aktion scharf kritisiert". Tun sie das auf .at-Seiten, kriegen Sie etwa: „die Polizei machte „Aktion scharf". Sehen Sie dazu Abb. 3.9, von .de-Seiten: Sie sehen dort, wenn „Aktion scharf" vorkommt, dann mit Österreich-Bezug, wie im ersten Treffer von derstandard.de, dem Deutschland-Portal von derStandard.at.

Ja, und dann gibt es da noch das super wichtige, hochfrequente und idiomatisch Österreich markierende: *es geht sich (nicht) aus.* Aber das besprechen wir mit den Exportschlagern des Österreichischen Deutsch ein bisschen später in diesem Kapitel. Zuerst gehen wir zur Flexion, zur Beugung, des Verbums. Denn wer geglaubt hat, die sei überall gleich, von Flensburg bis Bozen, den wird der nächste Abschnitt interessieren.

2. Person Plural: *ihr machts was; schauts nur*

Linguist*innen gehen davon aus, dass Änderungen in der Verbflexion speziell sind, weil sie tief in die grammatikalische Struktur eingreifen. Hier haben wir so einen Fall: nicht *ihr macht* nimmt man in Österreich in der Regel für die 2. Person Plural, sondern *ihr machts*, wobei das *-s* nichts mit *es* zu tun hat. Also nicht: *ihr habt es verloren* → *ihr habt's* *verloren*. Das ist anders bei *Schauts nur her*, weil es da kein „es" gibt: ~~*Schaut es nur her*~~. Das heißt, dieses *-s* ist ans Verbum gebunden und hat sich im Österreichischen Deutsch eingeschlichen. Und diese Flexion – häufig, wenn nicht die Regel im gesprochenen Deutsch – ist auch exportfähig, weil verständlich.

Wie geht das? Meine Kinder lieben die Sendung *Schmatzo*. Alex, der Koch von *Schmatzo – Kochen mit Wow*, spricht eine klare Sprache und muss natürlich viele Anweisungen in jeder Sendung geben – an jede seiner drei Kinderkochgruppen. *Schmatzo*, eine ORF-Produktion, wird auch im deutschen KIKA Kinderkanal ausgestrahlt. Alex verwendet dort mit seinen ausschließlich österreichischen Kinderköchen (als lokale Wiener Produktion), Phrasen wie *Gut, ihr kennts euch aus!* → *Gut, ihr kennt euch aus* würde sehr komisch, sehr deutsch klingen. Abb. 3.10 zeigt die Verteilung der Kombination „wollts ihr", wie sie in Aufforderungen und Fragen oft verwendet wird. Man sieht, dass mit einem enormen Unterschied von Faktor 10, die 2. Person-Plural mit *-s* sicher als österreichische Konstruktion gelten kann.

Es sieht daher so aus, als ob Österreichisches Standarddeutsch auch den deutschen Kindern zumutbar geworden ist. Alex darf das sagen, auch auf KIKA, wo dann immer sein *Schlagobers* aus dem Off mit *„beziehungsweise Sahne"* ergänzt wird. Man sieht, dass wir doch zu mehr sprachlicher Toleranz finden können. Das war nicht immer so. *Wickie und die Starken Männer*, gezeichnet, produziert und synchronisiert in den 1970ern in Wien, musste mit norddeutsch klingenden Stimmen vertont werden. Sie sehen, es gibt also doch Verbesserungen und Schritte in die richtige, die tolerantere Richtung. Wenn auch im Halbjahrhunderttakt, mit glazialer Geschwindigkeit und wohl gegen viel Widerstand.

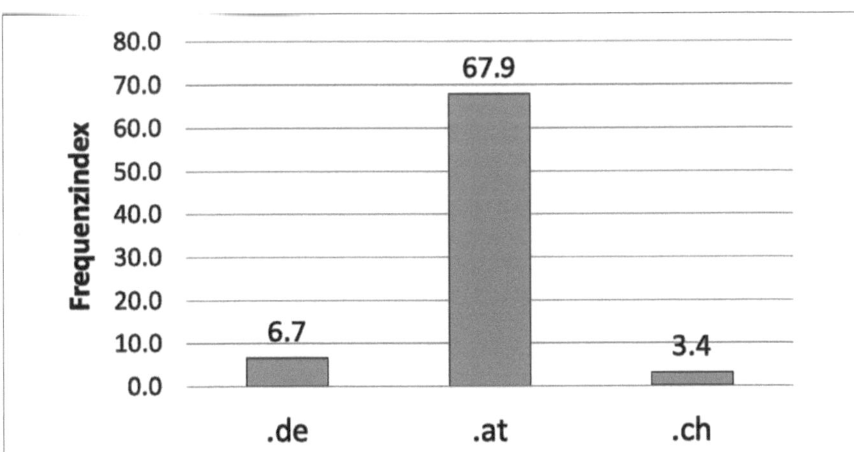

Abb. 3.10: *Wollts ihr* in drei Domänenamen

Jause/jausnen

In Bayern *jausnet* man selten, aber eine *Brotzeit* gibt es oft. Die *süße Jause*, ein kulturell wichtiges Konzept, ist auch nur in Österreich verankert. Dass dem so ist, erahnt man in Abb. 3.11.

Abb. 3.11: *Jause* und Varianten im deutschen Sprachraum (*dtv-Atlas*, S. 240)

Hier sieht man, dass Südtirol, im Gegensatz zur *Schwedenbombe*, wie wir später sehen werden (Abb. 6.3), nicht immer mit Österreich im Gebrauch mitgehen muss. *Jausnen* signalisiert daher – im Sinne der Indexikalisierung von Bedeutungen, wie wir sie in Abb. 2.5 für *Tschüss* veranschaulicht haben – ganz klar und für jedermann und -frau verständlich [+Ö]. Plus [Ö] in einer alltäglichen, unromantisierten Dimension. Was meine ich damit? *Brettljausn* ist vielleicht für einen Kasseler romantisch-lederhosig und dialektal, aber sicher nur ein „normales" Wort in Österreich, so wie eben *Hafen, Schiff* und *Reeperbahn* in Hamburg.

So können Sie in der *Buschenschank* in der Südsteiermark sitzen, seit Erzherzog Johanns Zeiten, und als Buschenschank-Wirt haben Sie bestimmte Sonderrechte – Sie dürfen, z.B. zu ihrem Wein auch Essen anbieten, also eine *Jause*, womit wir auch geklärt haben, dass die *Jause* vielseitig ist und nicht nur das 2. Frühstück, das in Abb. 3.11 abgefragt wurde – also vielseitiger als *Z'nüne* in der Schweiz und doch anders als *Brotzeit* in Bayern (wobei letztere ähnlich vielseitig verwendet werden kann wie *Jause*). Nur eine *süße Brotzeit* – so wie die *süße Jause* – gibt es aber auch in Bayern nicht. Ja, die Mehlspeisen haben halt doch eine Sonderstellung – ich frag mich immer, warum man das im Englischen nicht erkannt hat und nicht *mailspais* zu einem *danish* sagt. Das hat mit der Emigrant*innenkultur zu tun und da haben halt die Nordländer aus Dänemark zuerst Mehlspeisen aus Blätterteig in die neue Welt gebracht, die dann zu *danishes* wurden.

Breitenforschung, bitte! Die DCHP-2 Methode

Nun wende ich mich direkt an Sie, im Sinne einer „Breitenforschung". Klaus Taschwer vom *Standard* nennt das, dem internationalen Terminus folgend, Citizen Science. Mir ist halt Breitenforschung – in Analogie zum Breitensport – lieber, vielleicht auch, weil mir der Terminus gerade spontan auf der kanadischen Terrasse eingefallen ist.

Ich zeige Ihnen nun, wie Sie Ihre sprachlichen Eindrücke testen können und zwar mit einer adaptierten DCHP-2 Methode (*Dictionary of Canadianisms on Historical Principles*, 2. Auflage, auf www.dchp.ca/dchp2). Kennen Sie Steirisches Kernöl? Dann wissen Sie vielleicht auch, dass die Bezeichnung nicht geschützt ist – wurde wohl vergessen. Nun gibt es aber ein anderes Erkennungsmerkmal für das Kernöl aus der Steiermark: die grün-weiße Banderole. Ist *Banderole* österreichisch, im Sinne eines der sechs Typen aus der Tabelle 1.1 (S. 20)? Spüren Sie dem nach! Haben Sie Internetzugang? Testen Sie „banderole site:.at", dann site:.de, dann site:.ch und site:.it. Schreiben Sie die „Treffer" nieder, die Trefferanzahl. Dann tun Sie das gleiche für ein Wort, mit dem sich die Größe der Domänen abschätzen lässt: „der" ist hierfür sehr gut geeignet. Also „der site:.at", site:.de usw. Dann formen Sie den Quotienten, also Sie dividieren die Trefferanzahl von *Banderole* durch die Treffer von *der* pro Domäne. Wiederholen Sie es für die anderen Domänen, und nun können Sie vergleichen. Ich hab' noch alle Quotienten mit 10.000 multipliziert, damit ich schöne Zahlen kriege, was aber nur fürs Auge gemacht wurde. Was ich finde, sehen Sie in Abb. 3.12:

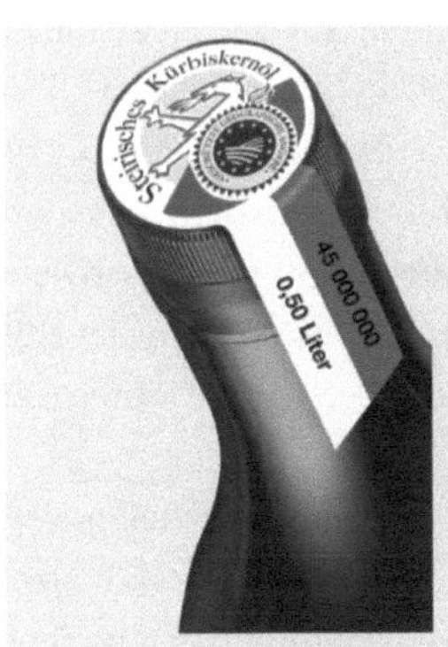

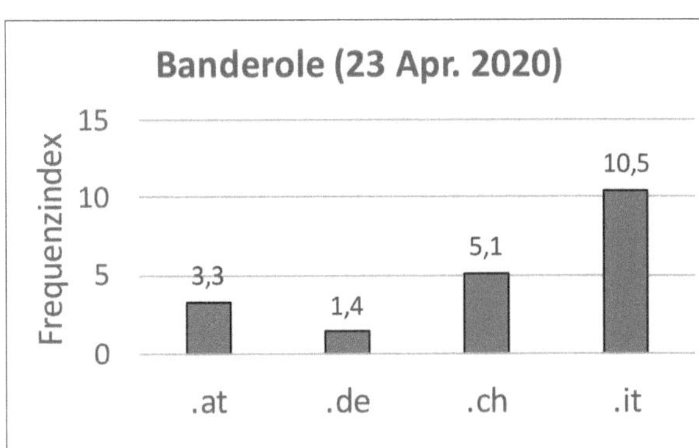

Abb. 3.12: Banderole – Foto und Daten https://www.steirisches-kuerbiskernoel.eu (Mit freundlicher Genehmigung der Gemeinschaft Steirisches Kürbiskernöl g.g.A.)

Wie Sie sehen, hat .de die niedrigste Frequenz, .it die höchste – es handelt sich auch um ein romanisches Wort, da macht es nur Sinn, dass die Schweiz (.ch) auch eine hohe Zahl hat – es gibt ja viele bilinguale Deutsch-Französisch und Deutsch-Italienisch Sprechende dort. Und man sieht, dass .at doch höher ist, mehr als doppelt so hoch wie .de und damit näher bei .ch. Da sehen wir ein Muster, dass man öfter sieht: wenn's um mehrsprachigen Einfluss geht, ist .de oft abgeschlagen. Ist *Banderole* ein Austriazismus? Vielleicht Typ 5, Frequenz, in Relation zum Deutschen? Möglich, aber das muss man sich noch einmal genauer ansehen. Sie sehen, derzeit kann unsere Hypothese, dass *Banderole* eine mögliche österreichische Dimension hat, noch nicht ganz verworfen werden, aber ein gewichtiger Austriazismus wird es wohl nicht mehr werden. Wir haben das Spiel der Falsifizierung begonnen und Sie kennen nun einen ersten Schritt zu einer objektiveren Überprüfung. Machen Sie das doch beim nächsten Wort, das Ihnen auffällt.

Pragmatik: Sprache im täglichen Gebrauch

Wörter sind wichtig. Sie sind sogar enorm wichtig und lassen sich gut zur Identitätskonstruktion einsetzen: *Matura, Lehre, Jus* und *Außenministerium* sind doch ganz anders als *Abitur, Azubi, Jura,* und *Auswärtiges Amt.* Außerdem bleibt es ja nicht bei diesen „Grundwörtern". Ist es nur *Matura*? Weit gefehlt: *Maturant*in, Maturajahr, Maturajahrgang, mündliche Matura, schriftliche Matura, Maturaball, Maturareise, Maturazeugnis, Maturaarbeit* und *Maturazeitung.* Auf einmal wird aus einer Mücke – *Matura,* ein Elefant – alle Zusammensetzungen und Spezialgebräuche inkludiert.

Dabei ist beim Wort ja nur die (lexikalische) Form gemeint, die Wortbedeutungen können auch sehr unterschiedlich sein. Um im schulischen Bereich zu bleiben – aber jeder andere wäre genauso gut –, *Hausaufgaben* sagt die Lehrerin aus dem Osten Deutschlands in der Victoria German School – eine Auslandsschule für Deutsch für Kinder ab drei. *Hausübungen* sind das aber für mich. Sie könnte auch *Schularbeiten* zu den *Hausübungen* sagen, was ganz im Usus der BRD wäre. *Schularbeiten* sind für mich als Österreicher aber etwas, auf das man sich vorbereitet und die die Jahresnote wesentlich (zu meiner Zeit ziemlich ausschließlich) bestimmen (schriftliche Prüfungsarbeiten in der Schule, die das jeweilige Können testen). In D sind *Schularbeiten* aber nur *Hausübungen* (Arbeiten für die Schule, die zu Hause zu erledigen sind).

Wir wenden uns in diesen Beispielen also von einer denotativen, fixen Bedeutung eines Wortes ab und den durch Gebrauch definierten, erweiterten oder ganz umdefinierten Bedeutungen zu. *Schul + arbeit* allein ist nämlich zu ungenau. Die BRD Bedeutung wäre hier [+Arbeit = Hausübung], die Ö Bedeutung [+Arbeit = Leistungstest in der Schule]. Wir sind, Sie haben es vielleicht schon erraten, mitten im Bereich des Sprachgebrauches, oder, wie die Linguist*innen das nennen, der Pragmatik. Ich gebe Ihnen in Tabelle 3.1 ein anderes Beispiel, wie sich der Gebrauch von Sprache, den sozialen und kulturellen Usancen entsprechend, für ein und die selbe Interaktion anders gestalten kann:

Kunde:	*Tach. Zwe Brötchen.*	Kunde:	*Grüßgott!*
Verk.:	*70 sent. Kartenleser ist bereit.*	Verk.:	*Grüßgott! An Moment bitte, bin glei' bei Eana.*
Kunde:	*Tach.*	Kunde:	*Kunnt' i bitte zwa Sömmin hom?*
		Verk.:	*Handsömmeln oder Maschin?*
		Kunde:	*Hmm, wos solli nemma? Hand bitte.*
		Verk.:	*Bittesehr, bitteschön, des waraten 76 zent bitte. ... Und 24 zent retour.*
		Kunde:	*Danke, Wiederschaun.*
		Verk.:	*Danke recht herzlich, Auf Wiederschaun.*
Stilisierte Interaktion in **Hamburg**		Stilisierte Interaktion in **Linz**	

Tab. 3.1: Interaktionsstrukturen in Hamburg und Linz beim Bäcker (fiktiv, typisiert)

Wie Sie sehen, der Gesprächswechsel in Hamburg ist um einiges kürzer als der in Linz. Für Österreicher*innen oft empfunden als unfreundlich, kalt und kurz, wenn man den Kontext nicht kennt. Wenn man ihn kennt, eben nur anders. Der Linzer Dialog kann für Nordmenschen schon eher nervig lang sein, unter dem Motto: komm endlich zur Sache!

Natürlich ist der Unterschied hier etwas überspitzt, es ist z.B. gut möglich, dass es in Hamburg noch ein *Dankeschön* und *Tach* zum Abschied gibt, aber die Tendenz ist schon richtig. Und das ist das entscheidende, Hamburg ist nicht unhöflicher per se, es gibt aber einen anderen Umgangston. Dieser Unterschied ist wichtig zu betonen. Und klar, ich hätte auch Rosenheim statt Linz einsetzen können, dort wären die Leute ähnlich „tratschig" beim Einkaufen wie in Linz. Höflichkeitsnormen sind eben nicht überall gleich, *weil praktisch Kultur*, wie der Simon Brenner aus den Wolf Haas-Krimis sagen würde. Dieses „praktisch [+Substantiv]" im verblosen Nebensatz ist das österreichische Pendant zum englischen *because [+Substantiv]. We'll work from home, because COVID-19.* Es ist also nicht das ältere, grammatikalisch voll ausformulierte *praktisch*, wie in *er spielt praktisch wie ein Maradona*, sondern ein neuerer Gebrauch, ein *Er spielt super, praktisch Maradona.*

Österreichische Verspieltheit, auch in der Hochsprache

Da Pragmatik nicht nur mit Gebrauch zu tun hat, sondern durch diesen Gebrauch konstituiert wird – es zählt nur das, was die Leute tatsächlich sagen und nicht, was jemand behauptet, das gesagt werden sollte – ist dieser Bereich prädestiniert, österreichische Eigenheiten hervorzustreichen. Dabei wird auch eine Verspieltheit im österreichischen

Deutsch beobachtet, die vielleicht ihresgleichen sucht. Manchmal wird sie auch genutzt zur sehr feinen Böswilligkeiten: *Red's in a Sackerl, i horchma's daunn später daham an* wäre so eine sprachliche Böswilligkeit, doch es geht auch netter , wie in *das ist g'hupft wie g'hatscht*, oder *g'hupft wie g'sprunga*, was zwei ziemlich hochfrequente Redewendungen der Umgangssprache sind mit Potential nach oben, so wie Robert Hazivars *das ist gehupft wie gesprungen* oder ähnliche Ausdrücke in der ZiB1. Könnten Sie sich derartiges, außer als Zitat, in den *Tagesthemen* oder der *Tagesschau* vorstellen? Eben.

Glücklicherweise ist die Verspieltheit im Österreichischen Deutsch auch anderen aufgefallen. Ich hab hier Rückendeckung von einem sehr berühmten Deutschen:

> **Ronald Pohl:** Teilen Sie mit den Alpenrepublikanern die Vorliebe, sich „unpräzise" auszudrücken?
> **Herbert Grönemeyer:** Was Sie als unpräzise beschreiben, ist der Spaß der Österreicher, mit der Sprache geschmeidig umzugehen. In Deutschland und speziell auch in Preußen betrachten wir die Sprache als Repräsentation unseres Ingenieurwesens. – Wir handhaben sie mit großer Präzision, neigen aber nicht dazu, ihr verspieltes Sentiment zu implantieren.[42]

Tja, das muss stimmen, wenn ein Großmeister der deutschen Gegenwartsdichtung das so sagt. Vielleicht kann ich noch anfügen, dass die österreichische Verspieltheit oft verkannt wird als „Sub-Standard". Aufmerksame Beobachter*innen erkennen den Unterschied aber auch aus der Ferne, wie z.B. Herbert Grönemeyer, was uns sehr freut. Das spricht sehr für den Barden der Deutschen.

Welche „Spielerei" meine ich? Die hat eine lange Tradition. Sportberichterstattung war vielleicht eine der ersten Einfallstore des Schmähs in die österreichische Hochsprache. *Wir busseln uns ab*, Heribert Meisels Kommentar 1954 zur Fußballweltmeisterschaft, als Österreich mit Happel, Hanappi und wie sie alle hießen, den 3. Platz erspielte. Oder Edi Finger senior und sein „Schrei von Cordóba" 1978, sein *i wer narrisch!*, das hat schon eine ganz emotionale Tragweite. Cordoba, das 3:2 der Ö-Elf gegen die D-Elf war wichtig, denn, wie Hans Krankl so pointiert formulierte, danach hat niemand im Lager der Bundeskicker gewagt, die österreichische Elf von vornherein wegzulachen. Oder, wie Herbert Prohaska sagte, „Jetzt braucht auch niemand mehr zu sagen, schauts nach Deutschland", sogar mit Österreich *-s* in der 2. Person Plural. Es geht eben um die eigene Identität, dass man so sein darf, wie man ist, und dass man auch so akzeptiert wird – eine ganz grundlegende Lektion, bei der wir uns, als Menschheit, noch immer so schwer tun.

Aber wieder zurück zum Humor. Sehen Sie sich diese beiden gleich alten und in zwei Qualitätszeitungen publizierten Meldungen zum selben Thema an: keine

42 https://www.derstandard.at/story/2000091364249/herbert-groenemeyer-warum-reagieren-wir-so-hochgescheucht (1. Juni 2020)

Livespiele mit Zuschauern waren am Anfang der Coronapandemie erlaubt, daher galt es, Spiele zu Hause oder im Autokino mit gesetzlichem Abstand ansehen. Welche Zeitung benutzt schalkische, augenzwinkernde Sprache?

> **Drittliga-Spiel läuft im Autokino**
> Drittligist Viktoria Köln hat sich für seine Fans etwas Besonderes einfallen lassen und zeigt das erste Heimspiel nach der Corona-Pause gegen den FSV Zwickau am 2. Juni (19 Uhr) im Autokino.
>
> (Hamburger Abendblatt, 29.5.2020)
>
> **ÖFB-Cupfinale: Stiller Showdown in Klagenfurt**
> Das Cupfinale zwischen Red Bull Salzburg und Austria Lustenau ist ein Fall fürs Patschenkino. ORF 1 überträgt um 20.45 Uhr aus Klagenfurt
>
> (DerStandard, 28.5.2020)

Richtig, das *Patschenkino* als Synonym für zu Hause vor dem Fernseher schauen. Und dazu die fachlich nüchterne Berichterstattung im Hamburger Abendblatt. Beides gut auf eine jeweils andere Weise. Aber Deutsches Deutsch ist sicher nicht „besser" als Österreichisches Deutsch. Es ist nicht das selbe, es gibt Unterschiede und ich weiß, was mir besser gefällt, bzw. was ich bevorzuge. Aber jede*r darf machen, was er/sie will. Um das geht es mir in diesem Buch. Wenn Sie sich mehr mit Wörtern des Österreichischen Deutsch beschäftigen wollen, stimmen Sie doch mit bei der Wahl des österreichischen Wort des Jahres mit auf www.oewort.at. Für 2020 ist das Wort des Jahres übrigens *Babyelephant*. Wöchentliche Austriazismen gibt's auf dem Twitter-Handle @CanE_Lab.

Wenn man sich mit Deutsch beschäftigt, muss man diese Sprache im Gesamtzusammenhang ansehen – wie jede Sprache. Deshalb werfen wir im nächsten Kapitel einen Blick auf alle Sprachen in Österreich und wie sie miteinander in Beziehung stehen.

4 Österreichisches Hochdeutsch, Umgangssprache, Dialekte und 250+ weitere Sprachen

Wie ist das eigentlich generell mit Sprache in Österreich? Um die drei Begriffe in der Überschrift wirklich zu verstehen, möchte ich ein wenig weiter ausholen und die Sprachenrealität in Österreich als ganzes abzubilden versuchen. Deutsch spielt zwar eine große Rolle, ist aber weder die einzige Sprache, die man in Österreich tagtäglich hört, noch die einzige Sprache mit rechtlichem Sonderstatus.

Es wird ja oft gesagt, dass früher, ja früher, Österreich ein Vielvölkerstaat und ein Vielsprachenstaat war. Das stimmt zwar, doch was bei dieser Perspektive vergessen wird, ist, dass Österreich noch immer ein Vielsprachenstaat ist. Gleichzeitig muss man noch dazu sagen, dass das Land sicher viel mehr tun könnte um die ihm eigene Mehrsprachigkeit stärker herauszustreichen. Will man zum Beispiel versuchen herauszufinden, wie viele Sprachen in Österreich von wie vielen Leuten gesprochen werden, schaut man auf die Volkszählungen und wird dabei feststellen, dass die Datenaufnahme bezüglich Sprachen doch, sagen wir, suboptimal ist. Tabelle 4.1 zeigt Ihnen, was man über Sprachen in Österreich von der 2001er Volkszählung weiß. Das sind die, man kann es kaum glauben, aktuellsten Daten zum Thema:

Gesamt (2001)	8.032.296
1. Deutsch	7.115.780
2. Türkisch	183.445
3. Serbisch	177.320
4. Kroatisch	131.307
5. anerkannte Volksgruppen	119.667
6. Englisch	58.582
7. Ungarisch	40.583
8. Bosnisch	34.857
9. Polnisch	30.598
10. Albanisch	28.212
11. Slowenisch	24.855
12. Burgenland-Kroatisch	19.412
13. Tschechisch	17.742
14. Arabisch	17.592
15. Rumänisch	16.855
16. Italienisch	10.742
17. Persisch	10.665
18. Slowakisch	10.234
19. Französisch	10.190
20. Spanisch	9.976
21. Chinesisch	9.960
22. Russisch-Ukrainisch-Weißrussisch	8.446
23. Romani	6.273
24. Philippinisch	5.582
25. Bulgarisch	5.388
26. Mazedonisch	5.145

Tabelle 4.1 Umgangssprachen in Österreich mit über 5.000 Sprechenden (Volkszählung 2001 – aktuellste erhobene Daten)

Aus der Tabelle muss man ein paar Schlüsse ziehen, wobei mittlerweile vielleicht der wichtigste ist, dass die Statistik Austria hier ihrem gesetzlichen Auftrag nicht nachkommt, weil seit 20 Jahren keine neuen Daten erhoben wurden. Das ist auch verfassungsrechtlich problematisch, weil die sechs autochthonen Minderheiten, die ein staatsvertraglich verbrieftes Recht auf Minderheitenschutz genießen – in der Tabelle grau hinterlegt – nun in der Schwebe hängen, da viele Rechte an Prozentanteilen an der Bevölkerung festgemacht sind. Man sieht auch, dass alle sechs Gruppen mehr als 5.000 Sprecher*innen hatten, einige, wie Ungarisch, sogar sehr viel mehr.

Vor 20 Jahren – mangels neuerer Daten – kann man also sagen, dass 26 Sprachen mehr als 5.000 Sprecher*innen hatten. Auf heute umgelegt fehlen da sicher einige Sprachen: Syrisch, Tschetschenisch, Afghanisch, mehr Arabisch und Chinesisch, wahrscheinlich auch mehr Bulgarisch (2001 nicht in der Liste der 26 häufigsten), mehr Rumänisch, mehr Spanisch, mehr Italienisch (schlechte Jugendwirtschaftsdaten dort vor der Coronazeit), auch etwas mehr Polnisch und – hoffentlich – leichte Erhöhungen bei den autochthonen Minderheiten – so, wie sich das in einer Demokratie eben gehört. Man sieht aber, dass wir bei der Datenerhebung nun enormes Nachschärfungspotential haben und seit 2001 einen Schritt zurück gegangen sind. Was man auch noch dazu zählen muss: die Österreichische Gebärdensprache, die 2001 noch nicht erhoben wurde, und die um die 10.000 Sprechende hat, also sehr groß ist. Im Unterschied zur deutschen Version der Gebärdensprache wird in Österreich diese österreich-spezifische Sprache verwendet.

Neben den Staatsvertragsverpflichtungen brauchen wir aktuelle Daten über Sprachen für eine Reihe von Dingen: Im Jahre 2001 benutzten fast eine Million Leute in Österreich eine andere Sprache als Deutsch als Umgangssprache. Mit an Sicherheit grenzender Wahrscheinlichkeit ist dieser Prozentsatz gehörig nach oben gegangen. Wollen wir nicht wissen, was in unserem Land vorgeht? Ich war schockiert, als ich auf der Suche nach den Daten der 2011er-Volkszählung nur die 2001er-Daten zu Sprache gefunden habe. Ich dachte, es müsste sich um einen Fehler handeln. Eigentlich hätte ich mir auch eine Prognose für 2016 erwartet, aus den 2011er-Daten mit Stichproben aktualisiert. Warum ist das der Republik nichts wert? Ich könnte nur spekulieren. Wie dem auch sei, es ist ein enormes Versäumnis im internationalen Vergleich, aber, was viel schlimmer ist, es steht der Kulturnation Österreich nicht an, den vielleicht wichtigsten Aspekt der menschlichen Kultur, Sprache, gänzlich undokumentiert zu lassen. Auf welcher Grundlage soll man denn dann das Land regieren?

Auch hat sich die Demographie Österreichs gewaltig verändert, was ein kleines Beispiel veranschaulicht. Im Jahre 1961 waren nur „knapp über 100.000 ausländische Staatsangehörige" im Land, ein Anteil von 1.4%, doch am „1. Jänner 2019 lebten insgesamt 1.483.923 Personen mit ausländischer Staatsangehörigkeit in Österreich", was einem Anteil von 16.2% entspricht (Statistik Austria, Bevölkerung nach Staatsangehörigkeit und Geburtsland, 27 Apr. 2020). Was aber bitte sprechen diese Menschen? Nun kann man aufgrund der Staatsbürgerschaftsangehörigkeiten auf manche Sprachen schließen, aber machen Sie das einmal mit, z.B. Philippinischer Staatsangehörigkeit oder Nigerianischer, wo es mehr als 100 autochtone Sprachen im

Staatsgebiet gibt. Also, man muss sagen: ein ganz schöner Murks, der sich da seit 2001 im Statistischen Zentralamt in Bezug auf Sprachen und Sprachplanung abgespielt hat.

In anderen Ländern finden Sie viel leichter heraus, wie viele Sprachen gesprochen werden. Von Kanada kann ich Ihnen z.B. Tabelle 4.2 anbieten, die jene 26 Sprachen auflistet, die mehr als 100,000 Sprecher*innen haben. Diese Daten findet man, so wie es sein sollte, bequem in Internet zum Download, 271 Sprachen sind aufgelistet neben einer kleinen Kategorie von „anderen Sprachen", in denen in der 2016-Volkszählung weitere 3690 Nennungen stattgefunden haben. Heute, Stand 17. Mai 2020, gibt es 7117 bekannte lebende Sprachen auf der Erde (wie's genau aussieht, an dem Tag, an dem Sie das lesen, können Sie auf www.ethnologue.com, rechts oben, einsehen. Sprachen sterben, andere werden noch immer entdeckt, bzw. entstehen neue, wie z.B. Luxemburgisch (Letzeburgisch) oder Tok Pisin*).

1. Englisch	26.007.500
2. Französisch	7.705.755
3. Chinesisch	1.253.360
4. Mandarin	592.040
5. Kantonesisch	565.270
6. Punjabi (Panjabi)	501.680
7. Spanisch	458.850
8. Tagalog (Filipino)	431.380
9. Arabisch	419.890
10. Englisch und Französisch	417.485
11. Deutsch	384.035
12. Italienisch	375.635
13. Portugiesisch	221.540
14. Persisch (Farsi)	214.200
15. Urdu	210.815
16. Ureinwohnerspr.	195.700
17. Russisch	188.255
18. Polnisch	181.710
19. Vietnamesisch	156.425
20. Koreanisch	153.425
21. Tamil	140.720
22. Algonquinsche Spr.	130.450
23. Hindi	110.640
24. Gujarati	108.780
25. Griechisch	106.525
26. Ukrainisch	102.485

Tabelle 4.2: Sprachen in Kanada mit mehr als 100.000 Sprecher*innen (Volkszählung 2016) (Selbstangaben, z.B. „Chinesisch" ist nicht weiter spezifiziert)

Die Nummer 1 in Kanada ist Englisch, mit etwas mehr als 26 Millionen Sprecher*innen, was aber vergleichsweise wenig ist, wenn man bedenkt, dass 34.8 Million Leute 2016 in Kanada lebten. Das heißt, dass nur 74.8% der in Kanada Lebenden Englisch als Hauptsprache verwenden. Weiters sind lediglich 56% aller Einwohner*innen L1 Sprecher*innen (Muttersprachler*innen) des Englischen. Sie sehen damit, dass in Kanada die Multilingualität eingebaut scheint. Dann kommen Französisch (fast 8 Mill.), und mit Chinesisch, Mandarin und Kantonesisch 2,3 Millionen, die diese Sprachen sprechen. Man sieht, dass Punjabi, Spanisch, Tagalog, Arabisch jeweils zwischen 400.000 und 500.000 Sprechende haben, gefolgt von den Auswanderersprachen rund um die

* Am 14. Mai 2021 waren es 7139 Sprachen. Was gut aussieht, bedeutet aber auch, dass die meisten dieser Sprachen „gefährdet", „schlafend" oder „beinahe schlafend" sind.

beiden Weltkriege, wo Deutsch, Italienisch und Portugiesisch sehr stark repräsentiert sind. Aber auch Ukrainisch, Russisch, Polnisch und Griechisch sind dazuzuzählen, wovon die ersten drei auch seit der Wende von 1989 wieder verstärkt Zulauf erhalten. Grau unterlegt sind die bilingualen „Englisch und Französisch", wovon es ungefähr so viele wie Deutschsprechende im Land gibt, und knapp 200.000 Sprecher*innen von Ureinwohnersprachen (Indigenous languages), von denen 130.000 zur Familie der Algonquinschen Sprachen gehören.

Zur Tabelle 4.2 muss man sagen, dass eigentlich an der 4. Stelle 818.635 „multiple responses" sind, d. h. Kanadier, die mehr als eine Hauptsprache angegeben haben. Diese 800.000 sind der multilinguale Kern des Landes, werden aber nicht weiter aufgeschlüsselt in der Zählweise in Kanada, die nur unterscheidet zwischen *anglophon* ‘L1 Englisch’, *frankophon* ‘L1 Französisch’, und *allophon* ‘alle anderen’ oft in einer Sammelkategorie zusammengefasst, was enorm schade ist. In diesem Sinne ist der Terminus *bilingual* in Kanada begrenzt auf Leute, die *anglophon* und *frankophon* bzw. *frankophon* und *anglophon* sind, was auch so berichtet wird: keine ideale Art der Sprachdatenerfassung, aber besser als keine Erfassung wie derzeit in Österreich.

Tabelle 4.3 zeigt nun jene Sprachen Kanadas, die in der 2016er Volkszählung 200 oder weniger Sprecher*innen hatten. Sie sehen schon an den Zahlen – wieder auf 5 oder 10 endend – dass es sich hier um Schätzungen handelt. Es sieht so aus, als ob die First Nations diese Zahlen für „ihre" Bürger*innen schätzen, bzw. runden.

Sprache	Sprecher*innen
217. Tsimshian	200
218. Beaver	190
219. Kaska (Nahani)	180
220. Austro-Asiatic lgs., n.i.e.	170
221. Ottawa (Odawa)	150
222. Babine (Wetsuwet'en)	110
223. Kutenai	105
224. Moose Cree	100
225. Tahltan	95
226. Tlingit	95
227. Heiltsuk	95
228. Sekani	90
229. Haisla	90
230. Sarsi (Sarcee)	80
231. Comox	80
232. Straits	80
233. Tai-Kadai lgs., n.i.e.	80
234. Haida	75
235. Southern Tutchone	70
236. Oneida	55
237. Siouan lgs., n.i.e.	55
238. Athabaskan lgs., n.i.e.	50
239. Southern East Cree	45
240. Algonquian lgs., n.i.e.	45
241. Cayuga	45
242. Squamish	40
243. Iroquoian lgs., n.i.e.	35
244. Uralic lgs., n.i.e.	10
245. Wakashan lgs., n.i.e.	10

Tabelle 4.3: Sprachen in Kanada mit 200 oder weniger Sprecher*innen (Volkszählung 2016)

Man sieht einen Mix aus Sprachfamilien, z.B. Austro-Asiatic languages, n.i.e. „no identifier extracted" und Einzelsprachen, Kutenai (oder Kootenay) mit 105 Sprechenden in Kanada aber mit ca. 1400 mehr in Montana und Idaho in den USA. Die große Mehrheit dieser wenig gesprochenen Sprachen sind die Ureinwohnersprachen Kanadas, denen die Kolonialisierung stark zugesetzt hat. Aber Tabelle 4.3 erzählt nur einen Teil der Tragödie. Auch bei insgesamt 2560 Sprecher*innen der „Salish languages", was sich als halbwegs gesund anhört, liegt der Haken im Detail. Die Coastal Salish Sprachen sind eine Gruppe von ca. 15 Sprachen, manche von ihnen, Lekungen, mit keinem Native Speaker. SENCOTEN (Saanich) ist auch in keinem guten Zustand, Musqueam hat das Glück, dass es auf dem Gebiet der UBC in Vancouver beheimatet ist und daher Grundlage eines UBC Sprachprogrammes ist, das Dutzende Lernende jedes Jahr produziert. Aber auch Musqueam hat wohl weniger als fünf Muttersprachler*innen. Zwei weitere Coastal Salish Sprachen sind daher in der enorm gefährdeten Kategorie, ausgeführt mit Squamish mit 40 Sprechenden (Rang 242) und Comox mit 80 (Rang 231).

Tu felix Austria, loqui! Schätze alle deine Sprachen

Du, glückliches Österreich, sprich! Und zwar *alle* deine Sprachen. In Einführungskursen in die Linguistik ist manchmal die Rede von Ländern wie Indonesien, wo 10-jährige Kinder oft 11 und mehr Sprachen sprechen bzw. verstehen. Man sitzt als Deutschsprechender mit Englischkenntnissen in der Vorlesung und ist vielleicht daran erinnert, dass der Volkshochschulkurs, entgegen der eigenen Hoffnung, einen nicht zum kompetenten Französischsprechenden gemacht hat. Mehrsprachigkeit gibt's also in eher exotischen Gefilden? Wirklich? Mitnichten, denn es gibt auch eine lange Tradition der Mehrsprachigkeit in Österreich. Sehen wir uns einmal an, wie es im Wien des 16. Jahrhunderts war. Hier sagt uns Wolffgang Schmelzl folgendes übers Lugeck, ein kleiner Platz mit Brunnen, keinen Steinwurf vom Stephansdom entfernt in der Inneren Stadt:

Der vogel gesang so schön erhalt,
Als gieng ich in dem grünen waldt,
Geradt, auch weit und schön purgiert,
Gepflastert darzur hoff und hauß
Mit harten, großen stain durchauß.
An das Lugeck kam ich ungfer
Da tratten kauffleut hin und her
Al Nacion in je claidung
Do wirt gehört manch sprach und zung,
Ich dacht ich wer gen Babel khumen,
Wo all sprach ein anfang gnumen,
Und hört ein seltsams dräsch und geschray,
Von schönen sprachen mancherlay.
Hebreisch, Griechisch, Türkisch, Spanisch,
Behaimisch, Windisch, Italianisch,
Hungarisch, guet Niederlendisch,
Rätzisch, Polnisch und Thaldeisch,
Des volcks war auch ein grosse meng.
für die universität, lieber freund,
zwölff gewaltige heuser seind
Weit und vom grund schöne auffgefürt,

(Wolffgang Schmelzl, 1548)[43]

Das sagt Schmelzl auf Frühneuhochdeutsch in seinem *lobspruch der hochlöblichen*

[43] S. 570 in Albert A. Wenedikt. 1866. *Geschichte der Wiener Stadt und Vorstädte.* Wien: Waldheim. Prof. i.R. Hans-Jürgen Krumm hat dieses Gedicht sehr effektvoll im Jahre 2001, dem Jahr der Sprachen, vorgetragen.

weitberühmten khüniglichen Stat Wienn in Oesterreich, publiziert im Jahre 1548. Wenn Sie heute aufs Lugeck gehen (Abb. 4.1), hören Sie vielleicht auch kein Deutsch, sondern Türkisch (Pizzeria ums Eck), Italienisch und die anderen EU-Sprachen vom Eisverkäufer und den Tourist*innen, Chinesisch, Japanisch, und wohl auch Syrisch und Afghanisch, Tschetschenisch, sowie, noch immer, so wie bei Schmelzl, Polnisch und Ungarisch.

Abb. 4.1: "Der Stephansplatz und seine nächste Umgebung". Die lange Gasse von oben bis unten ist die Rotenturmstraße, der Pfeil markiert die Richtung, in die der Platz Lugeck links von der Rotenturmstraße weggeht. (Wenedikt 1866, S. 564)

Anders als bei Schmelzl ist heute die Kleidung nicht mehr so unterschiedlich, die kulturellen Unterschiede haben sich oft auf nicht sichtbare Ebenen verlagert. Neue Sprachen sind entstanden, und deren Sprecher*innen besuchen auch das Lugeck: Luxemburgisch, Afrikaans, Tok Pisin (eine der offiziellen Sprachen Papua Neu Guineas) und andere Kreolsprachen, die sich aus extremem Sprachkontakt ergeben haben. Manchmal kommt sicher auch ein Cree-Sprecher, von Kanadas größter Aboriginal Sprachgruppe (73.000 Sprechende) aufs Lugeck. Das wären alles Sprachen, zusammen mit Kanadas 60 anderen Indigenen Sprachen, von denen Schmelzl 1548 noch nichts wissen konnte.

Das Lugeck war mehrsprachig 1548 und ist es heute noch, obwohl sich die Hotspots der Mehrsprachigkeit verschoben haben. Heute ist das vielleicht eher beim Brunnenmarkt im 16. Bezirk nahe dem Gürtel der Fall, aber der war zu Schmelzls Zeit ja weit außerhalb der Stadt und Waldgebiet. Welche Sprachen hören Sie da heute? Wären die Daten der Statistik Austria adäquater, könnte ich Ihnen das genau berichten. So müssen wir schätzen. Sie hören heute am Brunnenmarkt: österreichische Dialekte aus allen neun Bundesländern, Österreichische Umgangssprache, sicher auch Österreichisches Hochdeutsch. Viele Varietäten aus Deutschland, aus der Schweiz und Italien (Südtiroler Umgangssprache, auch Dialekte, vielleicht Südtiroler Hochsprache), aber auch Türkisch (Festland und 2. Generationen-Türkisch mit österreichischem Akzent – in der Folge wird „2. Generation mit österreichischem Akzent“ mit „2GmöA“ abgekürzt), Serbisch, Serbisch 2GmöA, Kroatisch, Kroatisch 2GmöA, Bosnisch, Bosnisch 2GmöA, Montenegrisch, Montenegrisch 2GmöA, Albanisch und Albanisch 2GmöA, Ungarisch, Österreich Ungarisch, Österreich Kroatisch, Österreich Slowakisch, Österreich Tschechisch, Österreich Romani, Österreich Slowenisch, Slowenisch, Slowakisch, Polnisch, die letzten drei auch als 2GmöA, Persisch (Farsi) und Persisch 2GmöA, Kurdisch, auch Kurdisch 2GmöA sind auch gut vertreten, jetzt auch Syrisch, Eritreisch, die vielen Sprachen Äthiopiens, Tschetschenisch, Russisch, die letzten beiden auch als 2GmöA, Arabisch, von Marokkanischem Arabisch bis Palästinenser Arabisch und das Arabisch der Touristen, die sich hierher verirren könnten. Dann auch alle 24 offizielle Sprachen der EU, inklusive Norwegisch und die EU-Regionalsprachen wie Katalanisch. Dann gibt's beim Englischen ELF, Englisch als Lingua Franca, das nicht-native speaker Englisch, das wohl das am häufigsten gesprochene Englisch ist, die am häufigsten gesprochene Sprache der Welt überhaupt. Die ist natürlich auch am Brunnenmarkt mit von der Partie. Ich hab' sicherlich viele vergessen, Sprachen die eine vitale Community in Österreich und Wien haben, und solche, die über zwei Tourist*innen vorübergehend kurz vertreten sind. So wie das Ladinische (aus Südtirol), das Rätoromanische (aus Graubünden in der Schweiz) oder Quechua (aus Chile), oder, vielleicht auch Comox, die Coastal Salish Sprache aus Britisch-Kolumbien, Kanada, mit seinen 80 Sprecher*innen. Wieso sollte nicht einmal eine*r von ihnen auf einen Kebab ins Café Kent gehen? Sie sehen also ein ganz schönes Sprachengewimmel am Brunnenmarkt und alle vertragen sich.

Wie komme ich dann auf 250 und mehr Sprachen in Österreich? Da die Österreichische Statistik nix hergibt und dringendst verbessert werden muss – angesichts des hohen Anteils von Nicht-L1-Sprecher*innen in manchen Volksschulen sind aktuelle Sprachdaten ein zwingendes Muss – nehme ich Kanada als Basis. Damit können wir von mindestens 250 Sprachen im Land ausgehen. Ich sehe keinen Grund, warum das in Österreich anders sein sollte – auf niedrigerem Niveau für jede Sprache, ganz klar, aber doch werden alle vertreten sein – wie auf Schmelzls frühneuzeitlichem Platz Lugeck.

Die Kosten der Einsprachigkeit

In den letzten 500 Jahren hat sich die Mehrsprachigkeit also, was die Sprachen betrifft, etwas verschoben, aber sie ist immer da. Englisch sprach um 1550 am Lugeck wohl niemand – wozu auch, es war damals noch eine ziemlich unbedeutende Sprache. Doch es gab entscheidende Veränderungen in den Einstellungen zur Mehrsprachigkeit, wie sie durch den Nationalismus und Deutschnationalismus stärker hervorgetreten sind als zu anderen Zeiten (auch wenn natürlich in der Monarchie Deutsch immer gleicher war als alle anderen Sprachen). In dem Sinne hinken wir im Österreich des Jahres 2021 noch immer hinterher, weil wir – kollektiv – noch nicht verstanden haben, dass alle Sprachen förderwürdig sind.

Wie ist das zu verstehen? Was ich Ihnen jetzt erzähle ist enorm wichtig. Dass ich es im Sprachenstudium in Wien nicht gelernt habe, zeigt Ihnen auch, dass wir in Österreich das Feintuning in der Ausbildung verbessern müssen. Es ist 2001, die EU hat gerade das Jahr der Sprachen ausgerufen. In Wien findet unter der Leitung von Ruth Wodak, Rudolf de Cillia und Hans-Jürgen Krumm die internationale Tagung *Die Kosten der Einsprachigkeit* statt. Der Chef der EU-Übersetzungsbehörde sagt, dass jede*r EU-Bürger*in mit den Kosten eines Verlängerten das gesamte Übersetzungsprogramm finanziert. Jetzt werden es vielleicht zwei Melangen sein. Michael Clyne – der sich in Australien einen Namen machte und die Idee der Plurizentrik auf das Deutsche anwandte – war auch dort.

Das Schlüsselerlebnis dieser wirklich großen Tagung passierte aber informell in der Pause. Dort redete ich mit einer Kollegin aus der Allgemeinen Sprachwissenschaft, die in einem Projekt zu Migrantensprachen arbeitete. Sie erklärte mir, dass die Kinder, wenn sie nur schlecht Türkisch können, auch in Deutsch schlecht sind. Das war vollkommen neu für mich, aber mit einem Schlag wurde mir klar, dass wir hier gesellschaftlich einen großen Fehler mit enormen negativen individuellen Konsequenzen machten. Ich meine damit, dass alle Sprachen gleich förderwürdig sind. Hätte man den Kindern im Kindergarten Türkischförderung erlaubt, wären sie dann auch später mit ihrem Deutsch besser. So hängen sie irgendwo in der Mitte und es wäre nur möglich, mit viel Förderung aus diesem Dilemma heraus zu kommen.

Dass da bisher etwas schiefgelaufen ist mit der Wertschätzung der Mehrsprachigkeit, ist klar. De Cillia und Autor*innen geben die folgende Einschätzung ab:

> dass [in Österreich] mehrsprachige Identitätskonstruktionen aufgrund einer sehr dominanten Rolle der deutschen Staatssprache v. a. für neue Minderheiten kaum lebbar sein dürften und Tendenzen zu individuellem Sprachwechsel und zur Assimilation vorhanden sind. (De Cillia et al. 2020: 288)

Dieser Druck ist nichts Österreich-Spezifisches, es gibt ihn auch in anderen Ländern, auch solchen, die als tolerant gelten (Kanada, enormer Druck; Schweden, ...), aber dennoch muss man sich vor Augen führen, dass wir es mit der Mehrsprachigkeit etwas toleranter nehmen müssen. Stellen Sie sich vor, Sie haben zwei Personen, die Sie einstellen könnten. Eine spricht Deutsch, Englisch, Französisch und Spanisch, eine andere Serbisch, Russisch, Deutsch und Englisch. Wen würden Sie anstellen? Wenn Sie nun eine Tendenz für die eine haben, dann sehen Sie, was ich meine mit bevorzugten und unterdrückten Sprachen. Dieses „Mindset“ müssen wir als Gesellschaft bekämpfen.

Es gäbe durch einen Focus auf Mehrsprachigkeit massive Vorteile. Warum, glauben Sie, ist Kanada im internationalen Vergleich überall gut vertreten? Im asiatischen

Raum, in Afrika, in Südamerika, im pazifischen Raum? Kann es sein, dass es starke Einwanderergruppen aus allen diesen Gebieten gibt, die sich mit Kanada identifizieren und sich dann „gratis“ für das Land einsetzen? Daran kann kein Zweifel bestehen. Allerdings muss man dazu sagen, dass auch Kanada – trotz der multikulturellen Rhetorik und, ja, Gesetzgebung – gerade in punkto Mehrsprachigkeit viel zu verbessern hätte, denn derzeit sind alle außer Französisch auf sich allein gestellt, inklusive, was ein großes Unrecht ist, der Indigenen Bevölkerung. Man wurstelt sich so mit seinen vielen Sprachen mehr schlecht als recht durch.

Stellen Sie sich vor, wenn Österreich ein bisschen Geld in die Hand nimmt und alle Sprachen im Land über einer Grenze von, sagen wir, 5.000 Sprechenden mit zwei Planstellen pro Sprache bescheiden fördert. Ich prophezeie Ihnen, dass diese, sagen wir, vielleicht 500 Bundesangestellten in 20 Jahren am meisten Umwegrentabilität einbringen würden: kulturell, friedenstechnisch und auch wirtschaftlich. Wie viel kann das kosten? Sagen wir 40.000 Euro brutto x 2 x 500 = 40 Millionen pro Jahr. In diesen Coronakatastrophenzeiten ist das eine vergleichbar kleine Summe.

Wenn europäische Integration funktionieren soll, müssen unsere eigenen, kollektiven und individuellen Sprachkenntnisse verstärkt werden. Das Anforderungsprofil für diese Jobs müsste sein, dass sich diese Leute, diese Sprachenkenner, um angewandte, tagtägliche Probleme mit Sprache in Österreich kümmern müssten und darüber jedes Jahr einen Rechenschaftsbericht abzugeben haben: also primär keine Studien, sondern Hilfe vor Ort, wo es um Sprachen geht. So stelle ich mir das vor: das 11-jährige Mädchen aus Syrien wird wegen ihrer deutschen Aussprache verspottet. Hier wird, auf Syrisch und Deutsch, geholfen. Der Sprachexperte hilft der Schülerin, den Eltern, der Lehrerin und hält einen kleinen Workshop in der Klasse. Wenn es Fragen zur Integration der syrischen Flüchtlinge gibt, ist die Expertin immer eine gute Anlaufstelle. Steuergeld kann man viel schlechter anlegen, finden Sie nicht auch?

Gegebenenfalls könnten diese Sprachexpert*innen, diese angewandten Lingu-ist*innen, auch so etwas durchführen, wie ich es in Abb. 4.2 und 4.3 getan habe. Ich habe, nach einer Idee von Hans-Jürgen Krumm, Kinder gefragt, wie sie sich ihre Sprachen als Teil ihres Körpers vorstellen. Die Information verbindet die subjektive Wahrnehmung von Körper und Sprache, kindlich subjektiv, doch hat das seinen Reiz. Nina-Greta und Benni sprechen objektiv English am besten (C2), gefolgt von Deutsch (B2), Finnisch (B1) und Schwedisch (A2). Französisch ist noch nicht auf A1-Niveau. Italienisch war die Familiensprache von Ninas Klassenlehrerin und Irisch lediglich auf der Faszination mit irischem Volkstanz fußend. Benni hat noch dazu Katzensprache im Kopf, die er wirklich gut imitieren kann. Wenn Sie diese Information mit den Bildern vergleichen, finden Sie interessante Einblicke in das soziolinguistische Leben der Kinder mit Sprachen im Kopf, im Herz, im Leib und in den Gliedmaßen.

Man sieht, dass schon kleine Kinder mit einem Arsenal von Sprachen, mit Teilkompetenzen aufwarten können, die dazu beitragen, ihre individuelle Identität zu fördern. Nun stellen Sie sich vor, man sagt ihnen in diesem Beispiel, dass Deutsch eine schlechte Sprach sei. Sie können sich vorstellen, dass das Schäden hinterlässt und sprachliche Unsicherheiten generiert. Genau das passiert aber mit Einwanderersprachen wie Türkisch oder Serbisch, die institutionell nicht geschätzt werden und wenig bis nichts zählen. Wenn diese Familiensprachen nicht gefördert werden, ergeben sich nicht nur individuell enorme Kosten, sondern auch gesellschaftliche, die Kosten der Einsprachigkeit, die die oben angegebene Tagung thematisierte. Dass das Thema sprachliche Unsicherheit dann natürlich im Individuum überhand nimmt, ist auch klar. Es bedarf zwar an einigem Aufwand und logistischer Bemühungen, um Kinder zwei- oder mehrsprachig aufwachsen zu lassen. Der Aufwand wird sich bezahlt machen und wird individuellen als auch gesellschaftlichen Mehrwert generieren.

Abb. 4.2: Nina-Greta (7 ½ Jahre)

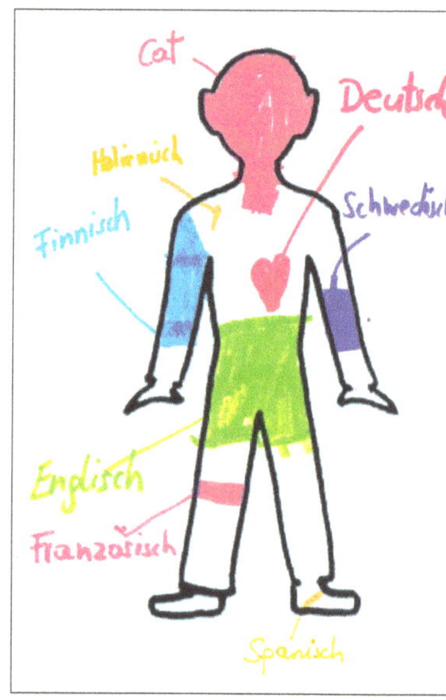

Abb. 4.3: Benni (6 Jahre)

Von alleine kommt das allerdings nicht, denn nur die wenigsten Eltern haben die Ressourcen, ihre Kinder in einem Klima der gesellschaftlichen Einsprachigkeit dementsprechend zu unterstützen. Hier schließt sich dann der Kreis zu unserem Thema, denn eine solche verbesserte Einstellung gegenüber der Mehrsprachigkeit hätte auch entscheidende Vorteile für unsere generelle Einstellung gegenüber Dialekten des Deutschen und, wichtig, für die verschiedenen Standards des Deutschen.

Dialekt und Standard für Österreicher*innen und Deutsche

Um das komplexe Verhältnis von Dialekt und Hochsprache, das durch ein Kontinuum ohne scharfe Übergänge gekennzeichnet ist, anzudenken, fangen wir wieder mit einem Beispiel an. Anders als beim Schweizerischen Deutsch, das als klar unterschiedlich vom

Schweizer Hochdeutsch empfunden wird, ist das Österreichische durch ein Kontinuum – von Hochsprache bis hinunter zu den Dialekten – charakterisiert. Aus dem Grund kann ich mir auch vorstellen, einen horizontalen „Trennstrich" in der Schweizer Pyramide zwischen Schweizer Standard und Dialekten in Abb. 2.2 einzuziehen.

Nun zum Beispiel. ORF III macht tolle Dokumentationen. Eine solche konnte ich unlängst zur Via Claudia Romana, der alten Alpenquerung der Römer, sehen. Mich verblüffte dabei, dass die Winzerin aus dem Tiroler Gurgltal, als sie interviewt wurde und in Tiroler Umgangssprache sprach, transkribiert untertitelt wurde, wie Abb. 4.4 zeigt:

Abb. 4.4: ORF III Produktion über Tirol. Untertitelung von Umgangssprache
Quelle: tvthek.ORF.at (Verwendung mit freundlicher Genehmigung)

Was ist hier passiert? Die gut verständliche Tiroler Winzerin aus dem Gurgltal wird, eigenartigerweise, im Österreichischen Fernsehen im Standard transkribiert, als ob sie eine Fremdsprache spräche (ORF III, *Von Römerstraße, Timmelsjoch und Brenner*, 22. April 2020). Es dürfte sich um einen Fehler handeln, denn eine Hüttenwirtin, ebenfalls Tirolerin und ebenso gut verständlich, die wenig später in der selben Dokumentation spricht, wurde nicht untertitelt. Es kann also nicht sein, dass der ORF diese Sendung auch für den Auslandsmarkt produzierte. Was, aber, macht die Winzerin untertitelungswürdig und nicht die Hüttenwirtin?

Ein 95-jähriger Timmelsjocher und Bergfex, der, um zu überleben, von 1945–48 Waren vom Ötztal nach Südtirol und zurück schmuggelte, wurde auch untertitelt. Vielleicht wäre er der einzige, bei dem diese Hilfe für den österreichischen Kontext für manche monodialektale Städter angebracht gewesen wäre. Generell, so scheint mir, müssen sich die Dokumentationsmacher aber die Frage gefallen lassen, wann und warum untertitelt wird. Wenn diese Praxis zunimmt, kann man sagen, dass sie zu einer Dialektfremdheit beiträgt.

„Aber soll man die Beiträge nicht verstehen?", werden Sie jetzt vielleicht einwenden.

Eine Eigenschaft von Sprachen und Dialekten ist, dass die Präsentation dieser Sprachen – mit Lächeln, mit Weinen, mit Jubel, mit Entrüstung – die Einstellung zu den Sprachen wesentlich beeinflusst. Können Sie sich, z.B., vorstellen, dass ein Schweizerdeutsch Sprechender im Schweizer Fernsehen auf Hochsprache untertitelt wird? Unter normalen Umständen wohl kaum. Und doch ist die Situation genau analog in Österreich.

Das möchte ich gerne mit einem klassischen Beispiel aus der Afrikanistik erklären. Dort wird berichtet, dass zwei Stämme unterschiedliche Angaben machten zur Verständlichkeit der Sprache der anderen. Stamm A sagte, dass er die Sprache von Stamm B perfekt verstehe, während Stamm B meinte, dass er die Sprecher*innen von Stamm A gar nicht verstehen kann. Was war des Rätsels Lösung? Stamm A wollte Stamm B kontrollieren und die Behauptung des perfekten bzw. gar nicht Verstehens ist Ausdruck dieses Machtanspruchs bzw. dessen Ablehnung. Aber wie war es wirklich mit der gegenseitigen Verständlichkeit, werden Sie fragen? Die Antwort hängt wirklich zum Großteil von der Einstellung der Sprechenden und Hörenden ab, da es keine „objektive" Einschätzung gibt, die von der Situation losgelöst wäre, weil Sprache eben immer soziales Produkt ist. Die Frage, wie unterschiedlich die Sprachen „wirklich" sind, ist daher verfehlt.

Was können wir nun von dem afrikanischen Beispiel fürs Österreichische Deutsch und die Untertitelung von Dialekten erkennen? Wenn ein Tiroler untertitelt wird, gibt es einige Möglichkeiten: es war ein einfacher Fehler, es wurde von einem Außenseiter (Vertretung) durchgeführt (Stichwort: Hannoveraner Ferialpraktikant*in) oder man will den Eindruck erwecken, dass Tiroler*innen zu schwer zu verstehen sind, was einer Art Abgrenzung entsprechen würde. Suchen Sie es sich aus. Ich denke, es war ein Fehler, oder doch die/der Ferialpraktikant*in?

Das Triumvirat: Standard – Umgangssprache(n) – Dialekt(e)

Es wird nun Zeit, sich mehr theoretischen Aspekten des Österreichischen Deutsch zuzuwenden. Das ist nötig, um eine Art „Maßstab" oder „Zollstab" zur Verfügung zu bekommen, der uns eine objektivere Handhabe bezüglich Dialekt, Hochsprache (Standard) und Umgangssprache in Österreich erlaubt. Wir benennen diese die drei „Sprachebenen".

Wie viele Sprachebenen braucht man? Wie Sie sehen, habe ich mich für drei entschieden. Martin Durrell, der bekannte englische Germanist, hat vergeblich über Jahrzehnte versucht, die Idee von multiplen Ebenen aus der DNA der Germanist*innen zu verbannen und mit einer Dichotomie, Standard und Non-Standard, das Auslangen zu finden. Warum das? Wäre es nicht gut, möglichst genau zwischen den Sprachebenen zu unterscheiden. Hier treffen wir auf ein sehr deutsches (auch zum Teil österreichisches) Problem. In Tabelle 4.4 habe ich versucht, dieses Problem anhand einen Beispielsatzes zu veranschaulichen.

	Österreich	Deutschland
Standard	Oh, ist das Kinderl aber nicht lieb?	Oh, ist/is' das Kindchen aber nich' niedlich?
Umgangssprache	Mah, is/isch des Kinderl owa ned/net/ nit liab/siaß/putzig?	Oh/*, is' das Kindchen aber nich' süß/lieb/*?
Dialekte	Jo mei, is/isch 's K-/Ch-indl/Putzi owa/oa ned/net liab/siaß/putzig, oda? Oh, is' s'Kindchn/Kindl/* awa/* nich'/ned/ne(t) lieb/süß/*, ne?	

Tab. 4.4: Stilisierter Vergleich des Unterschiedes zwischen Standard und Umgangssprache, anhand eines systematisierten Beispiels

Wie wir im Beispielsatz sehen, sind sowohl *Kinderl* als auch *lieb* Standard in Österreich, also österreichisches Hochdeutsch. Wir sehen, dass es hier morphologische (*-erl* vs. *-chen*) und lexikalische Unterschiede gibt (*lieb* vs. *niedlich*). Diese österreichischen Standardwörter wie *lieb* kommen im Deutschen Deutsch jedoch als Umgangssprache und Dialektwörter vor, sofern sie überhaupt vorkommen. Wenn sie nicht gänzlich fremd sind, sind sie also verkannt als „Sub-Standard", was nicht stimmt. Nur, wie soll man das dem/der Deutschen erklären, wenn er/sie keine Grundlage hat und einen enorm engen Begriff von „Standarddeutsch" benutzt?

In der Umgangssprache sieht man in Tabelle 4.4 eine Diversifikation in Österreich, mit westlichem *isch* und zentral/östlichem *is,* sowie bei der Auslautung (*net* [West], *ned* [Ost]), aber auch beim Vokal *nit* (West). In Deutschland gibt es auch regionale Ausformungen, die ich hier symbolisch mit * andeuten will. Sie sehen, je weiter Sie hinunter kommen, desto mehr Variation gibt es – wie in unseren Pyramiden auch effektvoll stilisiert in Kapitel 2. Darum sehen Sie auch die Gebietsangaben Ost/West in den Klammern: innerhalb eines Landes gibt es zwar einen Standard (mehr oder weniger breit gefasst, m. E. nach in Deutschland sehr eng), aber mehrere Umgangssprachen und, eh klar, viele Dialekte. Wenn Sie nun versuchen, diese Variation in eine Reihe von diskreten Ebenen zu unterteilen, kommen Sie schnell auf viele dieser Ebenen, was den Effekt hat, dass die Ebenen unrealistisch eng gefasst werden müssen. Das scheint nicht zielführend zu sein. Es wäre sinnvoll, wie Martin Durrell erkannt hat, weniger Ebenen zu haben, drei oder gar nur zwei, und Ebenen-interne Variation zu erlauben.

Grenzfälle: Standard oder Umgangssprache?

Ischgl – Schi/Ski-Eldorado im Tiroler Paznauntal. Ischgl – der erste große Covid-19-Infektionsherd in Österreich, vielleicht der erste in Europa außerhalb Italiens. Ischgl war wohl bis Anfang 2020 Synonym fürs Schifahren, für *einfach leiwand,* oder, später in der Österreich-Werbung, für *Alltag raus – Österreich rein.* Jetzt wird es wohl eher Synonym für gesundheitsgefährdendes Verhalten sein und, wenn man Pech hat, eine Zeit lang auch bleiben. Da bekommt das Ischgler Motto *Relax – if you can* eine ganz neue Bedeutung ob der vielen Corona-Infizierten und nicht wegen der spektakulären Abfahrten. Ein Riesenschaden, in jeder Hinsicht. Im Frühsommer wird der Zwischenbericht der Polizei über die Corona-Maßnahmen, bzw. deren Unterlassung, in Ischgl am Tag der Sperrung folgendes bereichten:

> Auf den Bildern sieht man, dass einzelne Lokale, wie man so schön sagt, gesteckt voll waren
> (Radio-Journalistin Barbara Reichmann, Ö1 Mittagsjournal, 6.6.2020)

Wie ist das nun mit dem *gesteckt voll* (oder *g'steckt voll*, was Frau Reichmann nicht sagte)? Und was heißt in diesem Zusammenhang die Phrase *wie man so schön sagt*? Ist das das selbe wie wenn man sagt: *wie man im Volksmund sagt*? Das sind alles Fragen der Stilistik, die eingeschätzt gehören, und das tut man am besten, indem man die Sprecher*in fragt.

Sehen wir uns ein weiteres Beispiel aus einem Zwiegespräch in einer Sportsendung des ORFs an, um die Frage nach Standard, Umgangssprache und Dialekt zu erörtern. Nach dem ersten Höhepunkt der Coronakrise, als die erste Runde in der 2. Division in Österreichs Bundesliga Anfang Juni gespielt wurde, sagte Moderator Diendorfer, dass Altach, der 2. in der Qualifikationsgruppe, nur vier Punkte vom letzten und damit vom Abstiegsplatz entfernt ist. Dann fragte er:

> Christian Diendorfer: Was sagt denn das über dieses Ligaformat und diese Quali-Gruppe?
>
> Helge Payer: Na, das sagt amal vor allem aus, dass ma vor 1 ½ Jahren no ziemlich alle graunzt ham und g'sogt hom, Wahnsinn, scho wieder was Neues, de Zehnerliga gibt's nimma, jetzt kommt was Neues. Und jetzt sitzma do und sogn supper spanned, es tuat si wos!
>
> (ORF 1, Sport Fußball Bundesliga, Vorbericht Altach – Tirol, 6.6.2020)

Wir sehen hier die Antwort von Helge Payer, Wiener und ehemaliger Tormann von Rapid Wien. Ich habe mich bemüht, die Realisierung der Laute mit *a* und *o* und verschluckten Vokalen (*sogn, graunzt*) herüber zu bringen, damit Sie den „Geschmack" der Antwort mitbekommen. Das, was wir hier in Payers Antwort haben – als vom ORF bezahlten Experten und Mitmoderator – ist etwas, das wohl viele als Dialekt, höchstens als Umgangssprache bezeichnen mögen. In Deutschland würde letzteres wohl stimmen. In Österreich aber haben wir es eher mit einer gemäßigten Hochsprache zu tun, einem „nicht gestochenen" Standard. Ich betrachte Payers Antwort so, weil die Kommunikationssituation – ORF Sportsendung – mit der sprachlichen Aufführung stimmig ist: es ist sicher kein Dialekt, und für Umgangssprache ist das Setting – nationale Fernsehsendung – und auch die Realisierung der vielen standardmäßigen Vokale – die vielen *a* verglichen mit nur ein paar *o*, interessant. Als Faustregel könnte man sagen: *a* ist Hochsprache, *o* ist Umgangssprache, so wie das *tuat si wos* am Ende; *tut sich (et)was* wäre Standard.

Ein anderes Beispiel wäre die ministerielle Meinung des Gesundheits- und Sozialministers Anschober. Der nämlich sagte unlängst solche Dinge auf Ö1 *Im Journal zu*

Gast, wie „wo normalerweise nicht hingeschaut wird“ (Anschober, Mittagsjournal, 6.6.2020) und meinte damit minder privilegierte Personen, die oft nicht die Mittel zum physischen Abstandhalten in ihren Lebenszusammenhängen haben. Im BRD-Deutsch würde man viel eher „hingesehen“ hören, auch bei Bayern wie CSU-Chef Söder, wenn sie sich, so wie Anschober, an die Nation wenden, aber dort sich dem Druck der norddeutschen Norm beugen: warum Sympathien riskieren, wenn man ebenso gut „hingesehen“ sagen kann? Das ist ein Unterschied zwischen Bayern und Österreich. Bayern ist deutsches Bundesland, Österreich ist souveräner Staat, und natürlich spiegelt sich diese ganz unterschiedliche soziale Einbettung auch sprachlich – historisch ähnliche Dialekte hin oder her – ganz klar wider. Besonders schön sind dann auch Anschobers Interventionen, in denen er mit guten, aber vielleicht derzeit weniger gebrauchten Ausdrücken, einzelne Aspekte der Nachricht hervorstreicht. Wie hier im nächsten Beispiel das Adverb *justament*:

> Da wäre es unverantwortlich zu sagen, wir halten die Grenze justament dicht.
> (Anschober 6.6.2020, Mittagsjournal)

Das alles, *justament* inklusive, stellt sich mir als Österreichisches Hochdeutsch dar. Dass *justament* z. B. auch in oberösterreichischen Dialekten vorkommt spiegelt ja höchstens die soziale Einbettung des Wortes wider. Es aber als Dialekt oder als dialektal eingefärbt zu bezeichnen würde die Kommunikationssituation – Anschobers erstes großes Einzelinterview nach mehr als einem Monat, d. h. das erste nach Überwindung der ersten heißen Phase der Corona-Krise – total missverstehen.

Sie sehen also, die Frage, was Standard ist und was Umgangssprache – beides natürlich auf Österreich bezogen – ist eine interessante Frage, die eben nicht immer kommunikationsspezifisch präsentiert wird. Was es oft gibt, sind die Behauptungen dass „Form A sicher nicht Standard“ oder „Form B doch Dialekt ist“. Auf die Umgangssprache wird dabei oft vergessen und auf die hier bewusst fokussierte Größe Österreichisches Deutsch, das im Gegensatz zum BRD Deutsch kulturell anders geprägt ist und eben, wenn man so will, mehr „erlaubt“ in höheren Registern.

Wie kann man sich das vorstellen? Wörter wie *Gatsch*, ‘Matsch’, sind wohl sicher Umgangssprache, neben verschiedenen Funktionen in den verschiedenen Dialekten. *Hupf in Gatsch, schlog a Roin*, der frühe Danzer Austropop-Hit, mag eine Wiener Redewendung sein, aber *Gatsch* findet sich landesweit auch in Vorarlberg: der *Gatschhupfer* ‘Motocross-Zweirad’ ist auch Umgangssprache, nicht nur Dialekt. Auch bei Lukas Resetarits spielt *der Gatsch* eine Rolle (Lukas Resetarits *Rückspiegel* 2009).

Oder, wie würde man dann folgendes in Österreich sagen?

> Such(e) dir ein schönes Plätzchen

Diese Zeile, bzw. Aufforderung, klingt schon etwas eigenartig, ein kleines wenig künstlich, wird aber in manchen Gegenden, vorwiegend außerhalb Österreichs, gut klingen.

Such<u>st</u> dir ein schönes Platz<u>erl</u>

Das klingt schon vertrauter, mit *-erl*, oder *-l* (*Platzl*), mit *-st*-Verbbeugung und nicht Imperativ *such(e)*, was ja in Deutschland weniger möglich wäre, und wenn, dann wohl als ungrammatikalisch empfunden werden würde.

Wie schaut das nun mit der folgenden kurzen Aussage aus, die ich in einem breiten oberösterreichischen Kontext stelle, schlichtweg darum, weil ich den Kontext am besten kenne:

(1) Wie heißt denn dieser/(d)er?
(2) Wie haaßt denn der?
(3) Wia hoaßt denn der?
(4) Jo wi:a hoaßt'n de:a do drübn?

Nummer (1) würde mit Pronomina wie *dieser* oder *er*, eine Standardvariante sein, die nicht sehr österreichisch klingt, im Gegensatz zu *Wie heißt denn der.* Nummer (2) wäre generalisierte Umgangssprache: der Diphthong *-ei-* ist zum Monophthong vereinfacht worden *-aa-*. Diese Variante ist sicher Umgangssprache und relativ nahe am österreichischen Standard dran. Nummer (3) ist mit dem typischen oberösterreichischen Diphthong *-oa-* versehen, was heute auch Umgangssprache ist, aber natürlich von den Dialekten herrührt und damit das untereste Ende des umgangssprachlichen Spektrums darstellt. *Hoaßt* hört man im Mühlviertel und in Ebensee und im Salzkammergut, aber nicht so sehr entlang der Hauptverkehrsrouten – von Linz über Wels bis nach Attnang – hier wurde die Monophthongierung – von Zwielaut auf Vokal (Monophthong) – umgekehrt und an den Standard angepasst. Eigentliche Dialektformen, und das ist wichtig, würden vor allem die Syntax, den Satzbau in (1), verändern, wie man in (4) sehen kann. Diskurspartikel *jo* und der *do drübn sind* Konstruktionen, die althergebracht sind. *Denn* ist reduziert auf das Clitic *'n*, das sich an das Verb anschmiegt. Das *i:* in *wi:a* ist länger als in (1) bis (3). Man sieht in (4), dass der Dialekt eine ganz andere Form des Ausdrucks ist und sich von umgangssprachlicher Variation in (2) und (3) und standardsprachlicher in (1) wesentlich unterscheidet.

Dieses kleine Beispiel zeigt, dass das meiste das man im Österreichischen Rundfunk und Fernsehen hört – vielleicht bis auf Sepp Forcher und ein paar andere –, entweder Standard oder Umgangssprache ist. Und nicht, wie mancher Außenstehender das meinen mag, Dialekt. Ich möchte Ihnen diesen Punkt auch mit einem Beispiel aus der Verbbeugung näher bringen. Wir hatten uns schon vorher die Sprache von Minister Anschober angeschaut. Zu behaupten, dass der Oberösterreicher in nationalen Interviews etwas anderes als Österreichischen Standard spräche, wäre vermessen und würde die Eigenständigkeit des Österreichischen Deutsch beschneiden. Solch ein Urteil mag für manche bildungssozial oder politisch-ideologisch erklärbar sein, doch würde es auch bedeuten, dass Deutsch für immer und ewig in einer Ideologie von vor 1866 feststeckt. Wenn Anschober also folgendes sagt:

> Ein Staat kann Empfehlungen geben und sagen, „Bitte, passts drauf auf, dass ihr Ansteckungen verhinderts, und reduzierts die Anwesenheit von Personen und und und". Das ist die Aufgabe des Staates, aber in den eigenen vier Wänden hat der Staat nichts verloren.
>
> (Anschober, 6.6.2020, Mittagsjournal)

Das Verbschema – die Konjugation (Verbbeugung) – geht in Deutschland im Präsens so:

ich passe auf	wir passen auf
du passt auf	ihr passt auf
er/sie/es passt auf	sie passen auf

In Österreich aber, geht die Konjugation so:

ich passe auf	wir passen auf
du passt auf	ihr pass**ts** auf
er/sie/es passt auf	sie passen auf

Das gleiche gilt mit allen anderen Verben – wie, z.B. im Anschober Zitat oben mit *(ihr) verhinderts und (ihr) reduzierts.*

Also wenn das 2.-Person-Plural-*s* nicht nur Umgangssprache, sondern auch österreichischer Standard ist, dann heißt das für viele andernorts „unübliche" Ausdrücke wohl auch, dass diese nicht Dialekt, sondern Umgangssprache bzw. Standard sind. Umgangssprache ist auch in Österreich mehr regional unterschiedlich als der Standard. Wenn also Lukas Resetarits in seinem 1997er-Programm *backschierlich* sagt, im Sinne von 'lieblich, anmutig', dann mag einem der Terminus als Nicht-Ostösterreicher*in unbekannt sein. Wenn er also sagt *ein backschierliches Atombomberl* (Resetarits, 1997er Programm) oder *a Bangl reißen* 'sterben' ist das durchaus Umgangssprache, nicht nur Dialekt. Man mag es nicht kennen, kann die Bedeutung aber aus dem Zusammenhang – zumindest bei *backschierlich* – erschließen.

Umgangssprache: *gammeln, murksen, und goschert sein*

Obwohl Umgangssprache durchaus regionale Eigenheiten haben kann, hat sie immer einen Kern, der konstant ist und überall – in unserem Fall überall in Österreich und in gewisser Weise auch darüber hinaus – verstanden wird: die drei Ausdrücke in der Überschrift sind einige Bespiele.

Der Komponist Karlheinz Essl liefert ein weiteres Beispiel mit folgendem einprägsamen Satz, vielleicht, weil die Wahl des letzten Wortes etwas kühn ist:

> Wir machen heute eigentlich eine sehr lebensnahe, schmutzige Musik, die auch ein bisschen miachtelt.
>
> (Karlheinz Essl, Ö1 Radiokolleg 30.4.2020, „Musikviertelstunde")

Wunderbar, finden Sie nicht? Wir haben ein Dialektwort, das hier in der Umgangssprachenversion Karriere macht. Mit Dialekt könnten sie einen solchen Effekt – im bundesweiten Radio – nur bedingt erreichen, weil weniger Leute Dialekttermini verstehen könnten, z.B. *fäut* (wie *Fäule*), ein oberösterrechisches (und auch anderorts verwendetes) Dialektwort für *stinken.* Bei *murksen* oder *vermurksen* ist das anders, da dieses Wort auch weiter nördlich verstanden werden würde (das ist ja im Sinne der Überlappungen nicht verboten). Beate Meinl-Reisinger, die Chefin der NEOS, z.B. sagte im Ö1 Radio, auch wenn sie die Verwendung etwas abschwächt:

> Ich glaube auch, dass das tatsächlich, bitte entschuldigen Sie den Ausdruck, doch einigermaßen vermurkst wurde. (Ö1 Klartext, mit Klaus Webhofer, 27.5.2020)

Ich glaube, in Deutschland wäre die Verwendung auch mit Abschwächung im Standard nicht vertretbar. Nun, wie ist es aber mit den nicht-so-netten Wörtern? *Brunzn* 'urinieren', *gammeln* 'alt, heruntergekommen', auf Schwedisch heißt *gammal* wirklich nur 'alt', *vergammelt, Gammler,* auch *Gammlerei* oder *grindig* 'heruntergekommen, abgetakelt'? Eine Welserin und ein Niederösterreicher in Wien sagten mir einmal, dass sie es mögen, dass das Praterviertel *ein bissi grindig ist.* Ja, das ein wenig herunter gekommene, *past one's prime,* kann auch schön sein. *Gammeln* als Kunstausdruck? Durchaus möglich, wobei ein vergammeltes Geschäft dann doch meistens eines ist, in das man nicht gehen will.

Hat der eine Gosche, mah ist der goschert, könnten nun manche meinen. Das *goschert sein* hat auch etwas. Wenn Hans Krankl unmittelbar nach Cordoba 1978 so goschert ist und sagte, dass man nun endlich bewiesen hat, dass in Österreich auch guter Fußball gespielt wird, hat das etwas. Aber nicht nur am Fußballplatz, auch in der hohen Kunst hat dieses *goschert sein* Bedeutung. Dieses *goschert sein* ist vielleicht das, was in der Musik die „Wiener Schule" ausmacht. Keine Ordnung wie bei Hindemith, keine Kontrapunktik, keine „eingeschliffenen Wege", die Friedrich Cerha ja so kritisiert. Cerha, der Wehrmachtsdeserteur mit (selbst) gefälschten Marschpapieren. Ein *Haderlump,* ein *Strawanzer,* aber ein netter, g'scheiter und mutiger, der Cerha. Ein lieber Freigeist, der sogar den Nazis entkommen ist! Einer, der Berg und Webern genommen hat und seine eigene Individualität mehr eingebracht hat, als das die meisten von uns können; egal, wie viele Leute mit dem Kunstprodukt dann umgehen können. Kein Anbiederer. Einer der kulturell dabei gewesen ist, bei der Neugründung Österreichs nach dem 2. Weltkrieg. Hier ist, was einer von Cerhas Schülern über den alten Lehrer sagt:

> Als ich 1983 Cerhas wohl letzter Kompositionsstudent wurde [vor seiner Pensionierung von der Lehre], hat er meine musikalische Welt zum Einsturz gebracht. Mein Interesse an strengen Formen, Kontrapunktik und Hindemith hat er mit einem einzigen Handstreich vom Tisch gewischt und mich ermutigt, die Musik der Wiener Schule zu studieren, die ich damals – ideologisch fundiert – strikt abgelehnt hatte. In diesem Jahr wurde auch Anton Weberns 100. Geburtstag gefeiert. Nach dem Unterricht hatte mich Cerha aufgefordert, ihn ins Konzerthaus zu begleiten, wo u. a. Weberns *Orchesterstücke op. 6* gespielt wurden.
>
> (Karlheinz Essl, Laudatio auf Friedrich Cerha, 16.3.2017)[44]

„Ideologisch fundiert" ist witzigerweise auch die Kritik, die unfairerweise gegen das Österreichische Deutsch vorgebracht wird. Als ob Deutsches Deutsch, oder Deutsch insgesamt, ohne Ideenunterbau entstehen könnte. So wie Essl eine neue Welt in der Musik mit Cerha entdeckte, kann man im Deutschen eine neue Welt – eine österreichische Welt – entdecken, wenn man nur will. Die Unterschiede sind manchmal größer, manchmal kleiner, aber sie sind da und sie sind – wie in der Musik für Essl – wichtig. Essl schreibt weiter über seinen Lehrer:

> Für junge KomponistInnen gab es damals kaum Aufführungsmöglichkeiten in Wien. Als Friedrich Cerha 1986 den Großen Österreichischen Staatspreis erhielt, stiftete er das Preisgeld dem Wiener Konzerthaus für das Festival „Österreich heute", das zu einer wichtigen Plattform für aktuelle und junge Musik wurde. Im Rahmen dieses Festivals durften drei Cerha-Schüler (Christian Ofenbauer, Christian Schedlmayer und ich [Essl]) 1989 ein „re-enactment" der legendären Aufführung des Cage'schen Klavierkonzerts [John Cage] inszenieren. Wiederum mit dem Ensemble „die reihe", diesmal aber ausgedehnt auf alle Säle des Konzerthauses mit anschließendem Schwammerlessen, das Alexander Pereira ausrichtete.
>
> (Karlheinz Essl, Laudatio auf Friedrich Cerha, 16.3.2017)

Jetzt stellen Sie sich vor, Essl hätte nicht *Schwammerlessen,* sondern *Pilzmahlzeit* oder *Pilztafel* geschrieben. Das hätte wohl zu einer Laudatio Hindemiths getaugt, aber bei Cerha, dem Wiener Urgestein, wäre es nur ungut herausgestochen. Hat er aber eh nicht gemacht, der Essl. Er kennt sich ja aus. Vielleicht sieht man das auch in den Musiktraditionen: Kontrapunktik und Hindemith als preußisches, präzises Ideal, während Friedrich Cerha, die österreichische Spitzbübigkeit, das *goschert sein,* in seine Kunst gegossen hat – so wie Berg und Webern. Cerha, der Professor für Komposition und Neue Musik, ist übrigens promovierter Germanist (Uni Wien, 1949, mit einer Arbeit

44 http://essl.at/bibliogr/cerha-laudatio.html (9. Juni 2020)

über den Turandot-Stoff) und spricht ja auch Österreichisches Standarddeutsch und nicht Bundesdeutsch.

In meinem anderen Buch zum Österreichischen Standarddeutsch, jenem auf Englisch, habe ich gezeigt, dass auch alte Wörter, jene, die 500 oder 1000 Jahre zurück gehen, wie *hudeln*, durchaus eine österreichische Komponente haben können. Mit der diskursanalytischen Methode sieht man, dass *hudeln* in Österreich produktiv und Standard ist, es in Deutschland aber als „landschaftlich“ gilt, d.h. dialektal gebraucht wird, vielleicht umgangssprachlich. In Deutschland ist *sich beeilen* die prävalente Form. Den gleichen Punkt würde ich gefühlsmäßig, also nicht so untermauert wie im Fall von *hudeln*, auch für *klauben* machen. Ein altes Wort, das aber in Österreich – so meine Einschätzung – als Standard fungieren kann. Sehen Sie sich den folgenden Live-Ticker-Beitrag vom U-Ausschuss zu Ibiza an:

> **20 Stunden Video, alles durcheinander**
> Christian Hafenecker (FPÖ) fragt – nach dem Video. Er will wissen, ob die gefundenen Videos „nur“ Strache und Gudenus auf Ibiza zeigen, oder ob da noch mehr ist. Die Soko habe Material von 20 Stunden gefunden und da sei drüber, drunter und dazwischen geredet worden auf den Tonspuren. Auch in englischer und russischer Sprache. Da habe es schon gedauert, bis man das auseinander geklaubt habe, so Holzer sinngemäß. 40 Tage hat es laut Hafenecker gedauert.
>
> (Renate Graber, *Der Standard*, live berichtet vom Ibiza-Untersuchungsausschuss, 10.6.2020)

Wir sehen berichtende Sprache, ziemlich formell, doch auch vom sprachlichen her beeinflusst – Frau Graber gibt ja die Sprache des Befragten wieder, wenn auch indirekt. Dieses *bis man das auseinander geklaubt habe*, hat wohl der Befragte – Soko-Tape Chef Holzer – so gesagt. Graber findet das Wort, so wie ich, durchaus hochsprachenfähig. Denn wenn's nicht so gewesen wäre, hätte sie die Wortwahl ja markiert, entweder durch Anführungszeichen, *„geklaubt"* oder durch ein direktes Zitat ersetzt, dann wäre sie auch *aus dem Schneider*. Da sie das nicht getan hat ist ein Indiz für *klauben* = Österreichischer Standard. Sie ist ja Journalistin und beschäftigt sich professionell mit Sprache.

Der Punkt aller dieser Beispiele ist jedenfalls, dass diese Wörter und Begriffe – *gammeln, grindig, murksen, klauben* und das vielleicht kulturell so wichtige *goschert sein* – eben nicht Dialekt sind, sondern zumindest Umgangssprache oder Grenzfälle zwischen Umgangssprache und österreichischem Standard. So wie auch *Schwammerl-klauben*. Das ist durchaus harte Kost für die Duden-Liebhaber*innen.

Bundesdeutsche Erfolgsgeschichten: *rauf, lecker und tschüss*

Nach dieser Laudatio auf den „goscherten" Charakter des Österreichischen Deutsch ist es nun an der Zeit zu erwähnen, dass diese Varietät, wie jede andere, natürlich kein hermetisch abgeriegeltes Gebilde ist. Das ist auch gut so: was den Leuten gefällt, was ihnen sprachlich schmeckt, sollen sie ja aufnehmen und formen.

Fangen wir an beim Dialekt. Nun aber wirklich. Die oberösterreichischen Lokaladverbien sind ein wunderbar effizientes und vielleicht einmaliges System:

dauni 'weg von'	*auffi* 'hinauf'
zuwi 'hin zu'	*aussi* 'hinaus'
zuawi 'hin zu'	*eini* 'hinein'
ummi 'herum'	*hibei* 'nahe bei etwas'
owi 'hinunter'	*herent* 'diesseitig'
owa 'herunter'	*drent* 'anderseitig'

Wie jedes andere System unterliegt aber auch das hier illustrierte Adverb-System einem Wandel. Es ist enorm praktisch und präzise: *owi*, wenn es ums Hinuntergehen weg vom Sprecher geht, *owa* beim Hinuntergehen zum Sprecher. Wenn einzelne Ausdrücke, z.B. *owi* assoziiert werden mit [+ sehr lokal] [+ländlich] oder gar [+ungebildet], liegt es aber auf der Hand, es in der Umgangssprache und im Standard mit *herunter* zu ersetzen, und, wegen der Kürze, durch *runter*, auch wenn letzteres anfangs [+Deutschland] signalisierte. Das ist derzeit manchmal in Kauf zu nehmen, wenn man [+ungebildet] vermeiden will, aber, das kann man ändern. Jene, die wirklich gut gebildet sind, brauchen das weniger, aber im Zweifelsfall nimmt man wohl die sichere Variante. Das gleiche gilt für *auffi* und *rauf*. Sepp Forcher, der Südtiroler Bergfex österreichischer Prägung, wird wohl immer nur *aussi* und *auffi* sagen in seinen Sendungen so wie privat, weil wieso sollte er mit *raus* und *rauf* etwas anfangen? Diese Wörter signalisieren ja alles, was er nicht ist: Städter, urbanen Schick, und nicht jenes ländliche, erdige Sein, das er so glaubhaft repräsentiert. Aber er versteht *raus* und *runter* natürlich.

Lokaladverbien und Demonstrativpronomina sind überhaupt variabel: *da* und *dort* in Österreich sind ja *hier* und *da* in Deutschland. Ähnliches gilt auch für *hin* und *her*. Über den Wiener Spittelberg sagt Soziologe Christoph Reinprecht auf Ö1 zum Beispiel:

> Ich geh her, weil ich in die Gastronomie geh, aber ich geh auch her, weil ... ,
> ich geh her weil es schicke Einkaufsmöglichkeiten gibt, ...

In D würde man sagen, *ich geh hin* und weniger *ich geh her*. Wer könnte hier sagen, dass Prof. Reinprecht falsch redet? Vielleicht wenn er in Köln auf der Uni wäre, aber nirgendwo in Österreich muss er sich diesen *Stiefel* 'Blödsinn, ungerechtfertigtes Urteil' gefallen lassen, weil es schlicht nicht der Sprecher*innenrealität entspricht.

Doch gibt es allerdings Erfolgsimporte aus der BRD. *Lecker* ist etwas, das vor gar nicht all zu langer Zeit als Norddeutsch empfunden wurde. Der anfängliche Widerstand hat mit der Tatsache zu tun, dass *lecker* klar mit [+Deutschland] belegt ist. Das ist jetzt nicht mehr so.

(1) Das schmeckt gut / urgut.
(2) Das schmeckt lecker.

Bei (1) wäre *gut* zu gewöhnlich, und *urgut* nur im Wiener Raum verfügbar. *Lecker* passt da gut hinein und, da es sich um ein Adjektiv handelt, kann es sich im Sprachwandelprozess auch schnell wieder ableben (vgl. dazu Englisch *great* → *fantastic* → *terrific* → *awesome*, wobei *awesome* 'full of awe' ursprünglich etwas schlechtes war. So wie *bad* 'good' bei Michael Jackson). Schauen wir einmal, wie lange sich *lecker* hält.

Egal wie lange es bleibt, *was* lecker ist, ist ja viel wichtiger: *Mehlspeisen, Topfenschnitte, Cremeschnitte, Indianer, Punschkrapferl, Max und Moritz etc.* Beim Küchenvokabular müssen ja sogar die Gegner*innen des Österreichischen Deutsch klein beigeben. Da ist dann auch noch *Tschüss*, der Stein des Anstoßes in den 1990ern, das seine Bedeutungsindexikalisierung [+Deutschland] verloren hat. Vielleicht war mein HTL-Banknachbar Werner, der so gerne *Werner Beinhart!* schaute, einer dieser Treiber, wie wir im 2. Kapitel gezeigt haben. Das ist auch ok.

Dann gibt es noch *Guten Tag*. Ähnlich wie *lecker* scheint diese Grußformel seine Exotik zu verlieren. Noch vor kurzem konnte man im Ö1 Mittagsjournal *Grüß Gott* hören, jetzt ist das nüchterne *Guten Tag* auch dort eingekehrt.

Österreichische Exportschlager: *es geht sich (nicht) aus* und *Bär = Beer*

Doch nicht nur die Deutschen exportieren sprachliche Merkmale, auch die Österreicher*innen, der kleine David, zwingt dem großen Goliath Deutschland hin und wieder auch ein paar Ausdrücke auf. Falco war nicht der einzige Exportschlager Österreichs im letzten Jahrhundert auf kulturellem Gebiet. Dass heute *Wanda* und *Bilderbuch* als Exportgrößen Österreichs fungieren, Sprache inklusive, sage nicht nur ich, sondern auch Florian Scheuba, der Kabarettist. Und weil sich die Wiener (*Wanda*) aber auch die Oberösterreicher (*Bilderbuch*) eben wenig bis gar nicht verstellen, kommt das auch gut in der Sprache durch. Nun mögen die deutschen Freunde glauben, dass sei alles Dialekt, dabei ist das meiste wohl höchstens Umgangssprache.

Wenn man vom Österreichischen Deutsch denkt, dass alles dialektal eingefärbt ist, dann wird sich keine positive Einschätzung der österreichischen Standardvarietät ausgehen, die nicht ausschließlich auf das rustikal-süße und ländliche Kuhstallimage setzt. Liebe*r Leser*in, wenn Sie nicht in Österreich sozialisiert wurden, lassen Sie mich erläutern, was ich mit „wird sich keine ... ausgehen“ im vorigen Satz meinte. Die 2,8 Indexpunkte in Abb. 4.5 für Deutschland, oder die 2,5 für die Schweiz, sprechen eine klare Sprache im Vergleich zu den 20,9 für .at. „Es geht sich (nicht) aus“ ist eine österreichische Konstruktion.

Wenn ich den Nebensatz übersetze, dann wären folgende Varianten denkbare Alternativen zur unterstrichenen österreichischen “Default”-Variante:

dann wird sich keine positive Einschätzung der österreichischen Varietät **ausgehen.**
dann wird keine positive Einschätzung der österreichischen Varietät **drinnen sein.**
dann wird keine positive Einschätzung der österreichischen Varietät **machbar sein.**
dann wird keine positive Einschätzung der österreichischen Varietät **möglich sein.**

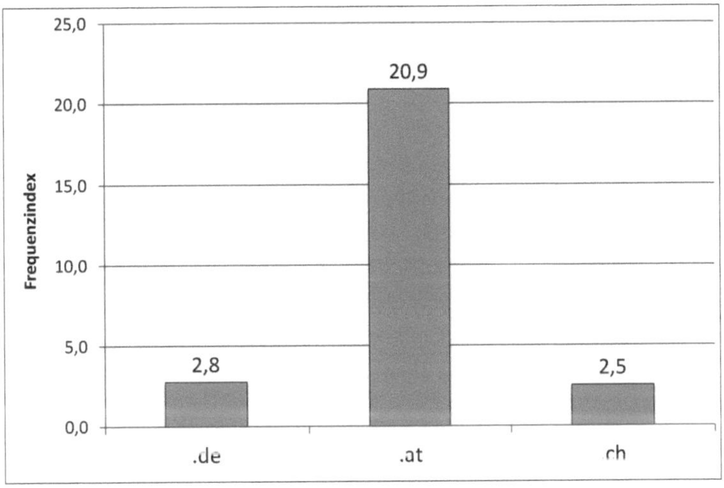

Abb. 4.5: *es geht sich nicht aus* in 3 Domänen

Sie sehen, *sich ausgehen* ist eine besonders elegante, reflexive, geschmeidige Konstruktion. So elegant, dass die Konstruktion nun als stereotypisch österreichisch gilt, also als sprachliches Symbol für Österreich, wie *Edelweiß, leiwand, Franz Klammer* oder *Cordoba*. Jene Fälle, bei denen man *es geht sich (nicht) aus* auf .de oder .ch Domänen findet, sind auch in aller Regel klar auf Österreich bezogen. Auf einem Reiseportal in Deutschland findet man Tipps zu Österreich: „wussten Sie, dass *es geht sich aus* eine österreichische Konstruktion ist?“ Es spricht sich also herum.

Durch Arbeiten mit „geliehenen“ Konstruktionen und Merkmalen in Nordamerika kann ich einen kleinen Beitrag zur Eigenart des Österreichischen Deutsch machen. In Kapitel 2 haben wir uns schon über die Vokalzusammenlegung von *Käse*, das als *Kese* realisiert wird, unterhalten. Dieser Wandel gilt im Österreichischen Hochdeutsch bereits als abgeschlossen und kategorisch, d. h. ohne wesentliche Ausnahmen. Solche Fälle der Kategorizität sind sehr selten und die absolute Ausnahme. Dass dies für *ä-e* im Österreichischen Deutsch zutrifft, ist relevant, da es bedeutet, dass die kleinere

Nationalvarietät einen Sprachwandel viel schneller umgesetzt hat als die große, noch dazu einen phonologischen, was viel seltener der Fall ist als ein lexikalischer.

Zu dem Fall gibt es eine Parallele: im Kanadischen Englisch wurde der Zusammenfall der Vokale in PALM, LOT und THOUGHT schon seit den 1880ern dokumentiert und gilt seit den 1930ern als ziemlich kategorisch. Die USA haben erst in den 1960ern begonnen, diesen Vokalzusammenfall umzusetzen. Man kann also sagen, dass sowohl Österreichisches Deutsch als auch Kanadisches Englisch, die beiden kleineren Varietäten, in diesem Aspekt progressiver sind bzw. waren als die großen. Das erscheint mir wesentlich, weil sonst von Österreichischem Deutsch und Kanadischem Englisch oft gesagt wird, dass die kleineren Varietäten generell konservativer sind. Wir haben also beides: konservativen Gebrauch (*Gewand* statt *Kleidung*) und innovativen Gebrauch (*ä* → *e* in *Käse, Bär, Nähe* etc.)

Ein weiterer Bereich der Sprache dreht sich nicht um das, was man sagt, sondern darum, wie man es sagt. Wie im vorigen Kapitel erwähnt, beschäftigt sich dieser als Pragmatik bezeichnete Bereich mit der Gebrauchsseite des Sprechens, z. B., *was sagt jemand, der im Strandbad ein Eis von der Budel kaufen will*? Ja, die Pragmatik ist also ein enorm wichtiger Bereich und nicht nur beim Eiskaufen. Ich würde sogar sagen – erraten –, dass die Pragmatik einer der wichtigsten Bereiche in der Sprache ist. Wenn man Sprache als soziales Produkt auffasst, dann gehört der Gebrauchsfunktion eine wichtige Rolle eingeräumt. Das führt so weit, dass alles, was man in einem Gebiet mit Sprache macht, in den richtigen Kontext gesetzt werden muss. Das passiert nicht immer optimal. Der Kino-Klassiker *Home Alone,* zum Beispiel wurde mit einem *Guck mal, wer da spricht!* betitelt. *Schau amoi, wer da redt!*, wäre ein effektvollerer Titel in den österreichischen Kinos gewesen und hätte wohl noch mehr Leute ins Kino gebracht.

Das *Österreichische Wörterbuch* und der *Duden*

Unterrichtsminister Felix Hurdes war der Ermöglicher, der „Anreger" des Österreichischen Wörterbuchs. Hurdes war Mitbegründer der ÖVP und von 1945 bis 1952 Unterrichtsminister, nicht Germanist oder gar Lexikograph. Wenn man ein wenig in seiner Laufbahn stöbert, wird man schnell fündig, worum es Hurdes ging. Sein Ziel war eine „Verösterreicherung" der durch die Nazis verzerrten österreichischen Identität, was ja nicht nur ein ehrenwertes, sondern ein enorm notwendiges Ziel war.

Wer war dieser Felix Hurdes? Hurdes war konservativer Politiker und wurde, wie Leopold Figl auch, schon am 11. März 1938 – also am Tag *vor* dem nächtlichen Einmarsch – von den Nazis verhaftet und darauf ins KZ Dachau verfrachtet, wo er schießlich im Mai 1939 enthaftet wurde. Hurdes gehörte darauf zum nicht-bewaffneten Widerstand während der Nazizeit, hatte Kontakte mit der Widerstandsgruppe Maier-Messner-Caldonazzi (den Briten bekannt unter *Austrian Committee of Liberation,* kurz *Arcel*), um dem Gersthofer Pfarrer Heinrich Maier. Die Gruppe wurde 1944 verraten und die meisten Mitglieder in der Folge von den Nazis exekutiert. Hurdes hatte großes Glück. Schon 1940 überlegte er sich, wie man durch eine neue Partei, eine „Volkspartei“ mittels Interessensausgleich den Gegensatz von Arbeiter- und Kapitalinteressen nutzbar machen konnte.

Hurdes war auch im gewerkschaftlichen Widerstand gegen die Nazis aktiv, womit er zum verlangten Eigenbeitrag Österreichs zur Befreiung beitrug (wie in der Moskauer Deklaration von den Alliierten Ende 1943 auch dezidiert eingemahnt wurde). Er wurde 1944 erneut verhaftet und dieses Mal ins KZ Mauthausen gebracht. Dem mit an Sicherheit grenzender Wahrscheinlichkeit todbringenden Strafprozess am Wiener Landesgericht – Haft in Mauthausen, Prozess in Wien – kamen die russischen Befreier 1945 zuvor. Wir sehen also, dass wir in Hurdes jemanden haben, auf den man, egal welcher politischer Couleur, schon stolz sein muss.

Hurdes war zweifellos ein unkonventioneller Denker. Als gebürtiger Südtiroler hatte er wahrscheinlich oft ein klarere Sicht auf die komplexen Prozesse in Nazi-Österreich und bessere Ideen, wie man das Land am besten aus dem Schlamassel heraussteuern könnte, als manch anderer. Dass seine Ideen, genau wie die Figls, in der ersten Stunde der 2. Republik sehr gefragt, aber dann in den 1950ern ÖVP-intern immer mehr eingeebnet wurde, ist Teil der Geschichte der ÖVP (so musste Figl nach Niederösterreich ausweichen und Hurdes wurde in verschiedene, immer kleinere, Nebenämter abgeschoben). Hurdes ist übrigens auch jener Papa, für den Bronner und Qualtinger *Der Papa wird's scho richten* geschrieben haben. Aufgrund dieses Skandales, in dem er für seinen Sohn intervenierte, musste Hurdes schlussendlich seine Funktionen in der ÖVP zurück legen.

In Bezug auf Österreichisches Deutsch war Hurdes aber jener Mann, der wusste, wie man aus den Nazischerben ein Österreich aufbauen konnte. Die Umbenennung des Schulfaches *Deutsch* in *Unterrichtssprache*, später oft verspottet, war damals durchaus symbolträchtig und wohl eine gute Idee, auch wenn die Verordnung schon bald wieder zurück genommen wurde. Josef Achleitner sieht das ähnlich:

> Unrecht getan wird Hurdes aber in einem Punkt: Man sprach von „Hurdestanisch“, weil Hurdes das Wort Deutsch im Zeugnis durch „Unterrichtssprache“ ersetzen ließ. Einerseits war die Order schon unter Kurzzeit-Vorgänger Ernst Fischer (KPÖ) gekommen, Hurdes hatte sie nur zugelassen. Andererseits wollte er nach den NS-Erfahrungen den deutschen Geist durch einen österreichischen ersetzen. (Josef Achleitner, *OÖ Nachrichten*, 6. Juni 2017)

Achleitner fährt folgerichtig fort:

> Das „Österreichische Wörterbuch“, das das spezielle Deutsch hierzulande betont, ist auch in diesem Sinn entstanden. (ibid)

Das stimmt. Ohne Hurdes hätte es womöglich lange kein ÖWB gegeben. Wir wissen, dass bis 1969, bis zu Jakob Ebners Band, es sonst keine normgebende Quelle gegeben hätte. Dass im Jahre 2003 dann dieses wohl meistverkaufte Wörterbuch Österreichs (wenn auch über die Schulbuchaktion) unter einem anderen ÖVP-Bundeskanzler verscherbelt wurde und nun einem deutschen Verlag untersteht (Klett-Cotta), zeigt, dass die ÖVP damals ihre Sensibilität für primäre österreichische Interessen im Kulturbereich verloren hatte. Es steht jedenfalls außer Zweifel, dass Hurdes wusste, was für eine neue Identitätsfindung – auf den Scherben der Nazi-Greuel – notwendig war, und da gehörten Sprache und symbolische Zeichensetzungen dazu. Er scheute sich nicht, diese Themen umzusetzen. Wie haben die Literati und Germanist*innen auf das ÖWB im Jahre 1951 reagiert? Die Erstauflage von 20.000 Stück verkaufte sich schnell, aber so einfach war die Geschichte nicht mit dem Buch, das einen Nerv der neuen Zeit traf, den aber nicht jede*r verstehen konnte, wollte, oder will.

Die Geschichte des ÖWB ist noch nicht restlos geklärt. Derjenige, der sich bisher damit wohl am besten auskennt, ist Gregor Retti, der 1991 eine Magisterarbeit und dann 1999 eine Doktorarbeit zum ÖWB geschrieben hat (siehe „Weiterführende Literatur“)[45]. Retti sagt dazu klipp und klar, mit wissenschaftlicher Präzision: „Die Darstellung der Entstehungsgeschichte des ÖWB in der einschlägigen Literatur ist, gelinde gesagt, dürftig, teils widersprüchlich.“ (Retti 1999: 120). Und mit wissenschaftlicher Bescheidenheit, fügt Retti hinzu:

> Daran wird die folgende Darstellung leider auch nicht all zu viel ändern können, auch wenn der Versuch unternommen wird, zumindest die verfügbaren Quellen in einer Zusammenschau zu präsentieren. (Retti 1999: 120)

Das ist blanke Untertreibung, denn Rettis 3. Kapitel schafft ein wenig unabhängige Einsicht in die, durchaus gewollte, verlags- und produktionstechnische Verwirrtung. Ich kenne das von den Wörterbüchern der englischen Sprache: verwirrendere Titel und Auflagenangaben gibt's in keinem anderen Publikationsgebiet, weil sich die Verleger – Stichwort neuer Titel für altes Buch – dadurch einen Vorteil versprechen.

Aber wer sollte irgend etwas dagegen haben, dass das Österreichische Deutsch durch ein eigenes Wörterbuch mehr ins Zentrum gerückt werden sollte? Wie Ruth Wodak, die Wittgenstein-Preisträgerin des Jahres 1996 einmal sagte: „Wir sind nicht im Duden-Land“: Genau. Wen könnte diese Einsicht stören, außer den Verkaufschef des Duden-Verlages vielleicht? Aber der Widerstand war – und ist teilweise – enorm. Dieser Widerstand wurde nämlich gerade von professionellen Schreiber*innen gegen das ÖWB geführt, was deren Loyalitäten zur neuen Republik zumindest zum Teil in Frage stellen musste.

[45] Rettis Dissertation, durchaus zugänglich für die/den Normalverbraucher*in, ist hier herunterladbar: http://gregor.retti.info/docs/retti1999/ (10. Juni 2020)

Welche Beweggründe könnten sie wohl gehabt haben? Auf diese historische Studie, die bis in die Gegenwart heraufführen müsste, würde ich mich sehr freuen. Im Rahmen dieses Büchleins kann ich nur die wichtigsten Themenbereiche anreißen, um der Frage nachzugehen, warum das ÖWB, besonders in der Anfangszeit, nicht von allen Seiten mit größten Freuden empfangen – und gefördert – wurde.

Wie weit voraus waren Hurdes, die Wörterbuch-Kommission, der Österreichische Bundesverlag und der Verlag Jugend & Volk, die das Projekt verlagstechnisch gemeinsam umsetzten? Plurizentrik wurde um 1950 gerade einmal in der Anglistik vorsichtig angedacht, wenn auch nicht dieser Name Verwendung fand. Dass der Auftrag zum Schreiben des ÖWBs wichtig und richtig war, kann man sehen, wenn man Richard Schrodts Worte aus dem Jahr 1995 liest:

> Daß Niederländisch als eigene Sprache, Plattdeutsch hingegen „nur" als deutscher Dialekt gilt, mag für den Systemlinguisten unerheblich und kein sinnvolles Forschungsproblem sein: Für die konkreten Sprachteilhaber können aber solche Unterschiede im einzelnen Lebensbezug konstitutiv sein. (Schrodt 1995: 54)

Denn genau das, der konkrete Lebensbezug, veranlasste Hurdes ein Wörterbuch für den Gebrauch in österreichischen Ämtern und Schulen zu veranlassen, das für die „konkreten Sprachteilhaber" in Österreich unmittelbare Relevanz hat.

Wir sehen uns in der engen Verbindung von Staat Österreich (2. Republik) durch Minister Hurdes und Sprache an Regel Nummer 3 erinnert: eine Sprache ist ein Dialekt mit einem Heer und einer Kriegsflotte. Plattdeutsch hat beides nicht, Niederländisch hat beides schon. Und Österreich hatte wieder eine Armee, bzw. war 1951 auf dem Weg dazu, einen Vorläufer des Bundesheeres aufzubauen. Max Weinreich, bzw. sein anonymer Zuhörer, hat uns wirklich ein wunderbares *Bonmot* geliefert.

Historischer Exkurs: Republik Deutsch-Österreich und die Nazi-Zeit

Über die Hitlerzeit zu schreiben ist immer schwierig. Aber auch die Erste Republik war leider kein Ruhmesblatt. Fangen wir vielleicht daher von hinten an: als am 27. April 1945 die Provisorische Bundesregierung unter Karl Renner in Wien ihren Dienst antritt, um, anfangs nur von den Sowjets gedeckt, demokratische Wahlen vorzubereiten, hatte das Land seit dem Justizpalastbrand 18 turbulente Jahre hinter sich, 12 davon autoritär regiert. Man möchte glauben, dass Sprache, inklusive dem Österreichischen Deutsch, sicher nicht weit oben war auf der Liste der Begehrlichkeiten im kriegsgeschädigten Österreich. Die Moskauer Deklaration der Alliierten im Jahre 1943 hatte dafür gesorgt, dass Österreich als eigenständiger Staat wieder auferstehen konnte. Damals im April 1945 war diese Eigenstaatlichkeit aber noch in der Schwebe, weil ein Eigenbeitrag Österreichs zu seiner Befreiung eine Vorbedingung war, zu dem auch die provisorische Regierung Renners als Beitrag aufgefasst werden konnte.

Welche Form diese mögliche Eigenstaatlichkeit des Landes haben sollte, war natürlich auch unklar. Die Briten, zum Beispiel, dachten ursprünglich, dass ein Staat aus Bayern und Österreich die bessere Option wäre. Im Sinne der Friedenssicherung machte deren Idee Sinn, da sie die alte preußische Hegemonie schwächen würde. Die Sowjets aber waren dagegen und hatten als Befreier von Wien dort das Sagen. Wenn es also nach den Briten gegangen wäre, würden wir heute das Österreichische Deutsch anders konzipieren, charakterisiert wohl durch ein Spannungsverhältnis zwischen Wiener und Münchner Stadtsprache. Dass es nicht so gekommen ist, bedeutet daher auch, dass den Österreicher*innen, entschuldigen Sie den Ausdruck, die Bayern sprachlich ganz egal sein können: was die Bayern mit ihrer Sprache machen oder nicht machen, ist ein rein bayerisches und deutsches Problem.

Als dann im Laufe des Frühjahres 1945 schnell klar wurde, dass Österreich in Form des „Restösterreichs" der 1. Republik wiederauferstehen würde, waren auch einige andere Rahmenbedingungen geklärt. Ein Neuaufbau aller gesellschaftlichen Bereiche, darunter auch Schulen und Universitäten, konnte unter Aufsicht der Alliierten in Angriff genommen werden. Von 27. April bis 25. November 1945 war der Schriftsteller Ernst Fischer (1899–1972) für die KPÖ Unterrichtsminister, Felix Hurdes übernahm anschließend unter der Regierung Figl für die nächsten 7 Jahre und setzte die entscheidende Wiederaufbauarbeit in der Schule um. Hier setzt auch die kurzzeitige Umbenennung des Unterrichtsfaches „Deutsch" in „Unterrichtssprache" an, die ganz im Zeichen eines damals schon erhofften Staatsvertrages stand. Das „Austria Forum" der TU Graz bietet dazu die folgende, sehr plausible Darstellung an:

> Im Sommer 1946, am Ende des Schuljahres, mussten die Schulleiter Millionen von Schulzeugnissen in Handarbeit überstempeln: Statt „Deutsch" sollte das Unterrichtsfach nun „Unterrichtssprache" heißen. Hurdes wollte alles vermeiden, was einem etwaigen Sonder-Friedensvertrag mit Österreich im Wege stehen konnte. Und so sollte jedweder Anklang an „Deutsch" tunlichst vermieden werden. Eine Taktik, der sich auch Bundeskanzler Leopold Figl und sein Vizekanzler Adolf Schärf nicht widersetzten.[46]

Der Sonder-Friedensvertrag würde als Staatsvertrag zwar noch lange auf sich warten lassen, aber er würde bis 1955 kommen. Zwar sicher nicht aufgrund der Überstempelung, denn diese Signalwirkung war wohl weniger für die Alliierten als für die eigene Bevölkerung gedacht. Jetzt, wo alles neu war, neu werden musste, warum sollte sich dieser Umstand nicht auch in den Fächernamen im Schulzeugnis widerspiegeln? Hurdes mag dafür verspottet geworden sein, doch wir sollten den Symbolcharakter seiner Handlung nicht unterschätzen: bei den Nazis war es Deutsch, dann war es halt, für eine kurze Zeit, in Österreich Unterrichtssprache.

---

46 https://austria-forum.org/af/Wissenssammlungen/Essays/Politik/Felix_Hurdes (7. Juni 2020)

Um Ihnen abschließend noch einen Eindruck zu vermitteln, wie es im unmittelbaren Nachkriegsösterreich in mancher Hinsicht keine „Stunde Null" gab, sondern wie alte Nazi-Sympathisanten in den Büros dann einfach weitermachen konnten, sehen Sie sich bitte die folgende Passage aus Gertrude Pressburgers Memoiren an. Sie überlebte, als einzige ihrer Familie, die Schoah und überstand Auschwitz. Als sie 1947, dem Jahr, in dem Hurdes wohl den Auftrag zum ÖWB gab, nach Wien zurück kehrte, lernte sie eine schwarze US-Soldatin kennen. Pressburger weiter:

> Wir machen uns auf den Weg in ein nahe gelegenes Kaffeehaus. Noch bevor wir das Café betreten können, kommt der Besitzer uns entgegen. „Neger sind bei uns nicht willkommen", sagt er. Ich kann spüren, wie mein Puls sich beschleunigt. „Haben Sie vor ein paar Jahren noch gesagt, 'Juden sind nicht willkommen'? Haben Sie nun auf 'Neger' umgeändert?? Die Zeiten sind vorbei!", zische ich den Kaffeehausbesitzer an. „Ich will einfach keine Neger hier bei mir", lässt der Mann sich nicht beeindrucken. „Macht nix", sage ich, „wir haben 1947. Wenn Sie uns nicht ins Kaffeehaus lassen, rufe ich die Militärpolizei und melde Sie. Dann schauen wir, wo Sie landen werden." Plötzlich wird der Herr sehr freundlich. „Bitteschön, kommen Sie doch herein! Darf ich Sie auf einen Kaffee einladen?" „Ich will nichts geschenkt. Ich möchte das, was ich bestelle, bekommen und bezahlen", antworte ich. Der Mann erwidert nichts mehr.[47]

Der Umschwenker des Kaffeesieders passierte nicht nach dem Hinweis auf Unrecht, sondern erst nach Androhung von Konsequenzen, die durch die Besatzer gedeckt waren. Nach Stunde Null schaut das wahrlich nicht aus. In diesem Klima eine neue Nationalvarietät des Deutschen zu kodifizieren, um sich von Deutschland abzugrenzen, schaut eher nach Sisyphusarbeit aus, was Hurdes hoch angerechnet werden sollte.

„Österreich ist frei!" Das *ÖWB* als sprachpolitisches Pionierwerk

Um die Bedeutung des ÖWBs zu verstehen, müssen wir uns in die ersten zwei, drei Jahre nach Kriegsende zurück versetzen. Österreich war zerbombt, befreit, aufgestückelt und besetzt von den Alliierten, wovon die Russen die mit Abstand gefürchtetsten waren. In Niederösterreich, dem Burgenland, Wien und dem oberösterreichischen Mühlviertel terrorisieren russische Besatzungssoldaten die Bevölkerung, vor allem die Mädchen und Frauen, die sich nicht sicher sein können. Die Russen transportieren Industriemaschinen munter in die Sowjetunion und blockieren jeden österreichischen Friedensvertrag. Die Amerikaner und die Österreicher garantieren den Zusammenhalt Österreichs, in dem sie 1948 den Russen ganz geschickt die Stirn bieten und ein Abschneiden Wiens – wie in Berlin – verhindern.

---

[47] S. 153 in Pressburger, Gertrude. 2018. *Gelebt, erlebt, überlebt.* Wien: Zsolnay.

In diesem Klima war eine Zeitung der österreichischen demokratischen Kräfte wohl von enormer Wichtigkeit. Die erste Zeitung des Landes nach den Nazis war das treffenderweise betitelte *Neue Österreich* (Abb. 4.6). *Neues Österreich* wurde gemeinsam von ÖVP, SPÖ und KPÖ herausgegeben und vom 23. April 1945 bis Ende Jänner 1967 als Tageszeitung verlegt. Von Beginn an bis 1947 war jener Ernst Fischer Chefredakteur der Zeitung, der bis zur ersten Wahl 1945 für die KPÖ Unterrichtsminister war. Die ersten Ausgaben waren bis zur Währungsreform folglich noch in Reichspfennigen bepreist. Jene in Abb. 4.6, aus dem Jahre 1949, konnte man schon wieder mit Groschen erwerben:

Abb. 4.6: Ausgaben des *Neuen Österreichs* von 1949 auf dem Neubaugassen Flohmarkt, Wien 7 (Foto: Manfred Werner - Tsui, 2011 - CC BY-SA 3.0)

Können Sie sich das heute vorstellen? Eine Zeitung, die von Türkis/Schwarz, Grün, Rot, Blau und Pink betrieben wird? Das wäre sicher interessant und würde dem Land wohl gut tun, weil man damit einen Grundkonsens - Daten, Fakten etc. - außer Streit stellen könnte und ein gemeinsamer Diskussionsrahmen hergestellt wäre.

Dass sich das ÖWB vor diesem Hintergrund gut verkaufte, steht außer Zweifel. Die erste Auflage vom Dezember 1951 war 20.000 Stück - keine kleine Auflage. Bis Juni 1954 waren bereits 173.000 Exemplare verkauft, bis Dezember 1959 sogar 457.000 Exemplare (ÖWB-32, Rückseite des inneren Titelblattes). Wo sind die halbe Million Exemplare in den 1950ern hingegangen? Ein Teil wurde wohl in der Schule verwendet, denn bereits am 17. Oktober 1951, also vor Verkaufsbeginn, wurde das ÖWB „zum Unterrichtsgebrauch an allen Schulen“ (Retti 1999: 120) zugelassen. Ein Selbstläufer und Bestseller, dieses ÖWB, das seinen Verlegern, dem Österreichischen Bundesverlag und Verlag Jugend & Volk, auch in der Nachkriegszeit dringend benötigtes Geld in die Kassen spülte. Bevor die Gratis-Schulbuchaktion 1972 im Nationalrat beschlossen wurde, die dem ÖWB – wie vielen anderen heimischen Titeln auch – zu neuen, ungeahnten Höhenflügen verhelfen würde – hatte das Buch schon 1,497 Millionen Exemplare verkauft (bis Oktober 1972). Man kann also keineswegs behaupten, dass die Österreicher*innen nicht ihr eigenes Geld – anders als Steuergeld – in dieses Wörterbuch gesteckt hätten. Bei einer Bevölkerung von 7,5 Millionen im Jahre 1972 hatte jeder fünfte – vom Baby bis zum Greis – ein ÖWB zu Hause oder im Büro stehen.

Rankenumwoben ist vor allem die Erstellung des ÖWBs. Wer schrieb die Einträge, welche Wortliste wurde verwendet? Eine Wortliste ist im Normalfall ein existierendes Wörterbuch, das man als Basis nimmt – Standardpraxis seit dem 18. Jahrhundert. Welche Methode wurde angewendet, wie wurde Österreichisches Deutsch definiert? Das sind alles Fragen, über die wir wenig Klarheit haben. Aber, um ganz klar zu sein: die gleiche Kritik muss man bei jedem anderen Wörterbuch anbringen, schlicht aus dem Grund, dass Verlage – die diese Bücher in der Regel finanzieren – kein Interesse haben ihre Firmengeheimnisse preiszugeben.

Was wir wissen, ist folgendes. Hurdes gab wohl den Auftrag für das ÖWB. Die Hauptbearbeiter waren: Albert Krassnigg (1896–1971), Landesschulinspektor und angeblich SPÖ-nahe, Anton Simonic (1893–1956), Stadtschulrat von Wien und ÖVP, Johann Stur, Sektionschef im Unterrichtsministerium (damals unter Hurdes von der ÖVP geführt) und Leiter der Wörterbuchkommission. Stur war Verfasser einer Dissertation von 1909 an der Uni Wien zu den slawischen Elementen in den Kärntner Ortsnamen. Die Kommission wurde komplettiert durch Ernst Pacolt (1912–1999), der während der Nazi-Zeit Widerstandkämpfer war, und die zwei Gewinner des Wettbewerbes zur Zusendung von Vorschlägen, jeweils ein ungenannter Volksschul- und Hauptschullehrer.

Retti (1999: 120-1) berichtet dazu, dass Franz Wollmann (1871–1961) – der 1948 einen ansprechenden Forschungsartikel zum Österreichischen Deutsch publizierte (der seit 1938 fertig war aber auf Publikation warten musste, bis die Nazis weg waren) – sowie Eberhard Kranzmayer (1897–1975), der Dialektologe und Professor an der Uni Wien, am ÖWB beteiligt gewesen waren. Obwohl Stur der formale Chef war, hatte Krassnigg die „dominierende" Rolle bis 1967, als der ÖBV unter der Leitung von Otto Langbein, der wegen seiner jüdischen Abstammung von den Nazis verfolgt worden war (Ammon 1995: 128), eine „Wörterbuchstelle" einrichtete und Langbein nach Krassniggs Tod die Chefrolle übernahm (siehe auch Retti 1999: 121). Langbein verfasste 1934 eine Dissertation an der Uni Wien über die politisch-räumliche Gliederung der Sowjetunion.

Ab 1967 gab es dann für das ÖWB eine „Expertenkommission", die aber ab 1973 sukzessive verkleinert und um 1977 durch ein Trio um Erich Benedikt (1929–), Maria Hornung und Ernst Pacolt ersetzt wurde. Es stellte sich heraus, dass die Arbeit in der Kommission – zu viele Meinungen bei gleichzeitig zu wenigen Daten um die

Meinungsverschiedenheiten zu entschärfen – schwierig wurde. Maria Hornung (1920–2010) hatte ein Doktorat in Germanistik von der Uni Wien und war bis 1985 außerordentliche Universitätsprofessorin in Wien. Als Kranzmayer-Schülerin forschte sie zu den deutschen Sprachinseln in Italien und Slowenien und war vor allem an den österreichischen Dialekten interessiert.[48] Erich Benedikt war ebenfalls studierter Germanist und arbeitete im Bildungsministerium zu den AHS-Schulen, später sogar als Sektionschef. Man kann sehen, dass das Herausgeber*innenteam der 35. Auflage von 1979 also eine kompetente Truppe war.

Die drei – Benedikt, Hornung und Pacolt – konnten aber nicht ahnen, dass ihre gründliche Überarbeitung des ÖWB, der ersten wirklich tiefgreifenden Erweiterung seit 1951 – von kleineren Änderungen, Korrekturen und wohl Hinzufügungen, die ohne Seitenumbruchsänderungen zu bewerkstelligen waren, einmal abgesehen – auf so viel Gegenwind treffen würde. Regula Schmidlin, Linguistin aus der Schweiz, die sich fürs Schweizer Standarddeutsch einsetzt, sagt dazu treffend: „Am meisten zu reden gab die 35. Auflage des ÖWB 1979“[49] (Schmidlin 2011: 119).

Retti formuliert das extremer, wenn er schreibt, bis zur 35. Auflage von 1979 „genoß das ÖWB praktisch keine Aufmerksamkeit in der germanistischen Fachliteratur“ (Retti 1999: 122), aber sehr wohl in der Presse, wie wir in Kürze noch sehen werden. Das allein sagt einiges aus über ein Fach, das sich um die Sprache der Leute wenig zu scheren schien, und in dem man es sich leisten konnte, das in Österreich meistverkaufte Wörterbuch, einfach links liegen zu lassen. Bis 1978 verkaufte sich das ÖWB wohl um die 3,6 Millionen mal und in einer Auflagenstärke von ca. 300.000 pro Jahr während der 1970er. Eine Cashcow für den ÖBV, dieses Wörterbuch und den Duden-Verkaufszahlen sicher um einige Faktoren überlegen. Ein Punkt den man dem ÖWB vorwerfen muss, ist, warum die Gewinne aus diesen besonders fetten Jahren nicht in den Aufbau einer permanenten Forschungsstruktur gesteckt wurden. Wenn in den 1970ern ein Corpus aufgebaut worden wäre, wäre das ÖWB heute methodisch wohl die unangefochtene Nummer 1 am deutschsprachigen Wörterbuchmarkt. Man beendete just zu der Zeit auch die Kommunikation mit der Öffentlichkeit und die Konsultationsarbeit, die die 1. Auflage kennzeichnete.

Im Jahre 1990 verkaufte das ÖWB nach Angaben eines ÖBV-Mitarbeiters pro Jahr noch „etwa 100.000 Exemplare“ im Schulbereich und dazu im Buchhandel beachtliche „ca. 5.000 bis 10.000“ Stück (Retti 1991: 7). Ein Verkaufserfolg, denn bei 15.000 bzw. 25.000 verkauften Stück gibt der Österreichische Buchhandel Gold bzw. Platinum-Sigel aus,[50] die dann das Buch verzieren.

---

48 Siehe dazu, z.B., Hornungs Buch, mit Franz Roitinger, *Die österreichischen Mundarten: Eine Einführung*. Österreichischer Bundesverlag & Hölder-Pichler-Tempsky, Wien 2000.

49 Erkennen Sie übrigens auch die Satzkonstruktion, die für mich Schweizer Hochdeutsch wunderbar widerspiegelt? *Es gab zu reden…*

50 http://www.buecher.at/gold-und-platinbuch/ (10. Juni 2020).

Wie sagt man in Österreich? Wie Jakob Ebner dem *Duden* mehr Österreich verpasste

Wir stehen nun mit dieser Geschichte des ÖWBs in den 1980ern. Zu dieser Zeit gab es, man mag es kaum glauben, schon ein zweites Werk, das die Eigenständigkeit des Österreichischen Standarddeutsch feierte, ab 1980 gar in 2. Auflage. Paradoxerweise wurde es im Duden-Verlag publiziert und zwar schon seit 1969, was es zu einem echten Pionierwerk macht. Anfangs hieß dieses Verzeichnis der österreichischen Wörter, also dieses „exklusive" (nur österreichische Wörter umfassende) Austriazismen-Wörterbuch, *Wie sagt man in Österreich? Wörterbuch der österreichischen Besonderheiten.* Es entstand als Teil einer Reihe, die regionale und nationale Unterschiede des Deutschen herausarbeiten sollten und die damals von der Duden-Redaktion angeregt wurde.

Dr. Jakob Ebner, der nach seinem Germanistikstudium von 1968–71 bei *Duden* Redakteur war, nahm sich des Themas an und wurde ein Pionier der Erforschung des Österreichischen Standarddeutsch. Nach seiner Rückkehr nach Oberösterreich betrieb er seine Forschung neben der Arbeit als Schullehrer und überarbeite sein Buch mehrmals. Seit 2019 liegt das Werk nun mit dem viel besseren Titel *Österreichisches Deutsch: Wörterbuch der Gegenwartssprache Österreichs* vor. Es ist, mit ca. 8.000 Einträgen, die bisher beste Liste an Austriazismen. Neben diesem Werk zeichnet Ebner auch für das *Österreichische Schulwörterbuch* von Duden verantwortlich, sowie generell für die österreichbezogenen Komponenten anderer Duden-Produkte. Da in der Regel, mit Ausnahme von Ebners zwei eigenen Wörterbuchpublikationen, die Einträge von anderen Herausgeber*innen ausgewählt werden, ist deren Aufnahme begrenzt.

Was zeigt uns das Engagement dieses Pioniers der Erforschung des Österreichischen Deutsch? Wir sehen, dass es nicht – wieder nicht, so wie beim ÖWB – die akademisch-institutionalisierte Germanistik war, die dieses Desideratum zum Österreichischen Deutsch aufgriff. Es war ein Privatmann, der es auf sich nahm, dem Duden-Verlag zu einer nennenswerten österreichischen Dimension zu verhelfen.

Hier gibt es eine auffallende Parallele zum Kanadischen Englisch. Wer war der „Entdecker" dieser Standardvarietät? In erster Hinsicht auch ein Privatmann, ein Wort-Geek, ähnlich wie Jakob Ebner einer sein muss. Dieser Mann, Charles J. Lovell, ist gänzlich unbekannt in sprachwissenschaftlichen Kreisen in Kanada, weshalb ich ihm eine Biographie gewidmet habe (*Creating Canadian English: the Professor, the Mountaineer, and a National Variety of English*, Cambridge University Press, 2019). Lovell ist der *Mountaineer*, der Bergsteiger, dessen Liebe zu Wörtern noch größer war als zu den Bergen. Leider verstarb er im Alter von 52 Jahren, was seinen entscheidenden Anteil an der Forschung sehr schnell in Vergessenheit geraten ließ. Doch es war Lovell, der das kanadische Forschungsestablishment überzeugte, allen voran Walter Avis, den *Professor* im Buchtitel, dass es einen neuen Standard gibt, dem man sich widmen müsste.

Jakob Ebner hat eine ähnliche Bedeutung für Österreichisches Deutsch wie Lovell für Kanadisches Englisch. Ähnlich wie bei Lovell kann Ebners Arbeit nur schwer überbewertet werden. Wo die akademische Forschung bis heute bei der Kodifizierung des Österreichischen Standarddeutsch auslässt, springen ÖWB und Ebner in die Bresche. Letzterer nun, als Ein-Mann-Institution, seit über 50 Jahren. Ebners Wörterbuch der Austriazismen wurde als wenig bedrohlich wahrgenommen. Beim ÖWB war das gänzlich anders.

Die Kritiker des ÖWB: Deutschnationale, Deutsche, manch österreichische Literati

Wer waren die Kritiker des ÖWB? Diese Gruppe besteht aus mindestens drei Lagern, die uns einige Details zum ÖWB offenbaren. Lager 1 sind die Deutschnationalen – gleich, welcher Couleur – da ist vom großdeutschen Träumer bis zum Nazi alles vertreten. Der Duden-Verlag, der seit 1880 seine Wörterbücher im Zuge der 1. Orthographischen Konferenz von Berlin (1876) herausgab, war bald der Platzhirsch und synonym für „deutsche Sprache". Der Rechtschreib-*Duden* war demnach auch das Wörterbuch der Deutschnationalen und später auch der Nazis.

Nach dem 2. Weltkrieg, als es um den Wiederaufbau in einem demokratischen Sinne im Gegensatz zu Nazi-Deutschland ging, wurden alle Schulwerke neu bearbeitet, in Zuge dessen man sich auch eines neuen, entnazifizierten und auf Österreich zugeschnittenen Wörterbuches annahm. Welches bessere Signal des kulturellen Neuanfanges nach der Nazizeit konnte man setzen, als ein eigenes amtliches Wörterbuch, das auch im Schulgebrauch akkreditiert wurde, zu formen? Aufgrund dieser Tatsache sollte es daher kein Wunder sein, dass nicht wenige Kritiker*innen des ÖWB politische Motive hatten und dem Dritten Lager – der historischen Verheimatung der FPÖ – nahe standen.

Die Berichterstattung über das ÖWB war im Vorfeld gespalten, aber nach Publikation Ende 1951 war sie, nach Hauptbearbeiter Krassnigg, völlig negativ. Das war insofern höchst seltsam, als dass von Anfang an auf größtmögliche Transparenz gesetzt wurde: eine Wörterbuchkommission unter Leitung eines Ministerialrates wurde gegründet, Fragebögen wurden an Schulen ausgeschickt, ein Wettbewerb wurden geschaffen, deren Gewinner sogar Sitze in der Kommission zugewiesen wurden. Am Ende des Prozesses wurden die Druckfahnen den Ministerien zur Stellungnahme vorgelegt. Krassnigg sagte über die Stimmung nach der Publikation, dass das ÖWB

> als ein gänzlich überflüssiges, zeitbedingtes, feindseliges Unternehmen gegen die Sache des Gesamtdeutschtums hingestellt und seinen Verfassern sogar unterschoben [wurde], eine eigene „österreichische Sprache", das „Hurdestanisch", schaffen zu wollen. (Krassnigg 1958: 156)[51]

[51] Krassnigg, Albert. 1958. Das Österreichische Wörterbuch. *Muttersprache* 68: 155–157.

Die Sache des „Gesamtdeutschtums" ist der wesentlich wichtigere Kritikpunkt, als die Anwerfungen rund um „Hurdestanisch". Die Germanistik hat sich ja nicht gerade als Bollwerk gegen die Nazis aufgedrängt, ganz im Gegenteil, und als solches tat Hurdes in dieser Situation mit dem ÖWB das einzig richtige. Die Deutschnationalen und Nazis sahen die Sache naturgemäß anders. Das Austria-Forum der TU Graz formuliert die Kritik aus diesem Lager folgendermaßen:

> Trotz heftigster Angriffe der [deutsch-]„nationalen" Kreise setzte Hurdes diese Taktik [der Österreichifizierung] weiter fort, im Bemühen um eine eigenständige kulturelle und sprachliche Identität [...]. Immerhin schaffte es der Minister, in diesen chaotischen Zeiten für Lehrpersonal zu sorgen – dazu dienten auch „Schulgehilfen". Einer davon hieß Helmut Zilk. Hurdes schuf einen Schichtbetrieb, baute die zerstörten Schulen wieder auf, erstellte neue Lehrpläne und führte das Schulgebet wieder ein. [52]

Alles in allem erscheint dieser Felix Hurdes hier viel richtig gemacht zu haben, auch wenn er 20 Jahre später – auch ganz zurecht – durch den kabarettistischen Kakao von Bronner/Qualtinger gezogen wurde und seine Ämter zurücklegen musste.

Lager Nummer 2 waren deutsche Sprachbürger*innen. Als dominante Macht im deutschsprachigen Raum verstanden sie die Bedeutung des Österreichischen Deutsch nicht: Österreichisches Deutsch ist kein Angriff auf Deutschland. Im Vorfeld der Publikation gab es erstaunlich viel Medienrummel um das ÖWB, was jedoch kein Resultat von PR und Medienarbeit war, sondern der offenen Konsultationspraxis der Kommission geschuldet ist. Krassnigg fast zusammen:

> Fast die gesamte österreichische Tagespresse brachte durch Monate Stimmen für und gegen das Buch, und selbst in Westdeutschland erschienen in Zeitungen Stellungnahmen zu dem Werk – das noch gar nicht geboren war! Da den Kritikern die Einsicht in die Sache fehlte, schrieben sie begreiflicherweise mehr Dichtung als Wahrheit. (Krassnigg 1958: 155)

Sie müssen nun wissen, dass Wörterbücher selten gelesen und studiert, aber trotzdem gerne kritisiert oder gepriesen werden. Wenn aber einmal der Wurm in der Berichterstattung drinnen ist, kriegen sie ihn nicht mehr hinaus. Im *Spiegel* des Jahres 1962 kann man sehen, wie das ÖWB in Deutschland rezipiert wurde. Der ungenannte *Spiegel*-Autor zeigt ein höchst bedenkliches Bild und benutzt Sprache, die schon allein von ihrer Martialität her an düstere Zeiten erinnert. Ich zitiere etwas mehr vom Text:

> ÖSTERREICH
> SPRACHE
> Paradeiser mit Obers
>
> An der deutsch-österreichischen Grenze wird keine Sprachschranke niedergelassen werden.
> Die Touristen aus der Bundesrepublik werden auch in diesem Jahr nicht Obers verlangen müssen, wenn sie Sahne haben wollen, und nicht Paradeiser, wenn sie Tomaten wünschen. Der

[52] https://austria-forum.org/af/Wissenssammlungen/Essays/Politik/Felix_Hurdes (7 Jun. 2020)

> deutsche Urlauber wird sich nicht im Strecksessel, sondern wie bisher im Liegestuhl sonnen, und seine Kinder werden auf der Kirmes nicht Ringelspiel, sondern Karussell fahren.
>
> Österreichs Spracherneuerer haben jetzt ihren Feldzug gegen die „Überfremdung der österreichischen Sprache durch die deutsche" gestoppt. Wiens „Arbeiter-Zeitung", Zentralorgan der Sozialdemokraten und eifrigste Vorkämpferin einer eigenen Sprache für die Alpenrepublik resignierte: „Lassen wir im Zillertal die Sahne fließen!"
>
> Die Kapitulation an der Sahnefront beendete den 17 Jahre währenden Versuch, aus dem österreichischen Dialekt eine literaturwürdige Schriftsprache zu machen.
>
> (Der Spiegel, Nr 25/1962, S. 62)

17 Jahre? 17 Jahre bis 1962 bringt uns zurück ins Jahr 1945, Ende des Dritten Reiches. Wirklich? Der Autor referiert das Dritte Reich als sprachlichen Idealzustand? Die Sahnefront wird von den Deutschen gewonnen, die Wolgafront 1943 wurde halt bei Stalingrad verloren? Bitte, was soll so etwas? Dieser Beitrag zeigt gut, wie lächerlich und wie wenig informiert manche deutschen Literati und Journalist*innen das Thema aufgriffen. Dass es die *Kirmes* in Österreich nicht gibt, sondern nur den *Kirtag*, wurde nebenbei ganz übersehen. Auch bei den Kommentaren in deutschen Qualitätsmedien zum Protokoll Nr. 10 im Jahre 1994 fanden sich ausschließlich anprangernde („Sprachfanatiker") oder im besten Fall ironisch-lächerlich machende („sprachliche Heimattümelei") Kommentare.[53] Wir werden noch sehen, dass deutsche Kritiker*innen auch heute noch zu den Unsensibelsten gegenüber Österreichischem Deutsch gehören und dass, in der Tat, wir hier einen rhetorischen Topos haben: alles was nicht deutsches Deutsch ist, ist lächerlich.

Das wichtigste Lager der Kritiker ist aber sicher Lager Nummer 3, die österreichischen Literati und professionellen Schreiber*innen, von denen manche mit dem ÖWB nicht zufrieden waren. Nicht irgendwer, sondern Hans Weigel (1908–1991), wesentlicher Mitbegründer des Literaturbetriebes in Wien nach 1945, schrieb noch 1980 im *profil* (Nr. 9/1980), anlässlich der Überarbeitung von 1979, einen Aufruf im Namen einer „Bürgerinitiative zur Enthausmeisterung des Wörterbuches" unter dem Titel „Die Leiden des jungen Wörterbuches". Weigel argumentierte eingangs folgendermaßen: Kinder machen Fehler und berufen sich dabei auf die Lehrer*innen, die, ihrerseits, sich auf das *Österreichische Wörterbuch* berufen. Weigel fährt fort:

> Und ein Wörterbuch kann man nicht zur Rede stellen. Man kann nur in ohnmächtiger Wut die Fäuste ballen. Dies tue ich hiermit. Aber es wird nichts nützen. Denn wir hatten schon rund drei Jahrzehnte lang ein Österreichisches Wörterbuch. Als es zu erscheinen begann, ging ein Aufschrei der Ablehnung durch die Öffentlichkeit. Der Aufschrei ist längst verklungen. Das alte Österreichische Wörterbuch ist geblieben und hat eine siebenstellige Auflage erreicht.
>
> Gelegentlich wurde man dann auf die künftige 35., völlig neu bearbeitete und erweiterte Auflage verwiesen. Jetzt ist sie da (Österreichischer Bundesverlag und Verlag Jugend & Volk). Und man muß neuerlich aufschreien.
>
> Brauchen wir überhaupt ein Österreichisches Wörterbuch. Ja, unbedingt. Aber nicht dieses.
>
> (Hans Weigel *profil* 9/1980, S. 58)

---

53 Lesen Sie nach bei De Cillia (1998: 91–96) in der „Weiterführenden Literatur".

Der wichtigste Absatz in Weigels Kritik ist der letzte, kurze Absatz, der die Wichtigkeit des Österreichischen Deutsch ganz klar herausstreicht. Nur mit den Details war Weigel, der der literarischen Elite angehörte, bzw. diese in gewisser Weise anführte, nicht einverstanden: zu „hausmeisterlich", zu sehr Arbeiterklasse, so kann man seine Kritik zusammenfassen. Solche Kritik kann man von den österreichischen Schreiber*innen bis heute hören.

Benedikt, Hornung und Pacolt antworten auf Weigels Kritik sachlich im *profil* (Nr. 21/1980) und können wohl den Großteil der Vorwürfe entkräften. Beschreibende Linguistik, sagen sie, und haben damit natürlich recht. Weigel hätte sich halt ein altmodischeres und ein urteilendes – Wörter verdammendes und preisendes – Wörterbuch gewünscht, so wie ein *profil*-Redakteur, der nach der Replik auf Weigels Kritik noch einen dritten Text zum ÖWB verfasste. Reinhard Tramontanas Beigabe macht aber traurig, wenn er da schreibt:

> Denn in ihrem redlichen Bemühen – und an ihrer Redlichkeit zweifle ich nicht –, sich demokratisch, fortschrittlich und weißichwasnochalles zu verhalten und nur ja nichts vorzuschreiben, sind sie so weit gegangen, tatsächlich kaum noch etwas vorzuschreiben, und haben aus einem Standardwerk ein Sammelbecken gemacht: Folgerichtig ist ihnen alles Wonne und Waschtrog.
>
> (Reinhard Tramontana, *profil* 21/1980, S. 62)

Man sieht, dass Tramontana wohl eine Haltung aus der „Complaint Tradition" ausgefasst hat, wie man sie in der Sprachgeschichte seit dem 17. Jahrhundert kennt. Sie lautet ungefähr so: früher, ja früher war mit der Sprache alles besser. Tramontanas Kritik ist für den Inhalt nicht gegenständlich, aber wohl für die Haltung interessant und wichtig. Die Frage muss sein, wie kann man diese Raunzer von der Sinnhaftigkeit überzeugen, dass die jetzige Sprache es wert ist, beschrieben zu werden?

Der Duden und das *Österreichische Wörterbuch* heute

Wie ist das mit dem *Österreichischen Wörterbuch* aber heute? Es gibt keine*n Österreicher*in, oder in Österreich Sozialisierte*n, der/die es nicht kennt. Fangen wir mit einer Einsicht Peter Wiesingers aus dem Jahr 1995 an, also von einem institutionell abgesicherten Professor für Deutsche Sprache an der Uni Wien und Forscher zum Österreichischen Deutsch. Wiesinger schrieb um die Zeit von Österreichs Beitritt zur EU, dass

> sich nun in der Zweiten Republik zunehmend ein österreichisches Nationalbewußtsein bildet und verfestigt, zu dem auch die Sprache beiträgt. Wesentlicher äußerer Ausdruck dafür ist das ab 1947 im Auftrag des Bundesministeriums für Unterricht erarbeitete und 1951 erschienene „Österreichische Wörterbuch", das nun in fortgeführter 37. Auflage von 1990 vorliegt und als lexikographisches Nachschlagewerk für die österreichischen Schulen verbindlich ist. Zugleich zeigt sich anhand der darin festgehaltenen Austriazismen und der Markierung von in Österreich

> ungebräuchlichen Ausdrücken der Standardsprache in Deutschland besonders mittel- und norddeutscher Herkunft, daß die deutsche Sprache in Österreich eine eigene Varietät bildet.
> (Wiesinger 1995: 60)

Ja, das stimmt sicherlich. Nach einer beträchtlichen Skepsis bis in die 1960er-Jahre, mauserte sich das österreichische Nationalbewusstsein über die 1970er – Karl Schranz, Annemarie Moser-Pröll, Cordoba, Franz Klammer und Niki Lauda – bis es 1994 als feste Größe bei über 80% der Österreicher*innen ausgewiesen wurde. Es wäre daher komisch, wenn sich das neu gefundene Bewusstsein – *mia san wieder wer und mia wissen's* – nicht auch sprachlich durchsetzen würde.

Was Wiesinger diesem richtigen Befund aber dann nachstellt, ist gleichbedeutend mit einer tief verwurzelten Skepsis in der Germanistik, dass Österreichisches Deutsch alle Funktionen des Deutschen Deutsch übernehmen kann.

> Das bedeutet, daß aus binnendeutscher [BRD+DDR] Sicht sprachliche Varianten etwa in der Schweiz und in Österreich als Abweichungen erscheinen und eine Sonderstellung einnehmen, indem sie in den betreffenden Ländern zwar durchaus standardsprachlich-normativ gelten können, aber hinsichtlich einer wünschenswerten, allseits verbindlichen Norm des Deutschen als Einheitssprache eben Regionalismen ohne Normanspruch darstellen.
> (Wiesinger 1995: 61)

Diese Passage zeigt schön das Problem dieser „wünschenswerten" Norm für alle, die von Teilen der Germanistik noch immer ersehnt wird. Österreichisches Standarddeutsch als ebenbürtig zu betrachten und gleichzeitig der Idee eines Standards für alle verpflichtet zu sein, ist natürlich ein Widerspruch in sich.

Ein Problem der Wörterbuchbranche, seitdem Wiesinger diese Zeilen geschrieben hat, war die Digitalisierung, die im Publikationsbereich in den 1990er Jahren sehr rasch voran schritt und dem Papier-basierten Wörterbuchmarkt ganz gehörig zusetzte. So sehr, dass kein Stein auf dem anderen bleiben sollte. Was den englischen Markt betrifft, waren bis 2008 die Hälfte aller Wörterbuchfirmen und -verleger vom Markt verschwunden. Im deutschsprachigen Markt, und der im Vergleich anfangs eher zurückhaltenden Nutzung der digitalen Medien, war das nicht ganz so drastisch, doch war auch hier klar, dass die Zukunft des ÖWBs im digitalen Bereich liegen müsste.

8.000 Wörter: die Spitze des Eisberges

Wie viele Unterschiede zwischen Österreichischem Deutsch und Deutschem Deutsch gibt es? Das kommt auf viele Faktoren an, welche Sprachebenen man betrachtet etc. Wenn wir uns lediglich auf die Wortebene beschränken gehen die Schätzungen, basierend auf Ebners Austriazismen-Buch, von 7.000 Wörtern aus. Mittlerweile wurde die neueste Ausgabe von 2019 auf 8.000 erweitert. Man kann also sagen, dass es sicher zwischen 8.000 (oder 3% der ganz großen Wörterbüchern des Deutschen aus) bis zu wohl 45.000 Wörter gibt, die als Austriazismen gelten. Ebners 2019er-Auflage können Sie in der „Weiterführenden Literatur“ finden, die 45.000 kommen von einer Schätzung Rudolf Muhrs. Es kommt eben darauf an, was Sie zählen. Wenn Sie in den Bereich der Fachsprache gehen, finden Sie unter Umständen sehr viel. Muhr und Peinhopf identifizieren in der Rechtssprache allein mehr als 2.000 Ausdrücke, die im österreichischen Recht anders sind als im bundesdeutschen und die bei den 8.000 Unterschieden Ebners zum Großteil nicht mitgezählt sind. Die Geschichte mit dem Gebrauch, Stichwort *Banderole* (s. S. 91), hat generell noch viel Luft nach oben: es existieren oft die gleichen Wörter in beiden Ländern, sie werden jedoch auch unterschiedlich gebraucht – wie *eh*, das in Österreich Standard und produktiv ist, in Deutschland im Standard aber nur in festgesetzen Phrasen verwendet wird, z. B. *wie eh und je*, wie wir gesehen haben.

Potentielle Gefahren des plurizentrischen Ansatzes: „Aufgepasst!“

„Achtung! Aufgepasst!“ Oder, wie manche sagen: „Obacht geben!“ Kann der plurizentrische Ansatz einen dazu verleiten, Unterschiede zu sehen, die es so vielleicht gar nicht gibt? Wie bei jedem anderen Ansatz ist die Antwort natürlich: ja, absolut! Das heißt aber nicht, dass man die Theorie der Plurizentrik vermeiden soll oder gar vermeiden kann. Auch darum, weil der Ansatz ja, wie ich Ihnen gleich zeigen werde, alternativlos ist. Denn wenn Sie ihn *nicht* wählen, dann sehen Sie immer und für alle Ewigkeit nur ein Einheits(brei)standarddeutsch, und das ist, wie wir ja mittlerweile wissen, seit Maria Theresias Zeiten auch in Österreich immer nur von norddeutscher Prägung. Und das kann's ja wohl nicht sein, oder? 1774, Maria Theresias Schulreform, 1815, Napoleons Ende, 1866, Preußen schägt Österreich, 1918, Ende des 1. Weltkrieges, 1945, Ende des 2. Weltkrieges, 1995, Beitritt zur EU, 2020, Coronakrise, 2100, ?: immer nur ein im Norden Deutschlands geprägter Standard für alle? One size fits all? Das wäre doch gar enorm sprach-imperialistisch, wenig demokratisch und soziolinguistisch unpassend.

Was kann man also tun, um sicherzugehen, keine Austriazismen zu proklamieren, wo es vielleicht keine gibt, aber auf der anderen Seite nicht immer alles gleich als Dialekt abzutun? Die Antwort ist: man muss sich der Stärken und Schwächen der Theorie, derer man sich bedient – in unserem Fall Plurizentrik – genau bewusst sein. Man darf darüber hinaus nicht an anderen Maßstäben festhalten, sondern man muss sich ganz und gar dem wissenschaftlichen Spiel, wie es Popper formulierte, ausliefern.

Kein Unterschied: *Problemwolf, neuralgische Stelle,* und *Homeoffice*

Wenn man etwas testet, z.B. Austriazismen, ist es wichtig, immer auch negative Testergebnisse zu dokumentieren. In Kanada haben wir z. B. auch Nicht-Kanadismen ins Wörterbuch aufgenommen, farblich anders hinterlegt und markiert, wie Sie in Abb. 4.7 für *bank rate* 'Über-Nacht-Zinsrate' sehen können (d.h. außer der farblichen Unterlegung). Entgegen der Einschätzung des *Canadian Oxford Dictionary* (COD-

2), dass *bank rate* „besonders (esp.)“ in Kanada Verwendung findet, konnten wir in Chart 1 in Abb. 4.7 zeigen, dass die Frequenzindexpunkte in .ca in etwa nur 1,9 sind, gegenüber 12,5 in den USA und sogar 20,0 in Neuseeland (.nz). Wir geben auch in der „word story“ eine Etymologie ab, die präzise, aber für jede*n zugänglich geschrieben ist. Es ist wichtig diese negative Information zu haben, um die Behauptung effektiv entkräften zu können, dass *bank rate* ein Kanadismus ist.

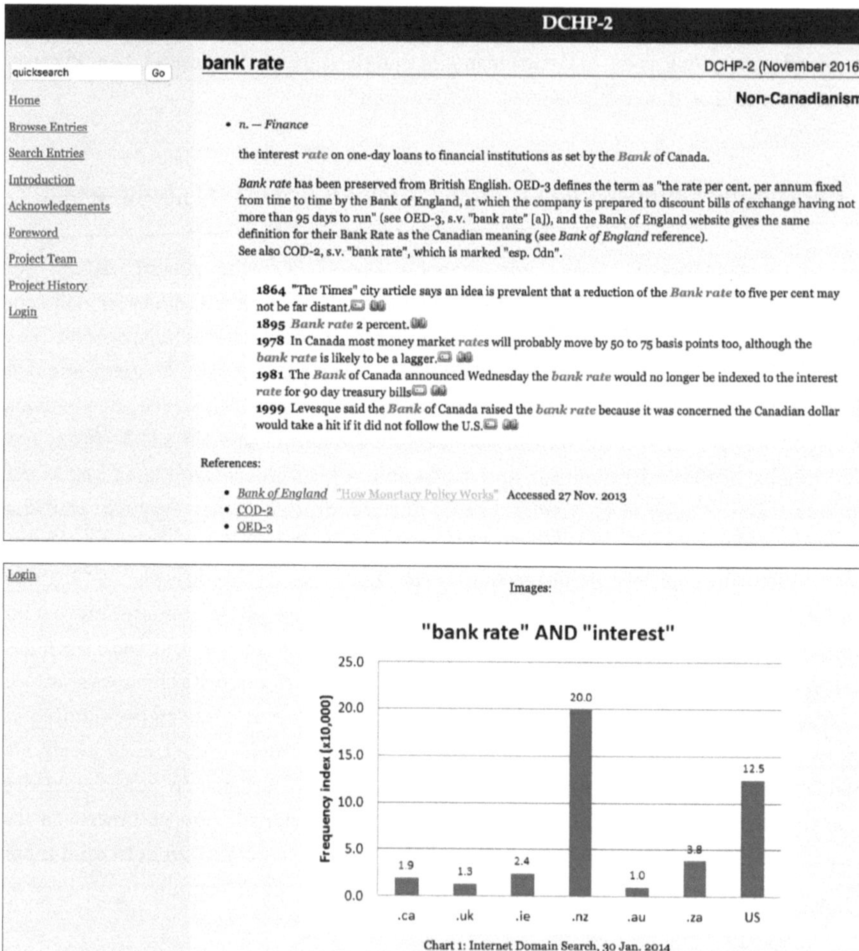

DCHP-2

quicksearch Go

Home
Browse Entries
Search Entries
Introduction
Acknowledgements
Foreword
Project Team
Project History
Login

bank rate DCHP-2 (November 2016)

Non-Canadianism

- *n. — Finance*

the interest *rate* on one-day loans to financial institutions as set by the *Bank* of Canada.

Bank rate has been preserved from British English. OED-3 defines the term as "the rate per cent. per annum fixed from time to time by the Bank of England, at which the company is prepared to discount bills of exchange having not more than 95 days to run" (see OED-3, s.v. "bank rate" [a]), and the Bank of England website gives the same definition for their Bank Rate as the Canadian meaning (see *Bank of England* reference).
See also COD-2, s.v. "bank rate", which is marked "esp. Cdn".

1864 "The Times" city article says an idea is prevalent that a reduction of the *Bank rate* to five per cent may not be far distant.
1895 *Bank rate* 2 percent.
1978 In Canada most money market *rates* will probably move by 50 to 75 basis points too, although the *bank rate* is likely to be a lagger.
1981 The *Bank* of Canada announced Wednesday the *bank rate* would no longer be indexed to the interest *rate* for 90 day treasury bills
1999 Levesque said the *Bank* of Canada raised the *bank rate* because it was concerned the Canadian dollar would take a hit if it did not follow the U.S.

References:

- *Bank of England* "How Monetary Policy Works" Accessed 27 Nov. 2013
- COD-2
- OED-3

Login

Images:

Abb. 4.7: Nicht-Kanadismus *bank rate* im *Dictionary of Canadianisms*, 2. Aufl. (www.dchp.ca/dchp2)

Das gleiche gilt natürlich auch fürs Österreichische Deutsch. Ich dachte, dass *Pappenstiel* vielleicht eine österreichische Dimension hat. Zumindest was die Frequenz angeht, hat er das nicht. (Frequenzindex .at: 1,67, .de: 1,47, kein wesentlicher Unterschied). Der *Problemwolf*, der jetzt nach den Auswilderungen sein Unwesen in heimischen Ställen und Gehegen treibt, hörte sich potentiell österreichisch an. Ist er aber nicht. Genausowenig wie *neuralgische Stelle*. Die Erkenntnisse wurden mit der DCHP-2 Methode, von Seite 91, rasch und unkompliziert gewonnen. Wir betrachten diese drei Wörter, *Pappenstiel*, *Problemwolf* und *neuralgische Stelle*, daher derzeit nicht als Austriazismen – bis wir vielleicht bessere Daten, vielleicht diskursspezifische kriegen, mit denen man Anhäufungen von Tokens – Verwendungen – in einem Bereich wahrnehmen kann.

Nur so funktioniert das wissenschaftliche Spiel: eine Hypothese steht nur so lange, bis sie widerlegt wird. Das nennt man Falsifizieren. Verifizieren – auf alle Zeit beweisen – ist nie möglich, weil ja immer neue Daten oder Datenlagen hervortreten können. Mehr dazu in der Popper-Sektion im nächsten Kapitel.

Die englischen Lehnwörter, wie *Job*, oder englisch inspirierte Lehnschöpfungen wie *Handy*, *Wellness*, oder jetzt *Homeoffice*, verdienen kurze Erwähnung. Diese drei Begriffe werden wohl auch eher Teil des überwiegenden Bereichs des Wortschatzes sein, den sich alle Standardvarietäten teilen, obwohl ich mir gut vorstellen kann, dass *Wellness* andere Verwendungen in Österreich finden kann, schon alleine aufgrund des geografisch sehr eng gestaffelten und weit verfügbaren Angebots in manche Regionen, z.B. im Salzkammergut. Da müßte man fast auf Exkursion in die Kaisertherme nach Bad Ischl fahren, um dieser Vermutung auf den Grund zu gehen.

5 Österreich als Problemgröße in der Germanistik?

Man sagt, die Wissenschaft ist der Forschung und Wahrheit verpflichtet. Der Forschung, ja, aber der Wahrheit manchmal nur in dem Ausmaß, in dem es in die eigene Forschungsgeschichte passt. Das mag vielleicht schlimm klingen, kann es auch wirklich sein, ist aber an sich, wenn man es sich genauer überlegt, nur logisch. Warum das? Welche*r Wirtschafstreibende*r, welche*r Politiker*in, welche*r Angestellte*r würde den Interpretationsspielraum nicht nutzen, um sich in besseres Licht zu stellen?

So ungefähr kann man sich akademische Wissenschaftspolitik vorstellen: manchmal geht es auch hier nicht um das richtige, sondern um das gefällige, das passende und nur manchmal gewinnt tatsächlich die „beste“ Idee. Zum Thema Österreichisches Deutsch haben wir aus den 1990ern eine beeindruckende Fallstudie, die zeigt, dass auch Wissenschafter*innen nicht immer von Argumenten lernen. Das Unterbinden von neuem Wissen ist häufiger der Fall, als man das glauben möchte.

Akademische Gruppendynamik: Regelfall und Ausnahme

Fälle des Wissenschaftslobbying gibt es sonder Zahl, die Wissenschaftsgeschichte kann hier viele Beispiele aufbieten. Semmelweis und das Kindbettfieber hätte eine Erfolgsgeschichte für die Wiener Medizin sein müssen, aber ruinierte den Arzt und half niemandem, außer den Egos der etablierten Wiener Ärzte. Ignaz Semmelweis arbeitete in den 1840ern in Wiener Krankenhäusern, zu einer Zeit, als die Geburtensterblichkeit sehr hoch war. Ihm fiel auf, dass in einer Abteilung, in der nur Hebammen arbeiteten, die Sterblichkeit viel geringer war, als in einer anderen, in der Ärzte mit anpackten. Er vermutete, dass die Ärzte, die oft von Operationen direkt in den Kreißsaal kamen, durch ihre von den Operationen mit Keimen verunreinigten Hände die Frauen mit Krankheitserregern infizierten, was dann oft zum Tod führte.

Semmelweis wurde ausgelacht und der Lächerlichkeit preisgegeben, was auf seinen beruflichen Werdegang als Arzt besonders negative Auswirkungen hatte. Der Fall Semmelweis ist typischer als man glaubt, ein Fall, in dem Erkenntnissgewinn und Wissen nicht Ernst genommen wurden, wo der Stolz der Oberärzte jedwede Möglichkeit, dass Semmelweis recht haben könnte, ausblendete. Semmelweis wurde zeitlebens nie rehabilitiert, weshalb man die Unterdrückung von unbequemer Forschung heute auch Semmelweis-Effekt nennt.

Dasselbe muss man über andere berühmte Fälle sagen: Salk, der Erfinder der Polio-Impfung, war nicht Teil des Establishments, sondern ein junger Unbekannter mit einem kleinen Laborteam. Er sollte, obwohl er die Welt als erster von einem Übel in den 1950ern befreite, nicht in die scientific community aufgenommen werden. Oder

Einstein, der ohne seinen Förderer Max Planck wohl nie eine Chance gehabt hätte, seine damals als abstrus betrachteten Ideen durch die informellen Zensurmechanismen der etablierten Physik zu bekommen.

Das Verhalten, die eigenen Erkenntnisse auf Gedeih und Verderb und oft bis ins Grab zu verteidigen, ist eine jener Unsitten der Wissenschaft, die es noch entschiedener zu bekämpfen gilt. Wenn in der Ausbildung, zumindest im Doktoratsstudium, nicht explizit akademisch redliches Verhalten gelehrt und, vor allem, demonstriert und gelebt wird, ist es fast unvermeidlich, dass die soziale Komponente Wissen behindert. Ich hatte eine Lehrstunde in dieser Hinsicht, als einer meiner Lehrer, Prof. Nikolaus Ritt, in einer Festschrift für seinen (und meinen) Lehrer Prof. Herbert Schendl einen Artikel publizierte, in dem er eine seiner Ideen radikal demontierte, d. h. zeigte, dass sie unrichtig war und den Artikel[54] mit den Worten schloss, *now that the beast [the research idea] is dead, I present its head as a trophy to you* „jetzt, da das Biest tot ist [die Forschungsidee], präsentiere ich Dir seinen Kopf als Trophäe". Wir sehen, was im Wissenschaftsbetrieb immer die Oberhand behalten muss: die bessere Idee, egal von wem sie kommt, besonders dann, wenn es die eigene untergräbt, ganz unabhängig vom Stand der Ideengeber.

Innerösterreichische Kritik: Scheuringers Umkehrschwung

Wenden wir uns nun wieder dem Österreichischen Deutsch zu. In der Genese des Feldes ist für mich ein Sammelband aus dem Jahre 1995 eine Sternstunde. Dieser Band ist wichtig, weil er die Breite der Zugänge schon damals klar offenlegte und das besser tut, als man das in der aktuellen Literatur vorfindet. Dieser Band, *Österreichisches Deutsch: linguistische, sozialpsychologische und sprachpolitische Aspekte einer nationalen Variante des Deutschen*, herausgegeben von Rudolf Muhr, Richard Schrodt und Peter Wiesinger, ist ein sehr wichtiger Band (zu finden in der „Weiterführenden Literatur"). Dass er heute kaum mehr rezipiert wird, d. h. die Kolleg*innen in der Germanistik ihn fast nie zitieren, ist ein Indiz, dass nicht alles eitel Wonne im Fach ist. Der damals ranghöchste Forscher zum Österreichischen Deutsch, Peter Wiesinger, heute emeritierter Professor der Germanistik in Wien, schrieb in dem besagten Band als ausgewiesener Experte[55] folgendes:

> Nach nunmehr rund 40 Jahren nimmt heute das österreichische Deutsch, obwohl es keine völlige Einheit bildet, als regionale Variante des Deutschen seinen festen, allseits anerkannten Platz ein. (Wiesinger 1995: 65)

[54] Nikolaus Ritt, S. 316 in Smit, Ute et al. (eds). 2007. *Tracing English Through Time: In Honour of Herbert Schendl on the Occasion of his 65th Birthday*. [Austrian Studies 95]. Wien: Braumüller.

[55] Sehen Sie dazu Peter Wiesinger. 2014. *Das österreichische Deutsch in Gegenwart und Geschichte*. 3. Aufl. Berlin: Lit.

In dieser bejahenden Aussage sehen wird gleichzeitig auch ein Kernproblem, das man bei manchen, die im Prinzip für das Österreichische Deutsch schreiben, oft antrifft. Denn Österreichisches Deutsch ist vieles aber *regional* ist es nur jenseits des österreichischen Standards. „Regional" heißt automatisch auch *nicht Standard,* d.h. wir bewegen uns auf den Ebenen der Dialekte, mit denen die Germanistik ja keinerlei Problem hat. Regionales Deutsch ist Münchner Deutsch, Saarländisch und auch Mühlviertler Umgangssprache. Aber Österreichisches Hochdeutsch ist *nicht regional* im Sinne von wesentlicher Variation innerhalb des Landes. Was dann im Text folgt, zeigt Wiesingers konservative Haltung:

> Bei genauerer Betrachtung aber bietet die Bezeichnung „nationale Variante" bzw. „nationale Varietät" die Möglichkeit, über den realen Sprachzustand [...] unter Vernachlässigung der überwiegenden, allgemein verbindlichen deutschen Gemeinsamkeiten das nationale Moment ungebührlich hervorzukehren und die Varietät als selbständige, territorial abgegrenzte, staatsgebundene Sprachform im Sinne einer Nationalsprache hinzustellen und dann entsprechende Kodifizierungen von Grammatik und Wortschatz zu verlangen, um auf diese Weise in formaler Abgrenzung eine Identität von Staatsnation und Sprache, allerdings gegen die sprachliche Realität, zu erreichen.
>
> (Wiesinger 1995: 65–66)

Wiesinger nimmt mit dieser Relativierung die Existenz des Österreichischen Standarddeutsch auch gleich wieder zurück. Er betrachtet Österreichisches Deutsch als nicht standardfähig und postuliert eine „sprachliche Realität", die auf einer Konzeption von Deutsch vor 1866 zurückgeht und Spracheinstellungen hintan stellt. Er argumentiert so, als ob es „natürliche" Standardsprachen und „künstliche" geben würde, sodass wir beim Österreichischen Standarddeutsch, das wohl „künstlich" wäre, einen Trennstrich ziehen müssten. Wir halten dem Regel Nummer 1 aus dem 2. Kapitel entgegen:

Regel Nummer 1: Standardsprachen sind künstlich geschaffene Sprachen (geschaffen von Menschenhand). Das einzig natürlich Vorkommende waren und sind (traditionelle) Dialekte. Selbst diese sind aber Wandel unterworfen.

Wir schließen an mit Regel Nummer 3:

Regel Nummer 3: *„Eine Sprache ist ein Dialekt mit einem Heer und einer Kriegsflotte"* (Max Weinreich)

In der Wissenschaft muss man konsequent sein, auch wenn es gegen die eigenen Ansichten gehen sollte. Wie sonst soll man gültige Aussagen erreichen? Daher müssen wir auch dem Österreichischen Standarddeutsch die selben Regeln zubilligen wie (deutschem) Deutsch und Niederländisch und Luxemburgisch, Englisch und nun auch Amerikanischem Englisch und Englischem Englisch, Kanadischem Englisch, ja Jamaikanischem Englisch und Barbados Englisch. Was Englisch betrifft, hat sich die plurizentrale Sichtweise schon spätestens in den 1980ern durchgesetzt. In der

Wissenschaft kann ich nicht selektiv vorgehen und die drei Grundregeln über den Haufen werfen, nur um eine gedankliche „Einheit des Deutschen“ nicht zu zerstören. Die wurde ja schon längst im Jahre 1866 zerstört, warum sollte dann der Kulturbegriff hier nicht parallel laufen?

Wiesingers 1995er-Artikel ist in diesem Kernpunkt inhärent widersprüchlich, zumal wenig später im Artikel der Ruf nach besserer Vermittlung dieses Österreichischen Standarddeutschen ertönt:

> Bei der österreichischen Bevölkerung müssen Wissensdefizite um das österreichische Deutsch abgebaut werden, indem seine Stellung und seine Eigenheiten im Vergleich zum Gesamtdeutschen schon im Schulunterricht vermittelt und in den für den Deutschunterricht bestimmten Schulbüchern dargestellt werden, was bislang leider nicht der Fall ist.
>
> (Wiesinger 1995: 71)

Diesem Ruf ist zuzustimmen, doch wir sehen, dass der Beitrag dieses ranghöchsten Germanisten widersprüchlich ist. Dennoch schließt der Artikel mit der guten Frage:

> Warum sollten z. B. die österreichischen Varianten *Spengler, Karfiol, Vorgangsweise, durchwegs* und *auf Urlaub gehn* weniger normativ und zulässig sein als ihre bundesdeutschen Entsprechungen *Klempner, Blumenkohl, Vorgehensweise, durchweg* und *in Urlaub gehn* [...]? Österreichisches Deutsch ist kein schlechteres, sondern ein anderes Deutsch.
>
> (Wiesinger 1995: 71–2)

Aus diesen Zitaten wird klar, dass die Beispiele gut sind, jedoch die theoretische Haltung nicht klar ausgearbeitet ist und womöglich von der gängigen Meinung in BRD-Kreisen, der Marburger Schule, beeinflusst ist. Als Germanist ist man ja auf die wissenschaftlichen Diskursgruppen angewiesen, welche hauptsächlich in Deutschland zentriert sind.

Eine weitere Phrase aus Wiesingers Zitaten ist bemerkenswert, wenn dort von den „überwiegenden, allgemein verbindlichen deutschen Gemeinsamkeiten“, zwischen Deutschem Standard und Österreichischem Standard, geschrieben wird. Wie groß sind denn diese Gemeinsamkeiten, wie groß sind die Unterschiede? Wir sind bei einer Kernfrage der Diskussion gelandet: sind die Unterschiede zwischen Österreich und Deutschland „groß genug“?

„Zu geringer Unterschied“: von Menschen und Schimpansen

Wie unterschiedlich, wie verschieden, müssen zwei sprachliche Varietäten sein, um als unterschiedliche Sprachen oder auch „nur“ als unterschiedliche Standardvarietäten zu gelten? Viele erwarten sich hier eine klare, alles entscheidende, wissenschaftlich objektiv feststellbare Antwort: ab wann ist das Maß erreicht, um nicht mehr von Varietät A zu sprechen, sondern von Varietät B und C? Das mag zwar logisch und vernünftig klingen und, in der Tat, die Idee der „Schwelle“ ist in der Sprachwissenschaft weit verbreitet. Seit den 1980ern gibt es Meinungen, die besagen, dass die „Abweichungen“ „nicht ausreichen“:

> Soweit diese Abweichungen in den Normenbüchern ... kodifiziert sind, reichen sie meines Erachtens nicht aus, von einer nationalen österreichischen Variante der deutschen Hochsprache zu reden, zumal es landschaftliche Wortschatzunterschiede ja auch sonst im Binnendeutschen gibt.
>
> (Reiffenstein 1982: 13, zitiert in Wiesinger 1995: 65)

Dieses Urteil reicht von Reiffenstein bis zur neuen Generation, die zum Österreichischen Deutsch sagt, dass die Unterschiede „zu gering" sind. Diese Unterschiede begründen, so das Argument, keine Varietät – they „hardly make a variety" :

> Man kann argumentieren, dass weniger als zwei Prozent Variation in standarddeutscher Lexik und Aussprache und sogar noch weniger in der Grammatik keine „Varietät" begründet. [meine Übersetzung]
>
> Im Original: One can argue that less than two per cent of variation in standard German lexis and pronunciation and even less variation in grammar does hardly make a 'variety'.
>
> (Elspaß & Niehaus 2014: 50)

Diesen Einschätzungen muss man widersprechen, schon allein aus dem Grund, dass es keinen unteren Schwellenwert gibt, der eine Varietät begründet. Was wir wissen, ist, dass es theoretisch zumindest *einen* solchen Unterschied geben muss. Es muss auch nicht einmal ein „objektiver" Unterschied sein, da es genügt, wenn Sprecher*innen von einem Unterschied ausgehen, wenn sie einen solchen wahrnehmen.

Da die Daten der Skeptiker solche Allgemein-Aussagen wie von Elspaß & Niehaus nicht unterstützen, bedeutet es, dass es sich hier um Privatmeinungen handelt, die nicht als solche gekennzeichnet wurden. Gut, Germanist*innen sagen etwas zum Österreichischen Deutsch. Was sie aber nicht dazu sagen, ist, dass sie keine Daten zur Frage haben, wie viel Unterschied genug ist, bzw. nicht berücksichtigen, welche Unterschiede als wichtig und identitätsstiftend empfunden werden. Letzteres können sie gar nicht haben, weil ja die Existenz des Faktors österreichische Identität im anti-plurizentrischen Modell keine Rolle spielt. Alles, was dieses Modell kennt, sind regionale Identitäten, wie in Abb. 2.4 gezeigt.

Ich werde Ihnen mit einem Vergleich veranschaulichen, warum die Aussage der „weniger als zwei Prozent" von Elspaß (arbeitet in Salzburg) und Niehaus (arbeitet in Innsbruck) vielleicht im BRD-Kontext Sinn macht, aus dem beide kommen, aber nicht im relevanten österreichischen. Im Popper-Kapitel sehen wir uns später einige sehr triftige Gründe an, hier aber möchte ich Ihnen den vielleicht besten Grund servieren, warum das Argument der „zu wenigen" Unterschiede aus der Luft gegriffen ist. Nehmen wir an, dass die 2%, die Elspaß und Konsorten kolportieren, stimmen.

Diese 2% basieren auf einer Zählung der Phänomene, also *Jänner* (nicht *Januar*) ist ein Unterschied, *Erlagschein* (nicht *Zahlschein*) ein weiterer. Die Wendung *passt scho* 'lass ruhig sein, es ist in Ordnung' ist ein dritter. So kommen Sie, langsam auf 8.000 Unterschiede, oder eben 2–3%, wenn man einen Wortschatz von ca. 220.000 Wörtern im der deutschen Allgemeinsprache zugrunde legt. Hier aber liegt der Haken: wie oft sagen, schreiben, hören oder lesen Sie *Jänner* im Jahr? Von November bis Februar, im ganzen Land, sehr oft und auf Österreich umgerechnet wohl viele Milliarden mal im Jahr. *Jänner* wäre im anti-plurizentrischen Modell aber lediglich *ein* Unterschied. Ja, schon, aber ein Unterschied, der milliardenfach instrumentalisiert wird, und das jeden Winter! *Jänner* ist ein hochfrequenter, in diesem Fall ziemlich kategorischer Unterschied, der schon bei der Datumszeile zeigt, dass man aus Österreich kommt.

Sehen Sie nun, was die Kritiker*innen auslassen? In der sprachwissenschaftlichen Fachsprache sagt man, dass die Anti-Plurizentriker*innen lediglich *Typen* zählen, aber nicht, wie und wie oft diese Typen verwendet werden (diese Häufigkeit heißt *Tokens*). *Jänner* mag zwar nur ein *Typ* sein, kommt aber in Milliarden von Zusammenhängen, in Milliarden von *Tokens* vor. Was auch nicht beachtet wird, ist, welche Wichtigkeit der Form *Jänner* von den Sprecher*innen subjektiv zugemessen wird. Für mich, z. B., ist der Unterschied wichtig. Ich würde unter normalen Umständen niemals *Januar* schreiben. Warum auch?

Aber nun zum vielleicht einfachsten Argument, warum die Argumentationsline der „zu geringen Unterschiede“ ein Non-Sequitur ist, also der Logik entbehrt. Das zeige ich Ihnen mit einem weiteren Vergleich. Wie viel Unterschied braucht man, um als eigenes „Ding“ zu gelten. Sehen wir uns an, wie das die Natur macht. In der Biologie sind die Typen die Gene und die Tokens sind die jeweiligen Ausformungen und Effekte dieser Gene. Wie sieht das also aus mit den Genen zwischen Menschen und, sagen wir, Schimpansen? Der Unterschied ist nur 1,5%. Menschen und Schimpansen teilen sich also 98,5% der Typen, des Erbgutes. Keine/r würde nun auf die Idee kommen zu sagen, dass Menschen und Schimpansen 98,5% der Gene (Typen) sich miteinander teilen, aber dass der Unterschied wohl kaum eine neue Spezies darstellt, sondern nur Variation innerhalb einer Spezies von Affen mit aufrechtem Gang ist. Ein Außerirdischer könnte das wohl so sehen, das heißt aber auch, dass Mitglieder der Gruppe *Deutsche forschen in Österreich* derzeit wie Außerirdische das Österreichische Deutsch interpretieren. *Wia vun an aundern Stern. A difference of 1.5% „hardly makes a" species*, würden Elspaß & Niehaus nun analog sagen müssen.

Genauso ist es mit Sprache: einfache Bohnenzählerei genügt hier nicht, und wenn man schon Bohnen zählt, dann bitte die Tokens, nicht nur die Typen.

1984/85: Sarajevo, Bormio und ... Victoria (Britisch-Kolumbien)

Gehen wir zurück in die Zeit, als Niki Lauda spektakulär mit dem verschwindend kleinen Vorsprung von einem halben Punkt vor Alain Prost die Formel-1 Weltmeisterschaft des Jahres 1984 gewann. 1985 hatte er dann ka Leiberl mehr. Abseits der Formel 1 gab es 1984 Olympische Winterspiele in dem wenige Jahre später ausgebombten Sarajevo. Winterspiele mit einer für Franz Klammer viel zu leichten, d. h. zu wenig selektiven Herren-Abfahrt. Auch Klammer hatte ka Leiberl.

Linguistisch sahen die Jahre 1984/85 erst ganz anders aus, so, als ob sie sehr wichtige Neuerungen in Bezug auf Forschungen zum Österreichischen Deutsch bringen würden. Für den internationalen Beobachter musste es so aussehen, als ob die Germanistik in Österreich einen Riesenschritt nach vorne machen würde. Michael Clyne, aus einer österreichischen Emigrantenfamilie, die nach Australien auswanderte (die Kleins), hatte sich Gedanken zum Österreichischen Deutsch gemacht: Plurizentrik nannte er den Ansatz, den Clyne – mit einigen Jahrzehnten Verspätung gegenüber dem Englischen – nun auch, abseits des ÖWB, in dem Jahr theoretisch in die Germanistik einführte.

Gleichzeitig ging auch eine neue Generation von Forscher*innen ans Werk und einer von ihnen, Hermann Scheuringer, fuhr sogar auf die international führende Konferenz zur Dialektologie, der *Methods in Dialectology*, nach Victoria, Britisch Kolumbien. Die Konferenz fand damals zirka 2 km die Straße hinauf statt von wo ich jetzt gerade sitze und diese Zeilen schreibe. Die Welt ist wahrlich ein Dorf. Scheuringer war also junger Dissertant auf der besten Konferenz mit einem ziemlich super Vortrag. Was er nun Koryphäen wie Peter Trudgill, Jack Chambers und anderen auf Englisch mitteilte, war wirklich sehr modern, sehr konsequent und in seiner Tragweite bewundernswert.

Den Artikel, der aus dem Vortrag herausging,[56] kennt in der Germanistik aber keine*r. Das ist auch kein Wunder, weil er so anders ist als alles, was Scheuringer die nächsten 35 Jahre von sich geben würde: so *ganz* anders. Was ist hier passiert? Wurde der Jungforscher eingeebnet? Schwenkte er wegen harten Gegenwindes um und, in der Folge, wie Konvertiten in anderen Bereichen, mauserte er sich dann zu einem der energischsten Verneiner der Plurizentrizität des Deutschen? Diese Interpretation ist deshalb möglich, weil der Umbau des Gedankengebäudes in seinen Publikationen nicht dokumentiert ist. Hätte er gesagt, bis 1984/85 dachte ich so, aber heute denke ich so, weil [ausführliche Begründung in der Länge eines Aufsatzes], hätte man seine Begründung angreifen können. Weil es diesen Text nicht gibt, kann ich nur den nicht erklärten Theorieschwenk angreifen.

Voreingenommene Forschungen zum Österreichischen Deutsch?

Im Juli 2016 reiste ich zu einer Konferenz nach Wien. Die Konferenz war betitelt „Deutsch in Österreich". Sie wurde veranstaltet von einer neuen Riege von Professor*innen, die relativ kurz zuvor an österreichische Lehrstühle berufen worden war. Meine Spannung war groß, war ich doch mit einem Vortrag angetreten, der die krassen Inkompatibilitäten und Widersprüche zwischen der internationalen Forschung und der Germanistik aufzeigen sollte.

---

[56] Scheuringer, Hermann. 1985. The state border as a dialect border – on the necessity of dialect geography in dialectology. In Warkentyne, Henry J. (Hg.). *Papers from the Fifth International Conference on Methods in Dialectology*, 443–455. Victoria: University of Victoria.

Der erste Vortrag der Konferenz wurde kurzfristig abgesagt, und ein Ersatzvortrag angesetzt. Ich war verwundert, was ich da hörte. Ich hätte mir nicht vorgestellt, dass im Eröffnungsvortrag einer Konferenz in Wien zum Thema Österreichisches Deutsch die Existenz eben dieses Deutsch in Frage gestellt werden würde. In einer als innovativ präsentierten Studie wurde ausgeführt, dass der BRD-Standard in Österreich als „reines Hochdeutsch“, mehr als der ORF-Standard, empfunden wurde. Es sei „bemerkenswert“

> in wie hohem Maße die bundesdeutsche Sprachprobe eines geschulten Standardsprachesprechers von allen Beurteilern, ob nun aus Deutschland, Österreich oder der Schweiz, als „reines Hochdeutsch“ akzeptiert wird.[57]

Der Schluss daraus war dann die Aussage, dass zwei gleichberechtigte Standards in Österreich, Deutsches Hochdeutsch und Österreichisches Hochdeutsch, Verwendung finden. Wirklich? Das stimmst so gar nicht mit gelebter Erfahrung zusammen. Klingen Sie in Österreich wie Thomas Gottschalk, Sandra Maischberger, Michael Steinbrecher, Günther Jauch, Helene Fischer oder Mai Thi Nguyen-Kim, sind sie zuerst einmal eins: ein*e Außenseiter*in.

Jedenfalls zeigt diese Überraschung im Ergebnis, dass sich der Forscher in Österreich nicht gut auskennt. Die Südtiroler Dissertantin Silvia Hofer (2020: 21) fasst zum hohen Prestige des Bundesdeutschen zusammen: schon „Ammon (1995) und Clyne ([1984], 1992) stellen fest, dass das bundesdeutsche Deutsch bei SprecherInnen in der Regel ein viel höheres Ansehen genießt“. Die Spatzen pfeifen's von den Dächern, aber Marburger Kolleg*innen verkaufen das als „neue“ Erkenntnis und bauen, darauf fußend, die Modellierung des Deutschen so drastisch um, dass alle Sprecher*innen mit Volldampf auf den einen Standard aus Deutschland hinsteuern.

Schauen wir uns kurz diese Daten an. Gefragt wurden Studierende der Germanistik um Bewertungen von Audiobeispielen. Unterteilt in Dialekt (Di) und Standard (S) und Informeller Standard (IS) für D, A and CH, zeigt Abb 5.1 das Ergebnis. Die Zahl 6 heißt „tiefster Dialekt“, die Zahl 0 „purstes Hochdeutsch“. Das ist schon einmal ein methodisches Problem. Geben Sie solche Fragebögen, ausgeteilt vom Forschungsteam, das vielleicht auch Deutsches Deutsch spricht, in Österreich jemanden, so kriegen Sie Daten, die eine österreichische Eigenständigkeit unterbewerten, weil fast alle Österreicher*innen mit einer gehörigen Portion sprachlicher Unsicherheit – *schön sprechen!* – groß wurden. Dass der Begriff „reines Hochdeutsch“ in Österreich auf Deutschland bezogen wird, ist ein weiterer schwerwiegender Kritikpunkt. In Abb. 5.2 wird auch durch die Institutionsnamen, Deutscher Sprachatlas und PU Marburg, unabsichtlich klar gemacht, dass Deutschland die Bezugsgröße ist, was die Probanden beeinflusst.

---

[57] S. 155 in Herrgen, Joachim. 2015. Entnationalisierung des Standards. Eine perzeptionslinguistische Untersuchung zur deutschen Standardsprache in Deutschland, Österreich und der Schweiz. In Lenz, Alexandra N. & Manfred Glauninger, 139–164. *Standarddeutsch im 21. Jahrhundert: Theoretische und Empirische Ansätze mit einem Fokus auf Österreich.* Wuppertal: V&R unipress.

Der Kernpunkt ist laut Herrgen, dass auch die Wiener*innen (weiße Balken), den ZDF-Sprecher (S-D, in Abb. 5.1) ein klitzekleines bisschen mehr als „pures Hochdeutsch“ einschätzen als den ORF Sprecher (S-A). Der Unterschied zwischen S-D, deutscher Standard, ist zwischen Wien und Freiburg trotz der methodischen Fehler jedoch in Abb 5.1 kaum sichtbar. Auf Grundlage dieser schwachen Daten, dieser nicht neutralen Methodik, die das Phänomen der linguistischen Unsicherheit nicht zu verkleinern versucht, sondern verstärkt, wird geschlussfolgert, dass sich das Deutsche „entnationalisiert“. *Na geh?*

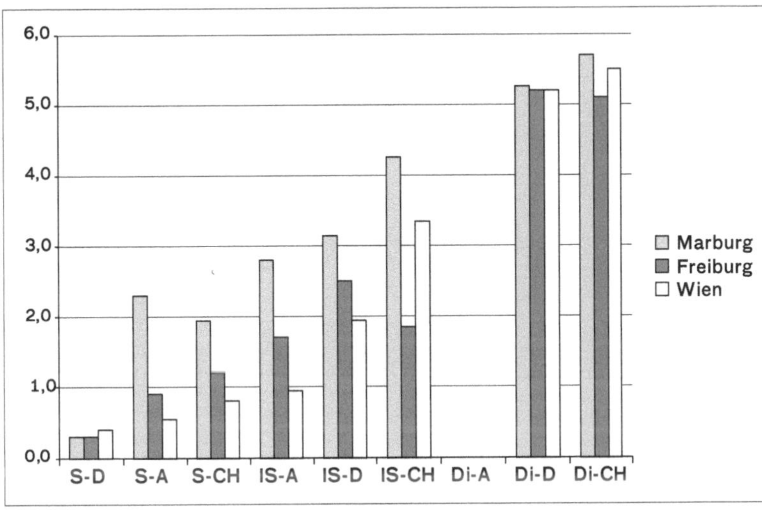

Abb. 5.1: Herrgens Daten zur Erkennung von „purem Hochdeutsch“

Forschungszentrum Deutscher Sprachatlas | **Philipps Universität Marburg**

Liebe(r) Teilnehmer/in,

herzlichen Dank ... Erklärung ... Erklärung ... Erklärung ...
... Erklärung ... Erklärung ... Erklärung ...
... Erklärung ... Erklärung ... Erklärung ...
... Erklärung ... Erklärung ... Erklärung ...

1. Beurteilung von Sprachproben

Sprachbeispiel 1
tiefster Dialekt ☐----☐----☐----☐----☐----☐----☐ reines Hochdeutsch

Abb. 5.2: Auszug aus Herrgens (2015: 157) Fragebogen

Wie man Erhebungen zum Österreichischen Deutsch sinnvollerweise macht, zeigen z. B. De Cillia & Ransmayr (2019). Standarddeutsch darf man nicht nur in einer Dimension abfragen, weil man sonst Gefahr läuft, die linguistische Unsicherheit der Österreicher*innen nicht zu berücksichtigen. Abb. 5.3 zeigt gleich 13 Dimensionen, nicht nur aus einem Ort in Österreich, sondern von Lehrer*innen aus dem ganzen Bundesgebiet.

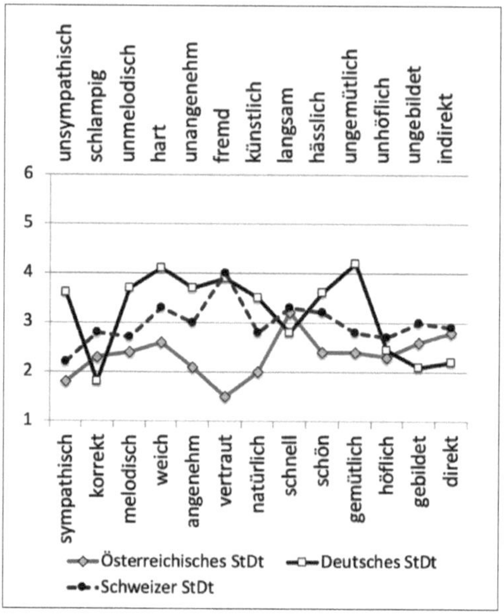

Abb. 5.3: Spracheinstellungen zu drei Standards des Deutschen, D, A und CH (De Cillia & Ransmayr 2019: 154)

Sie sehen, dass Deutsches Standarddeutsch von den österreichischen Lehrer*innen zwar als etwas „gebildeter“ empfunden wird als Österreichisches Standarddeutsch, aber doch gebildeter als Schweizer Standarddeutsch. Sie sehen weiter, dass Österreichisches Standarddeutsch als viel „schöner“, „gemütlicher“ und auch „langsamer“ empfunden wird als Deutsches Standarddeutsch, das als eher „unsympathisch“ und sogar als „unangenehm“ und „hart“ eingeschätzt wird. Österreichisches Standarddeutsch ist auch weicher und melodischer. Was sagen Sie jetzt? De Cillia und Ransmayr haben offensichtlich die methodischen Fehler von Herrgen vermieden. Die kennen sich in Österreich ja aus.

Wie ist das nun mit dem Standarddeutsch in den Medien, d.h. abseits von *der/das Virus*? Die jüngere Generation von Journalist*innen ist, ebensowenig wie die ältere, nicht total homogen. Ein Artikel wie der von Herrgen erweckt den Eindruck, dass wir alle bald Deutsches Deutsch sprechen werden. Wenn man sich umhört – und es ist mir unerklärlich, warum das recht wenige zu tun scheinen (schauen die alle *Tagesschau* und nicht *ZiB*?) – so ist klar: Österreichische Journalist*innen, die „deutsch" klingen, gibt es de facto nicht. Mit der Ausnahme von Leonie Heitz, doch sie ist Kölnerin im Dienste des ORFs.

Man kann also keineswegs sagen, dass österreichische Mediensprecher*innen auf Einheitsdeutsch umschwenken. Katharina Wagner, Katja Winkler, Fanny Stapf (die Königin des 2.-Person-Plural *-s*, aufgrund ihres Sendungsformats der *Freistunde*) oder Gaby Konrad (letztere eine Studienkollegin von der Wiener Anglistik) oder Stefan Lenglinger sind tolle Beispiele dafür, dass auch die nächste Generation von ORF-Sprecher*innen sehr österreichisch klingen wird. Etwas anderes würde Haimo Godler, der Chefsprecher des ORF, auch nicht zulassen, weil es sonst, wie er sagt, massive Kritik durch die Öffentlichkeit hageln würde.[58] Da viele dieser neuen Sprecher*innen Frauen sind, lässt es auch den Schluss zu, dass man sich ums Österreichische Standarddeutsch – trotz aller Unkenrufe – wirklich keine Sorgen machen muss. Denn junge Frauen sind in der Regel die soziolinguistischen Trendsetterinnen: wie sie reden ist der beste Ausblick in die kommenden Sprachwandelprozesse.

Einheitsmacherei: bairisch-österreichischer Kulturkreis

Oft wird die „historische" Dimension des Deutschen als Einwand verwendet. Kann es wirklich ein eigenständiges Österreichisches Deutsch geben, so hört man, wenn auf der Ebene der Dialekte 90% des österreichischen Gebietes durch Mittel- und Südbairische Dialekte des Deutschen abgedeckt werden, während Vorarlberg und das Tiroler Außerfern alemannische Dialekte sind? Die Antwort kann man am besten mit einer zweiten Frage geben. Schauen Sie zurück zu Abb. 2.1. Stellen Sie sich vor, dass um 1500 ein Amsterdamer seinen Kollegen im Wirtshaus in der Mittagspause gefragt hat, ob denn wirklich so etwas wie Niederländisch entstehen kann, wenn die Deutschsprechenden doch so groß und mächtig sind? Solche identitätsstiftenden Handlungen gehen oft sehr schnell: zwei, drei Generationen und Sie haben eine neue Varietät, im Niederländischen Beispiel sogar eine eigene Sprache (doch die Unterscheidung zwischen Sprachen und Varietäten ist, wie wir nun wissen, willkürlich).

Unsere Fragestellung, ob es Unterschiede geben kann, ist daher fehlgeleitet. Wir müssten uns vielmehr fragen, *warum* angesichts unserer leicht überwindbaren Grenzen, wie in Abb. 5.4 zwischen Braunau am Inn – Vordergrund – und Simbach in Niederbayern – Hintergrund, jenseits der Brücke – *es überhaupt Unterschiede*, wie klein auch immer, *geben kann*? Die Antwort ist schnell gefunden: die Grenzziehung von 1797 an dieser Stelle, die erst 1816 endgültig geregelt wurde. Ab dann begann die „Verösterreicherung" des Innviertels, das bei Bayern noch Schwarzviertel geheißen hat, sie fing also schon mit dem Namen an. Merkmale wurden zurück gedrängt:

58 https://www.derstandard.at/story/2000121965400/der-grosssprecherhaimo-godler (4 Dez. 2020)

Bayerisches *å*, das offene *a*, war dann nicht mehr gern gesehen in nunmehr Innviertler Schulen, so ungern, dass wir heute eine Merkmalsgrenze am Inn haben.

Abb. 5.4: Innbrücke in Braunau, Blick auf Simbach/Bayern (Juli 2019, Foto: S. Dollinger)

Es blieb aber nicht bei einzelnen Lauten, sondern die Ausrichtung zu Wien und seinem Standard hin war eine Entwicklung, die die Theorie der Plurizentrik vorhersagt. Die Verschiebung betraf viele Teile der Sprachstruktur, wie ja auch Scheuringer in seinen Dialektdaten zeigt, auch wenn er sie komplett anders interpretiert. Als Resultat von all dem wird man heute in Braunau einen Satz wie

> Die FPÖ wollte unbedingt den Peter Sidlo durchdrücken.
> (Fabian Schmid, DerStandard Podcast mit Zolt Wilhelm, 10. Juni 2020)

viel eher als Standard einstufen, als im angrenzenden Simbach, wo den Leuten das „durchdrücken" eher als zu salopp vorkommen wird. Im Jahr 2012 schrieb ich über genau diese Grenze, dass ich überzeugt sei,

> wenn meine anekdotischen Beobachtungen nicht völlig verfehlt sind, dass man auch an der bayerisch-österreichischen Grenze solche systematischen Unterschiede entdecken würde [wie an der US-kanadischen Grenze], dies- und jenseits des Inns, sozusagen, denn im großen und ganzen sprechen ÖsterreicherInnen öfter mit ÖsterreicherInnen und Deutsche öfter mit Deutschen. Klar ist auch, dass der Fall der erst in den 1990ern entdeckten Kanadischen Vokalverschiebung ... als nationales Phänomen ... Zeugnis ablegt von Sprachwandel, der in Zeiten der kontinentalen Integration und Globalisierung, paradoxerweise, an der internationalen Grenze halt macht.
> (*tribüne* 3 (2012): 25–31)

Wo sind aber die phonetischen Studien, die auf der verblüffenden Tatsache der deutsch-österreichischen Unterschiede entlang der Staatsgrenze aufbauen? Sie fehlen noch, weil der Blick der Germanistik noch immer den Traum des frühen 19. Jahrhunderts, der

Einheit wenn nicht aller Deutschen, so zumindest der Einheit der deutschen Sprache, nicht aufgegeben zu haben scheint.

Das kleine Österreich in der EU: Forschungspolitische Fragen

Die Europäische Union als Organisation durchlebt Höhen und Tiefen. Es gilt als sicher, dass Europa zuerst immer in ein Problem schlittern muss, bevor eine dauerhafte Lösung gefunden wird. Manchmal früher, manchmal später. Ein Faktor im europäischen Interessensausgleich ist die Größe der einzelnen Mitgliedstaaten: werden die kleinen nicht Ernst genommen, kann die EU nicht funktionieren, geben die großen keine Linie vor, wird man oft keinen Mechanismus finden, der beschlussfähig ist. Studiert man die Gründungsphase der Europäischen Gemeinschaft, sieht man schnell, dass es nicht nur die Akteure der großen Staaten waren, wie Robert Schuman oder Konrad Adenauer, sondern dass den kleinen oft eine bedeutende Rolle zukam. Paul-Henri Spaak, der belgische Außenminister, war instrumental in der Ausarbeitung eines Kompromisses für die Verträge von Rom, die letztlich zur EU führten. Es spricht einiges dafür, dass die derzeitige EU einiges an ihrer Wertschätzung für die Kleinen und deren Probleme verloren hat, wie überhaupt der Sinn für gemeinsame Probleme abnimmt. Spaak wird der folgende, einleuchtende Satz zugeschrieben: „Es gibt nur zwei Arten von Staat in Europa: kleine Staaten, und kleine Staaten, die noch nicht realisiert haben, dass sie klein sind." [There are only two types of state in Europe: small states, and small states that have not yet realized they are small.][59] Glauben Sie, ein deutscher oder französischer Politiker hätte so etwas gesagt, würde so etwas heute sagen? Wenn alle „klein" sind, bzw. sich so verhalten, kann man erst richtig miteinander reden.

In der europäischen Forschungslandschaft gibt es natürlich ähnliche Probleme, die in unterschiedlichen Schwerpunkten, Interessen und letztendlich in der Größe der Akteure liegen. Wo kommen die großen Forschungszentren hin? Wohin ziehen die Mikrobiologiefirmen, die sonst enorm gewinnbringende Medikamente erzeugen, und die jetzt hoffentlich bald genügend Impfstoff gegen den Coronavirus erzeugen und für fast kein Geld verfügbar machen werden? Sie sehen, nicht alles ist gleich in der EU, nicht überall sind die Chancen gleich, alles ist auch immer ein Politikum, und die Stimmen der Großen werden im derzeitigen System viel eher wahrgenommen.

Wo kann, wo soll man sich als kleiner Forschungsstandort daher einbringen? Man wird seine Spezialitäten haben und in diesen Bereichen in den großen Ligen mitspielen können, in Österreich bei Physik oder Elektronik, vielleicht Umwelttechnik. Einen Bereich aber, den ich Identitätsforschung nennen kann, kann man eigentlich nicht auslagern. Die „Austrian Studies", zu denen mein Buch ein Beitrag ist, stellen die Frage, wer wir sind und wohin wir gehen bzw. gehen sollten. Ohne starkes Zentrum im Land kann man da fast nichts machen, aber hier liegt auch die Gefahr: was passiert,

---

[59] https://bruessel-eu.diplo.de/eu-en/aktuelles/-/1354592 (11. Juni 2020).

wenn die Lehrmeinung im inländischen Zentrum negativ eingestellt ist? Genau das ist wohl in den letzten Jahren in Österreich in Bezug auf Österreichisches Deutsch passiert.

Der Kleine interpretiert durch den Fokus des Großen

Überspitzt kann man die Situation so zusammenfassen: Österreichische Forscher*innen werden in Österreich nur selten als so gut wie jene aus dem Ausland wahrgenommen, das inkludiert das deutsche Ausland. Es ist Teil der österreichischen DNA: im Zweifelsfall ist immer der andere besser. Das hat nichts mit den Leistungen an sich zu tun, aber viel mit der Wahrnehmung. Darum müssen wir verstärkt Bildungsausländer*innen, im besonderen Deutsche, an unsere Lehrstühle berufen, die dann, in manchen Bereichen ganz wichtige Blickwinkel ausblenden, nicht aus Böswilligkeit, sondern einfach darum, weil deren Sozialisation und Ausbildung diese Sichtweisen nicht beinhalteten. Das muss zwar nicht so sein, kommt aber wohl vor. Ich denke hier an österreichische Geschichte, österreichische Literatur und ja, Österreichisches Deutsch.

Diesen Zusammenhang hat kürzlich der Literaturwissenschafter Klaus Zeyringer in der *Kleinen Zeitung* herausgearbeitet. Er schrieb in einem Essay über die „zunehmende Germanisierung" der österreichischen Universitäten und arbeitete kulturgeschichtlich treffend auf, dass das Problem beim Hintergrundwissen durch die Sozialisation in einem anderen, wenn auch ähnlichen, Kulturkreis liegt. Zeyringer bringt auf den Punkt, dass beim

> deutschen Drang auf die Professuren an Österreichs Universitäten keineswegs Nationalität und Reisepass problematisch [sind], sondern Sozialisation sowie kulturelles Verständnis und deren Auswirkungen, vor allem das Netzwerk. (*Kleine Zeitung*, 2. Jänner 2020, S. 6)

Zeyringer vergleicht die derzeitige Bewegung, wo fast eine*r von drei Professor*innen aus Deutschland kommt, sogar mit der Entwicklung im Osten Deutschlands nach der Wende, wo die Unis der neuen Bundesländer von Westdeutschen als Rekrutierungsort verwendet wurden, mit keiner Aussicht für lokale Bewerber*innen, sich zu behaupten.

Im Bereich der germanistischen Sprachwissenschaft zu „Deutsch in Österreich" zu forschen, aber die Lage vor Ort nicht zu kennen bzw. sich nicht brennend dafür zu interessieren, ist ein großes Problem, denn die „Germanisierung des österreichischen Kulturraums sollte freilich weder Aufgabe noch Ziel unserer Universitäten sein", wie Zeyringer feststellt (S. 7). Letztere schreitet voran, besonders schnell dann, wenn auch noch der halbe Mitarbeiter*innenstab von der alten Stelle aus Deutschland mitgenommen wird und eine Blase kreiert wird, in der man dann – durch österreichische Forschungsgelder finanziert – das Österreichische Deutsch vielleicht ganz ohne Vorsatz demontiert.

Schon mit der Umbenennung von „Österreichischem Deutsch" zu „Deutsch in Österreich" ist die plurizentrische Theorie ja faktisch über Bord geworfen worden. Der „Spezialforschungsbereich Deutsch in Österreich" ist beinahe ein „Spezialforschungsbereich für Deutsche in Österreich". Forschungsgelder sind auch leicht zu haben, wenn man die Gutachten im Ausland, in dem Fall in Deutschland, siehe Zeyringers Netzwerke, einholt. Es ist ein Win-Win für die Umpolung der heimischen Forschungslandschaft, aber einer, wofür Zeyringer keinen qualitativen, sondern „ein[en] soziale[n] Effekt verantwortlich" macht (S. 7). Man kann ja schon mitbestimmen, wer noch aus Deutschland nachrückt und das Team verstärkt.

Ich weiß aus Gesprächen, dass ich natürlich nicht der einzige bin, dem diese Diskrepanzen aufgefallen sind. Die wissenschaftlichen Konsequenzen haben Sie ja schon in diesem Buch gesehen, die genauere Fassung dieses Argumentes können Sie wieder in *The Pluricentricity Debate: On Austrian German and Other Germanic Standard Varieties* nachlesen. Oder, gratis, online, und kürzer in einem Aufsatz zum Buch „Debunking pluri-areality", erschienen 2019 im *Journal of Linguistic Geography.*[60] Oder Sie lesen einfach hier – auf deutsch – weiter.

Wie kann man wissen? Kleine Wissenschaftstheorie

Poppers *Logik der Forschung* ist ein Meilenstein in der Erkenntnistheorie. Publiziert im Jahre 1934 – als Popper sich in Wien schon vor den Nazis in Sicherheit bringen musste und nicht lange vor seiner Flucht nach Neuseeland – liefert das Werk grundlegende Einsichten dazu, wie man wissen kann. Gültig sind die Regeln universell, es sind die Spielregeln der wissenschaftlichen Forschung, wobei wir uns hier bei den Natur- und Sozialwissenschaften leichter tun sie umzusetzen, als bei den Geistes- und Kulturwissenschaften.

Karl Popper: Theorie ist immer dabei

Bei Popper heißt es, zum Beispiel, dass man zum Erkenntnisgewinn eine Theorie braucht, unbedingt braucht, und dass diese Theorie mit Daten unabhängig getestet werden muss. Es heißt auch, dass man eine Theorie – egal welche – nicht verifizieren, sondern immer nur falsifizieren kann. Das heißt konkret, dass eine Theorie nur so lange stimmt, bis man einen Fall findet (in den Daten), der ihr widerspricht. Dann muss die Theorie geändert werden, weil sie falsifiziert wurde, oder, wenn das nicht möglich oder zielführend ist, ganz verworfen werden. Sie kennen vielleicht das berühmte Beispiel aus der Wissenschaftskunde: Schwäne sind weiß. Diese Theorie gilt so lange, bis Sie einen schwarzen Schwan sehen. Und der kann ja jeden Augenblick um die Ecke kommen!

60 https://www.academia.edu/38389481 (11. Juni 2020).

Dieses wissenschaftliche Prozedere funktioniert in den Naturwissenschaften ziemlich gut, es hat ihnen zu Höhenflügen verholfen. Aber auch in den Sozial- und Geisteswissenschaften muss man es würdigen und anwenden. Wie sieht also die Relevanz für die (Sprach-)Wissenschaft aus? Jetzt, da elektronische Daten einfach zu haben sind, kann man alles aus den Daten herleiten. „Data-driven“ sagt man. Die Verlockung und das Problem dabei ist, dass man die Daten ohne explizite Theorie zu interpretieren versucht.

Popper sagt dazu folgendes: Theorie ist immer im Spiel, und zwar auf einer von zwei Arten: entweder Sie haben eine explizite Theorie, die Sie aufstellen und dann darauf aufbauend Hypothesen anfertigen, die Sie testen. Diese theoriebasierenden Hypothesen können Sie dann gegen unabhängige Daten testen. Oder, sagt Popper, wenn Sie keine explizite Theorie anwenden, haben Sie noch immer eine Theorie, aber diesmal eine, die Sie nicht explizit machen und derer Sie sich im Normalfall überhaupt nicht bewusst sind. Genau das trifft auf die derzeitige Germanistik in Bereich Österreichisches Deutsch zu, die im anti-plurizentrischen Geist arbeitet. Deren Theorie ist das „One-Standard-German-Axiom“: das Axiom des Einheitshochdeutschen. Also, auf gut österreichisch: nicht nur *Soletti ist immer dabei*, sondern *Theorie ist immer dabei*!

Mit dieser unausgesprochenen Theorie arbeiten dann ganze Forscher*innengruppen, gefördert z. B. über 8 Jahre (2016–2023) mit 6,3 Millionen Euro vom österreichischen Steuerzahler und produzieren dabei Arbeiten, die so gar nicht in die internationale Forschung und ihr Paradigma – die Plurizentrik – passen und, obendrein, die Eigenständigkeit des Österreichischen Deutsch demontieren. *Des kann's owa bitte ned sein?*

Kritik am FWF-Spezialforschungsbereich „Deutsch in Österreich“

Hier setzt meine Kritik an einem vom österreichischen Steuerzahler finanzierten Großprojekt an. Dem FWF, dem Fonds zur Förderung der Wissenschaftlichen Forschung, der die meiste kulturwissenschaftliche Forschung in Österreich finanziert, ist nur bedingt ein Vorwurf an der jetzigen Situation zu machen. Wenn überhaupt, dann vielleicht bei der Auswahl der Gutachter*innen. Das Hauptproblem liegt sicher eher im Vorfeld bei den einzelnen Unis, die Bewerber*innen aus dem Ausland – in der Praxis aus Deutschland – einen „Bonus“ geben. An einem Beispiel dingfest gemacht, das sehr relevant für unser Thema ist: vier der fünf Professor*innen zur germanistischen Sprachwissenschaft in Österreich wurden in Deutschland sozialisiert und bilden, das kann man aus der Publikationsgeschichte herleiten, ein Netzwerk, eine Seilschaft. Also hat man drei Leute, die einen Zugang zum Österreichischen Deutsch haben, der anti-plurizentrisch ist. Wie ist das nun mit der wissenschaftlichen Vielfalt? Der Vielfalt der Stimmen in der Diskussion?

Wo die Leute herkommen tut natürlich normalerweise nichts zur Sache. Doch sollte dies hier thematisiert werden, weil die deutsche, eher monodialektale, Herkunft der gemeinsame kleinste Nenner zu sein scheint. Weiter genommen hängen sogar vier Fünftel des wissenschaftlichen Personals im Bereich an diesen Lehrstühlen dran und auch die Studierenden merken schnell, welche Ansichten erwünscht sind (Einheitsdeutsch) und welche nicht (Plurizentrik). Die Minderheit wird einbetoniert. Schauen Sie einmal in die Zeitungen, das Problem wird öffentlich diskutiert.[61] Um kein Missverständnis zu verursachen: die Herkunft ist kein Problem, Sozialisierung, wenn diese auf den Forschungsgegenstand einwirkt, aber schon, wenn Sie nicht durch entsprechende Theorie kompensiert wird.

Das Problem: der einebnende, wenig neugierige Blick

Stellen Sie sich vor: Sie wachsen auf, sagen wir, im Ruhrpott. Sie lernen ein wenig bis gar kein dialektales Deutsch. Für Sie gibt es eben nur ein Deutsch, Ihr Deutsch, das Sie als Standard betrachten. Im Studium der Germanistik – Sie lesen gerne – fällt Ihnen die Linguistik auf und Sie werden auf Niederdeutsch hingewiesen. Ihnen fällt ihre Großtante ein, die im kleinen Schleswig so ulkig redet: aha, Niederdeutsch – Plattdeutsch also, nicht schlechtes Deutsch. Sie werden Assistent und forschen zur Sprachgrenze Niederdeutsch – Niederländisch in einem Projekt, nachdem Sie Ihre Magisterarbeit gemacht haben. Sie machen ein Doktorat zum Thema. Später werden Sie dann auf eine österreichische Professur berufen, obwohl Sie nichts zum Österreichischen Deutsch geforscht haben. Sie nehmen einige Mitarbeiter*innen aus Deutschland mit. Alle sind entzückt. Aber dann schreibt einer einen kritischen Kommentar in einer österreichischen Zeitung und andere erheben fachlichen Einspruch. Sie fragen sich, wie sie zu dieser Kritik kommen, Sie haben ja auch in Deutschland keine Probleme gehabt.

Lassen Sie mich dieses fabrizierte Beispiel mit einem Auszug aus einem Kabarettprogramm fortsetzen. Alfred Dorfer über eine Gratisparty in Brüssel:

> Die Deutschen waren begeistert – klar, es ist alles gratis. Wir Österreicher haben ein Herz für benachbarte wirtschaftliche Schwellenländer. Wir nehmen auch gern deutsche Studenten auf in Wien, die's daham -- -- -- ned g'schafft haben. Leider bringen die Kollegen Unsitten mit, die's im Neckermann-Urlaub gelernt haben. Sie reservieren so wie ihre Liegen am Pool ihre Sitze im Hörsaal mit Handtüchern. Es hat schon zu Ausschreitungen geführt zwischen deutschen und österreichischen Studenten. Bei diesem „Clash of Cultures“. Oder aus deutscher Sicht: „Clash with Culture“.[62]

61 Neben Zeyringers Artikel sehen Sie auch die Gastkommentare in *Die Presse*, von Rudolf Muhr vom 22.9.2015 mit dem Titel „Sprachforschung: Zurück ins 19. Jahrhundert...“ und die Replik vom 9.10.2015 mit dem Titel „Zur Vielfalt der deutschen Sprache in Österreich“. Zwar würde ich die Kritik anders vortragen, aber Kollege Muhr hat nicht ganz unrecht mit seinen Vorwürfen. Aber das werden Sie ja jetzt eh schon wissen, wenn Sie sich bis hier durchgelesen haben.

62 Alfred Dorfer, *fremd* (2017).

Österreichische und deutsche Kultur und Usancen prallen also aufeinander – das kann schon vorkommen, wobei beim Aufeinanderprallen ja oft die Unwissenheit des „Großen" das Problem ist. Ja, bei einem Clash muss man mit der sprachlichen Unsicherheit der Österreicher*innen behutsam umgehen. Kennen Sie das Wort *Ösi*? Ein Schimpfwort und so gebraucht wie *Ossi* und *Wessi*. Macht ja Sinn, aus deutscher Sicht, die ganze Welt auf *-i* zu klassifizieren. Aber dass manche Österreicher*innen *Ösi* als Synonym für *Österreicher*in* verwendet haben, zeigt, wie unsicher man sich sprachlich manchmal fühlt. Man „kooptiert" die fremden Schimpfwörter für sich selbst. Welche*r Deutsche würde wohl freiwillig das *Piefke*-Schimpfwort übernehmen? Eben.

Aber zurück zu unserer Kritik. Diese Neue Deutsche Schule setzte sich in einem der ersten Artikel zum Thema folgendes zum Ziel:

> Angestrebt wird die systematische Aufbereitung standardsprachlicher Varianten, die sich im deutschen Sprachgebiet auf überregionaler Ebene finden, die aber nicht dialektal sind und sich nicht dem lexikalischen Bereich zuordnen lassen.[63]

Wirklich? Dieses *deutsche Sprachgebiet* beinhaltet auch Österreich und es ist dieser Gesamtanspruch – ähnlich dem Duden –, der hier zu hinterfragen ist. Welche Vorkehrungen wurden getroffen, um die Österreicher*innen, die Schweizer*innen, die Südtiroler*innen usw. nicht zu überrollen mit der Überzahl von 80 Millionen Sprechenden im Rücken? Solche Vorkehrungen wurden nicht einmal theoretisch angedacht. In dieser Hinsicht wird in der Germanistik mit den deutschsprachigen Gebieten in Europa, souveräne Staaten inklusive, fast so umgegangen wie in der Germanistik der Zwischenkriegszeit: ein zusammenhängendes, deutsches Gebiet, das es zu studieren gilt. Sehen Sie hier, wie diese Vorgangsweise begründet wird:

> Nur in einer Minderheit der Fälle liegen Varianten vor, die spezifisch für ein Land sind und dort in absoluter Frequenz [sie meinen: kategorisch, ohne Ausnahmen] vorkommen. Die meisten Varianten sind vielmehr unspezifisch, d.h. sie kommen auch in anderen Ländern und Regionen vor [...]. Allerdings zeigt sich häufig, dass das Verbreitungsgebiet unspezifischer Varianten erstaunlich deutlich mit den alten Dialekträumen übereinstimmt, hin und wieder ergeben sich auch unerwartete Allianzen.[64]

Also alles ist die selbe Suppe, alles *powidl, pallawatsch, brauchma net*? Was aber bitte sind denn diese „erwarteten Allianzen", d. h. die Erwartungshaltungen, mit denen diese Kolleg*innen an ihre Daten herangehen? Scheint hier ein Eizerl implizite Theorie durch? Es ist klar, dass der einebnende Blick diesseits und jenseits der Grenze angelegt wird. Die

---

63 S. 124 in Dürscheid, Christa, Stephan Elspaß and Arne Ziegler. 2011. Grammatische Variabilität im Gebrauchsstandard: das Projekt „Variantengrammatik des Standarddeutschen". In *Grammatik und Korpora 2009: Dritte Internationale Konferenz*, hg. von Marek Konopka, Jacqueline Kubczak, Christian Mair, František Šticha and Ulrich H. Waßner, 123–140. Tübingen: Narr Francke Attempto.

64 S. 73 in Elspaß, Stephan, Christa Dürscheid & Arne Ziegler. 2017. Zur grammatischen Pluriarealität der deutschen Gebrauchsstandards – oder: Über die Grenzen des Plurizentrizitätsbegriffs. *Zeitschrift für deutsche Philologie* 136: 69–91.

Passage oben geht weiter mit der Einschätzung, dass „echte" länderbezogene Varianten „sich hauptsächlich im amtssprachlichen Bereich" finden, was Linguist*Innen oft als „oberflächlich" abwerten.

Sie sehen in diesem Zitat auch eine „Berauschung" mit den alten Dialekträumen. Es ist zu betonen, dass diese Kolleg*innen aber eher keine historischen Linguisten sind. Was ist hier los? Sind das alles Großdeutsche? Nein, ganz und gar nicht, im Gegenteil. Aber es sind Kolleg*innen, die in einer Zeit in der BRD sozialisiert wurden, in denen der Begriff der Nation negativ besetzt war und in der man sich als Intellektuelle*r dagegen stellen musste.

Der britische Historiker Whaley[65], den wir schon aus dem 2. Kapitel kennen, sagt genau das über die Intelligenzia in der BRD: durch die nationale Rolle während des 2. Weltkrieges wurde in der BRD das Konzept der „Nation" als wissenschaftliches Konstrukt diskreditiert und, das ist wichtig, diese negative Sichtweise wurde auch auf die kleineren Nachbarstaaten übertragen. Kein Wunder also, dass viele deutsche Intellektuelle diese kleinen Länder, inklusive Österreich, nicht zu verstehen scheinen.

Die germanistische Sprachwissenschaft hat also ein Problem mit Österreich, das nun in der Forschung evident ist. Sehen Sie sich zum Beispiel folgende Aussage gegen die Kategorie „Nation" an:

> Das Konzept der „nationalen Varietäten", das in der Forschung seit den 1990er Jahren immer mehr an Bedeutung gewann ..., stellt auch für unser Projekt einen Referenzpunkt dar. Doch übernehmen wir die Bezeichnung „nationale Varietäten" nicht; auch schließen wir uns nicht einem plurizentrischen Konzept an, das auf ‚nationale Zentren' abhebt ... . Denn zum einen machen die Merkmale einer Varietät nicht an der Landesgrenze Halt, zum andern gilt nicht in allen Fällen, dass eine Standardvarietät im ganzen Land im Gebrauch ist. ... In den Projektpublikationen ziehen wir es daher vor, von ‚arealen', nicht von ‚nationalen' Varietäten zu sprechen.[66]

Die nationale Dimension, zu der es zu diesem Zeitpunkt schon 35 Jahre Forschung gegeben hat, wird mit einem halben Absatz weggewischt. Der Gegenterminus zur Plurizentrik ist „Pluri-Arealität". Es wird so getan, als ob dieser Begriff objektiv wäre. Aber Sie sehen hier, dass es darum gehen könnte, ein Einheitsdeutsch in Österreich durchzusetzen. Man muss lange suchen, um explizite Aussagen zu finden, die Grundhaltung ist aber in den Arbeiten der „Arealen" nicht zu übersehen. Die Förderung des anti-plurizentrischen Blicks wird als von „zentraler sprachpolitischer Relevanz" betrachtet, dessen Ergebnisse explizit Pädagog*innen zugute kommen soll (Dürscheid

---

65 S. 35 in Whaley, Joachim. 2002. Federal habits; the Holy Roman Empire and the continuity of German federalism. In *German Federalism: Past, Present, Future*, ed. by Maiken Umbach, 15–41. Houndmills: Palgrave.

66 S. 564 in Dürscheid, Christa & Stephan Elspaß. 2015. Variantengrammatik des Standarddeutschen. In Kehrein, Roland, Alfred Lameli & Stefan Rabanus (Hgg.). *Regionale Variation des Deutschen – Projekte und Perspektiven*, 563–584. Berlin: de Gruyter.

et al. 2011: 136).[67] Wird hier aktiv versucht, eine neue Art von Standard, einen fremden Standard, zu forcieren?

Sehen Sie dazu diese Stelle, die für mich der Ursprung der Anti-Plurizentrik ist:

> Die Arealität, also die *Räumlichkeit* des Deutschen äußert sich in den verschiedenartigsten Mustern. Nur eines davon, ein zwar von manchen Linguisten herausgehobenes, vielleicht auch von vielen Nichtlinguisten als besonders signifikant empfundenes, ist Staatlichkeit. ... Man kann sie – so man will – im nationalen „Abwehrkampf" einsetzen, sie als unabdingbar für eine Österreichische Identität betrachten, was auch immer. Man kann sie aber auch als ein Räumlichkeitsmuster von vielen sehen.[68]

Dieses Zitat ist für die Anti-Plurizentriker*innen vieles zugleich: Rechtfertigung der Ablehnung der Plurizentrik, Festhalten an überholten, historischen „Mustern" des Deutschen und der detaillierteste Theoriehintergrund der Skeptiker, also, eine Art Glaubensbekenntnis.

Wenn man sich die Passage aufmerksam durchliest, sind alle Meinungen der Anti-Plurizentriker vertreten. Warum? Weil diese Annahmen in der Germanistik kursieren. Sehen Sie sich an, wo das Fach herkommt – so wie alle akademischen Philologien, entstammt es dem Nationalismus und der Romanitk des späten 18. und frühen 19. Jahrhunderts. Anders als die englische Philologie, aber, hat sich die Germanistik wohl immer noch nicht an die Weiterentwicklung, wohl auch Zersplitterung, ihres Faches gewöhnt.

Scheuringers Einschätzung über die nationale Komponente im Falle Österreichs ist bemerkenswert, denn, so meint er, sie „dürfte jedoch aus historischen Gründen immer im Bereich einer Randgröße bleiben". Das aber war in der Sprachgeschichte noch selten der Fall, besonders dann nicht, wenn, „viele Nichtlinguisten" einen Aspekt ihrer gemeinsamen Identität, wie Scheuringer es oben formuliert, „als besonders signifikant" empfinden. Sonst hätten sich ja, wie wir aus dem 2. Kapitel wissen, die germanischen Sprachen nie aufgespalten und dann, durch Nationenbildung ganz direkt, niemals Niederländisch, Schwedisch, Dänisch, Norwegisch und Luxemburgisch gebildet. Warum sollte der Prozess nun anders sein?

Die Rolle der Jungforscher*innen

Ich möchte Ihnen zum Abschluss dieses Kapitels noch ein letztes Erlebnis berichten. Bei der Schönbrunner-Tagung 2016 zu „Deutsch in Österreich" hatte eine Studentin den Vormittag, an dem auch mein Vortrag stattfand, versäumt. Sie fragte im österreichischen Akzent eine Gruppe aus 3–4 Student*innen, die ebenfalls öster-

[67] S. 60 in Elspaß, Stephan, Julia Engel and Konstantin Niehaus. 2013. Areale Variation in der Grammatik des Standarddeutschen – Problem oder Aufgabe? *gfl-journal* 2: 44–64.

[68] S. 152 in Scheuringer, Hermann. 1996. Das Deutsche als pluriareale Sprache: ein Beitrag gegen staatlich begrenzte Horizonte in der Diskussion um die deutsche Sprache in Österreich. *Die Unterrichtspraxis* 29(2): 147–153.

reichisch klangen: „Na, wie war's heute vormittag". Ich stand zwei Tische weiter und konnte hören: „Polemisch", antwortete die erste, „Sehr polemisch" und sie machten sich über die Plurizentrik lustig. In der akademischen Gruppendynamik ist die Erziehung zur Kritik in den eigenen Reihen sehr wichtig. Diese angehenden Wissenschafter*innen hatten, als gute Student*innen, wohl die „erwünschte" Richtung zur Forschung am Österreichischen Deutsch schon ohne viel explizites Sagen aufgeschnappt: für ein Einheitsdeutsch, alles österreichische sei „polemisch". Was ich gesagt habe, können Sie hier Wort für Wort nachlesen und sich selbst ein Bild machen.[69]

Die Verantwortung für solche Entwicklungen tragen die Professor*innen und all jene, die sich vielleicht wider besseren Wissens haben einlullen lassen. Dieses Schlamassel ist die Kombination von Unvertrautheit und fachinterner Stellung, wo Kritik kontrolliert wird. Statt nach Muhrs Brief in der *Presse* sich hinter Uni-Räten und FWF-Prozederen zu verstecken und ihn abblitzen zu lassen, hätte man ihn auch zur Teilnahme oder zumindest zum Gespräch einladen können, ja müssen. Denn in der Wissenschaft kann man sich nicht aussuchen, mit wem man zusammenarbeitet und mit wem nicht: Sympathien sind hier fehl am Platz, denn die besten müssen dabei sein.

69 Lesen Sie hier: https://www.academia.edu/26828790

6 Was nun? Wege aus dem Schlamassel

Tief im Westen verstaubt hier normalerweise nicht die Sonne, wie im Grönemeyer Lied. In meinem Westen, im äußersten Westen Kanadas, hatten wir im Sommer 2020 aber doch Rauchalarm von den Waldbränden in Kalifornien, Washington und Oregon. So wie bei Grönemeyer ist es aber nicht nur besser im Westen, als man glaubt, sondern auch viel besser, um übers Österreichische Deutsch und Österreichische Hochdeutsch zu schreiben, denn man kann das abseits des Verteilungskampfes um Stellen und Mittel tun.

Ums Österreichische Deutsch – und allen seinen Varietäten – sowohl als auch ums Österreichische Hochdeutsch, ist es auch besser bestellt, als man das aus dem letzten Kapitel nun glauben möge. Es wäre allerdings noch besser, wenn einige Korrekturen gemacht werden würden. Allem voran, sollte der „Deutsch in X" Begriff vermieden werden und sich die Namensgebung an den internationalen Standard anpassen: Der Traum eines deutschen Standards für alle ist längst vorbei, das Label „Deutsch" ohne Qualifizierung ist für viele Kontexte nicht mehr zielführend. Sie müssen wieder nicht nur mir glauben. Lesen Sie es von einer Koryphäe des Weltenglischen, Prof. Edgar W. Schneider:

> der Unterschied zwischen Phase 3 und 4 [in der Entwicklung der postkolonialen Varietäten] wird gewöhnlich symbolisch Ausdruck gegeben durch Ersetzen der Bezeichnung „Englisch in X" mit einem neu kreierten Terminus „X Englisch". ... Der erste Terminus markiert die [staatliche] Varietät lediglich als eine Variante ohne jeglichen Eigencharakter, während der letztere die Varietät als eigenständigen Typus ansieht, der sich absetzt und im wesentlichen gleichberechtigt mit allen anderen [Englischvarietäten] ist.[70]

Die Umbenennung und Herabstufung von *Österreichischem Deutsch* – als „eigenständigen Typus" des Deutschen – zu *Deutsch in Österreich* – „ohne jeglichen Eigencharakter" – wurde mit der neuen Generation von Forscher*innen aus Deutschland durchgeführt. Da kann man nun sagen, war ja nicht so gemeint. Dann muss ich fragen: hat man sich denn nicht in die Literatur zum Österreichischen Deutsch seit 1980 eingelesen und aus Unwissen den etablierten Namen *Österreichisches Deutsch*, oder meinetwegen *österreichisches Deutsch*, nicht gewählt?

Nach der Kritik muss ich nun auch Lösungsvorschläge anbieten, denn *nur sudern geht ned*. Wir lassen uns inspirieren von Anne Curzans nettem Buch, wir machen kurze Exkurse in die Vergangenheit zu Maria Theresia, denn wie Hubert Achleitner (vulgo *von Goisern*) sagt, in Österreich muss man Geschichte immer mitdenken (anlässlich seines Romanerstlings). Wir schauen kurz nach Kanada und zum

70 S. 50 in Schneider, Edgar W. 2007. *Postcolonial Englishes.* Cambridge University Press, Übersetzung SD.

Kanadischen English, um zu sehen, was wir fürs Deutsche daraus lernen können. Weil Geschichte so wichtig ist, schauen wir uns kurz den „deutsch-österreichischen Krieg" an, aber wir kümmern uns auch um *Schwedenbomben*, die aber gar nichts mit Krieg zu tun haben, und natürlich um Sprache und Identität. Am Ende werden Sie, wie bei der Bundespräsidentenwahl, aufgefordert, sich zu entscheiden. Wie damals bei Hofer gegen Van der Bellen, müssen Sie sich entscheiden (bei ber BP Wahl muss man gesetzlich wählen): gibt es Österreichisches Hochdeutsch oder nicht? Wir schließen das Buch ab mit vier Geboten: Gebote für Sprecher*innen und Sprachwissenschafter*innen.

Wir fangen an mit Sprache und Sprachwandel. Wir wissen, dass Sprache ein dynamisches System ist, das sich stetig ändert. Im Einklang mit Regel Nummer 1 aus dem 2. Kapitel wissen wir, dass jede Standardvarietät bereits einen Eingriff in die „natürliche" Art von Sprachwandel darstellt. Die Idee, dass Menschen schreiben und dann über das Geschriebene das Gesprochene verändern, war nie im Sinne des Erfinders. Es ist auch so, dass das, was Sprecher*innen als richtig, besser oder auch schöner betrachten, einen klar messbaren Einfluss auf Sprache hat. Glauben Sie als Österreicher*in, dass Deutsches Deutsch „besser" ist, wird das einen Einfluss auf Ihr eigenes Deutsch haben und Sie werden sich als nicht Deutsches Deutsch Sprechende*r in den meisten Fällen wegen Ihrer Sprache ein wenig schlecht fühlen. Das ist für mündige Bürger*innen in freien Staaten sicher keine gute Sache. Wie können wir daher Sprachwandel von Sprachplanung und Sprachimperialismus unterscheiden? Willkommen im letzten Kapitel, das Ihnen einige Antworten liefern wird!

Sprachwandel: natürlich oder menschengemacht?

Sprachwandel ist ein hochinteressanter Vorgang. Man unterscheidet oft zwischen menschengemachtem Sprachwandel – durch präskriptive Ge- und Verbote – und natürlichem Sprachwandel, also der, der sowieso immer stattfindet. Desto mehr Zeit vergeht, desto größer ist in der Regel dieser Wandel. Naja, ganz so einfach ist es nicht, weil in Wirklichkeit beide Arten – präskriptiv und „natürlicher Sprachwandel" – gleichzeitig stattfinden und sich wechselseitig beeinflussen. Und es wird noch komplizierter, denn nicht nur der soziale Kontext beeinflusst Sprache und Sprachwandel (z. B. Mönchschreibstube auf Burg Dürnstein im Jahre 1089 bzw. SMS-Nachrichten an Freunde auf einem Handy in Bludenz), sondern auch die Einstellung – die kognitive Ebene – was ich mir vorstelle, wie ich spreche, wie ich schreiben soll hat einen Effekt.

Das ist das Triumvirat der Sprachwissenschaft: linguistisches Verhalten, soziale Bedeutungen (Indexikalisierung) und kognitive Einstellungen. Alle drei gilt es zu erklären und in ein Modell zu packen, das Sprachwandel vorhersagt oder, zumindest, im Nachhinein überzeugend erklärt.

Wann darf man eingreifen? Präskription und Anne Curzans Zugang

Kollegin Curzan arbeitet an der University of Michigan, einer Hochburg der historischen Linguistik. Sie hat ein Buch geschrieben mit dem Titel *Fixing English*, in dem sie sich Gedanken über das konfliktbehaftete Verhältnis der Sprachwissenschaft mit Präskription gemacht hat. Mit Präskription meint man, dass jemand jemand anderem sagt, was nun sprachlich richtig ist. Die neuere Sprachwissenschaft hat präskriptive Elemente, grosso modo, entweder stets ignoriert oder belächelt oder eine Mischung von beidem angewendet. Curzan würde als Resultat ihres Denkprozesses gerne haben, dass sich die Verachtung der Präskription in Wertschätzung ändert, damit Präskription als aktiver Faktor in Sprachwandelmodelle eingebaut werden kann. Sie unterscheidet dazu vier Arten der Präskription, die da sind:

> **Standardisierende Präskription:** Regeln, die darauf abzielen, den Standard zu forcieren bzw. zu sanktionieren.
> **Stilistische Präskription:** Einschätzungen, die zwischen – oft sehr feinen – linguistischen Stilmerkalen zu differenzieren suchen.
> **Restorative Präskription:** Regeln und Einschätzungen, die früheren, jetzt obsoleten, Gebrauch wiederbeleben wollen.
> **Politisch sensible Präskription:** Regeln und Bewertungen, die inklusiven, nicht-diskriminierenden, sozial gerechten und/oder politisch korrekten Gebrauch befürworten.
> (Curzan 2014: Kapitel 1)

Als Beispiele kann man anführen, dass man *zu* in Konstruktionen wie *Bitte vergessen Sie nicht, sich umzuziehen* verlangt, statt nur *sich umziehen*. Beide Konstruktionen kamen im 15. Jahrhundert vor, doch *zu* wurde als Standard kodifiziert. Das ist standardisierende Präskription. Stilistische Präskription wäre die Ansage, dass *wegen* den Genitiv benötigt. *Wegen dem Wetter* (Dativ) und *wegen des Wetters* (Genitiv) sind beide belegt, häufig ist aber *wegen des* stilistisch förmlicher und in mancher Augen besser. Restorative Präskription sind Fälle, in denen ein früherer, auch imaginierter früherer Zustand, wieder hergestellt werden soll. Wenn *Interesse*, mit einer Pause, als *Inter-PAUSE-esse* ausgesprochen wird, wird versucht, die alte lateinische Trennung in die Wörter *inter* 'zwischen' und *esse* 'sein' vorzunehmen, obwohl es völlig in Ordnung, ja eben natürlicher ist, auf Deutsch *Interesse* ähnlich wie *Intresse* auszusprechen. Politisch sensible Präskription ist die Tatsache, Schimpfwörter wie *Ösi* oder *Piefke* nicht zu verwenden, und keine abwertenden oder ausschließende Formen zu nehmen, d. h. *Sprecher*innen* oder *SprecherInnen* oder *Sprecherinnen und Sprecher* anstatt nur *Sprecher*.

Wenn überhaupt, dann hat die Sprachwissenschaft nur die erste „Schiene" anerkannt und in die Betrachtung mit einbezogen. Alles andere wird in der Regel einfach ausgeblendet und als „oberflächliche" Phänomene betrachtet. Curzans Buch macht einen überzeugenden Vorschlag, Präskriptivismus als einen zentralen Locus von Sprachwandel zu betrachten und als legitimen Agenten anzusehen. Meiner Meinung nach hat Curzan völlig recht, und wir würden mit dieser Erweiterung des

Portfolios auch ein anderes Problem beseitigen, nämlich dass Linguist*innen oft so tun, als ob nur die deskriptive Betrachtung von Sprache wichtig wäre, aber nicht die präskriptive. Es ist aber gerade letztere, mit der Sprecher*innnen von klein auf konfrontiert sind. Hier sagt Curzan, dass die Teilung in Präskriptivismus (uninteressant) und Deskriptivismus (interessant), so wichtig sie in der Anfangszeit der Sprachwissenschaft war, mittlerweile „Distanz zwischen Sprechenden und Linguist*innen herstellt“ (Curzan 2014: 12, meine Übersetzung). Das ist natürlich nicht gut. Es stimmt, dass man das Resultat dieses „Aneinandervorbeiredens“ in Aussagen wie den folgenden sehen kann: *Rechtschreibung ist trivial, hat nichts mit Sprache zu tun.* Oder *Es gibt nicht richtig und falsch, nur passend und weniger passend.* Themen abzuschmettern, die wohl die breite Masse an Sprecher*innen interessieren, ist sicher für die Linguistik als Fach nicht zielführend. Sie sehen also, dass sprachliche Eingriffe etwas ganz normales sind und als Teil der Sprachgeschichte gesehen werden sollten. Das fordert Anne Curzan, das fordere ich.

Als Zusammenfassung habe ich ein Beispiel aus dem Englischen parat. Sie kennen *Mehl,* das man zum Backen braucht. Im Altenglischen war das *mæl,* was man fast genauso wie *Mehl* ausspricht. Eh klar, gleiches Wort. Wieso, werden Sie fragen, sagen die Engländer aber jetzt *flour* und nicht *Mehl,* bzw. das in der Schreibung angepasste *meal* (wie in *oat meal*)? Die Antwort zeigt die Verquickung von Präskription und Deskription. Weil sich Marktschreier, ja die, die am Markt laut ihre Ware anpreisen, zu einer ganz kühnen Metapher irgendwann im 14. Jahrhundert durchgerungen haben: Mein Mehl ist besser, *mine is the flower of meal*! Die Blume des Mehls! Kauft bei mir! Relativ schnell hat dann das Wort *flower* – in der Schreibung *flour* – das alte Wort *meal* verdrängt. Denn keiner wollte sich mehr leisten, „normales“ *Mehl* zu verkaufen, wenn man die *Blume – die Blume des Mehls* – verkaufen konnte und dafür mehr verlangen oder die Absatzzahl steigern konnte, also *flour.* War dieser Sprachwandel „natürlich“? Sie sehen die Beliebigkeit dieser Unterscheidung und auch, dass dieser stilistische Präskriptivismus zu Sprachwandel geführt hat.

Der deutsche Buchmarkt, der/die deutsche Lektor*in

Die Frage, wann in Sprache einzugreifen ist, stellt sich tagtäglich im professionellen Schreib- und Verlagsprozess. Der/die Lektor*in, jener Mensch, der Bücher auf grammatikalische Fehler, Schlampigkeiten und dergleichen durchsieht, kommt hier große Bedeutung zu. Stellen Sie sich vor, es gäbe Lektoren, die Curzans vier Kategorien verinnerlicht hätten: wir hätten buntere Literatur zur Verfügung, die sich dennoch gut lesen lässt und nicht „schlampert“ ist.

Das Problem der Lektor*innen trifft über Gebühr jene, die nicht monodialektal im deutschländischen Standard aufgewachsen sind. Gerhard Roth ist ein sehr österreichischer Autor. Im seinem Roman *Der See* fragt sich Rudolf Muhr, warum dort von *Stechmücken* die Rede ist und nicht von *Gelsen* – *Gössen* – das heißt bis auf einmal, auf Seite 175 in der Erstausgabe. Das ist wohl ein „Übersehen", meint Muhr wohl ganz richtig. Übersehen von wem? Vom deutschen Lektor, denn Roth publiziert bei den deutschen Verlagen. Ist das der Preis für größere Reichweite und vielleicht eine größere Chance, tatsächlich vom Schreiben leben zu können? Der Preis besteht in der Verdeutschung des eigenen Ausdrucks.

Warum ist das wichtig, könnten Sie meinen? Stellen Sie sich vor, die Verdrängung österreichischer Formen ist nicht nur bei Büchern so, sondern auch bei Fernsehkanälen und, sehr wichtig heute, youtube-Videos und anderen Web 2.0 Medien. Abb. 6.1 zeigt einen Wandel weg von österreichischen Varianten wie *Einser* und *Sessel* und hin zu deutschen wie eine *Eins* und *Stuhl*. Wie Sie sehen, bevorzugen die Lehrer*innen in Österreich zu 61% die Austriazismen, deren Schüler, aber nur mehr zu 46%.

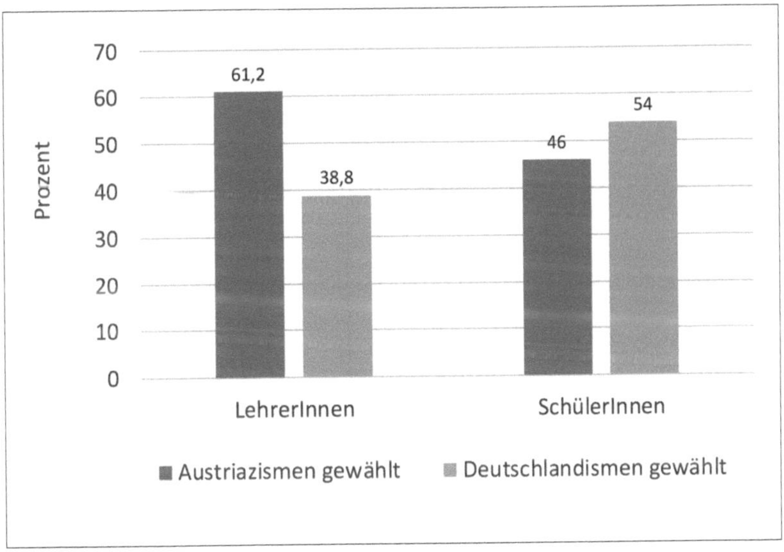

Abb. 6.1: De Cillia & Ransmayr (2019: 187)

Was sagen Sie zu dieser Entwicklung? Gut, schlecht, wurscht? Ich sage nicht gut, weil sie das „hauseigene" Identifikationsmaterial, die Vielfalt des Deutschen, untergräbt. Denken wir zurück zu Curzans vier Arten der Präskription. Was wir hier haben ist höchstens stilistische Präskription, wobei manche glauben, dass *eine Eins* „besser" ist als *ein Einser*. Das ist eine Entwicklung, die durch den deutschen Einschlag im Verlagsgeschäft verstärkt wird.

Man könnte aber auch sagen, in Anlehnung an Curzans vierte Schiene der politisch sensiblen Präskription, dass das Verhalten der Lektor*innen höchst *unsensibel* ist, weil sie offensichtlich nicht über die Funktionswirkung von *ein Einser* als [+Österreich] aufgeklärt wurden. Wenn sich die Schüler*innen diese Zusammenhänge bewusst machen, dann ist das ok im Sinne der Redefreiheit, wenn auch problematisch, weil man damit ja Variation verhindert und blockiert. Ich glaube aber, dass die meisten Schüler*innen sich diese Frage noch nicht wirklich überlegt haben, so wie in meinen Einführungskursen, wo die 17–18-jährigen nicht immer wissen, was eine kanadische oder eine amerikanische Form ist. Warum sollte das in Österreich anders sein? Diese Aufklärung müsste jedenfalls der Deutschunterricht leisten, doch das tut er nur in sehr beschränktem Maß. Wenn die Kinder dann trotzdem „eine Eins" verwenden wollen, dann können sie eine informierte Wahl treffen. Sie sehen also, ich sehe hier Versäumnisse des Deutschunterrichts in der Schule – ähnlich wie de Cillia and Ransmayr (2019), deren Buch ich Ihnen ja schon im 1. Kapitel empfohlen habe. Falls Sie das Thema Deutsch in der Schule in Österreich interessiert, müssen Sie es unbedingt einsehen.[71]

Sie sehen, Curzans Vierteilung des komplexen Phänomens der Präskription ist sinnvoll und erlaubt uns, die Dinge beim Namen zu nennen. Das gestattet uns auch, vom Verdacht der „nationalistischen" Ausrichtung freigesprochen zu werden, weil es um Chancengleichheit zwischen Bürger*innen großer und kleinen Staaten und deren sprachlichen Standards geht. Wer das nicht versteht und diese Forderung als „nationalistisch" abtut, ist gut beraten, den eigenen Glaubensunterbau in Bezug auf Identität kritisch zu überprüfen. Denn es sollte nicht so sein, dass nur die „berühmten" Leute aus Österreich, wenn sie darauf bestehen, ihr Recht auf sprachliche Identifikation durchsetzen können. Der Chef des deutschen Suhrkamp-Verlages erklärte im Rahmen der Frankfurter Buchmesse einmal folgendes:

> Also wir haben mit [Thomas] Bernhard vereinbart, daß wir österreichische Ausdrücke austauschen, wenn sie im Text an einer Stelle nur einmal vorkommen. Wenn sie öfter vorkamen und daher stilbildend sind, haben wir sie belassen.
>
> (S. 96 in Muhr, Schrodt und Wiesinger 1995)

Auch hier, beim berühmten Bernhard, muss ich sagen: hörts mit der Murkserei auf, liebe deutschen Freunde, druckt ihn so, wie er es geschrieben hat, egal ob ein Wort nur ein Mal oder 100 Mal vorkommt. Angesichts dieser Unsichtbarmachung der österreichischen Merkmale, wie man dieses Phänomen treffend nennt, ist folgende Aussage wohl tendenziell richtig:

> Will man daher österreichische Sprachmerkmale empirisch beschreiben, wird man sie kaum in der Literatursprache [...] finden.
>
> (S. 96 in Muhr, Schrodt und Wiesinger 1995)

71 Sehen Sie in der „Weiterführenden Literatur", wo Sie das Buch völlig legal herunter laden können.

Und doch findet man noch immer einiges österreichisches in diesen Texten. Stellen Sie sich vor, es gibt keine Unsichtbarmachungsprogramme bei den Verlagen, sondern sprachwissenschaftlich hochgebildete Lektor*innen, die wissen, dass Deutsch plurizentrisch ist und auch die Merkmale der Hauptvarietäten kennen. Wie bunt, im besten Sinn des Wortes, würde unsere Literatur dann sein?

Exkurs: Maria Theresia: die deutsche Kaiserin, die österreichische Kaiserin

Kaiserin Maria Theresia regierte von 1740–1780, womit ihr auch in Bezug auf Deutsch eine zentrale Rolle in Österreich zukommt. Wie Anna Havinga so schön zeigt, hat Maria Theresia, die persönlich befreundet war mit der Gattin des wohl einflussreichsten Grammatikers des 18. Jahrhunderts, Johann Gottsched, den damaligen eigenständigen österreichisch-süddeutschen Schreibstandard durch das von Gottsched bevorzugte Lutherdeutsch (Ostmitteldeutsch) ersetzen lassen. Dazu stellte sie einen „Konvertiten" ein, einen Herrn Johann Ignaz von Felbiger, der in Schlesien, das ab 1742 von Preußen erobert und der Monarchie entrissen wurde, sich schon selbst vom österreichischen Standard entfernt hatte und den „Preußenstandard" angenommen hatte. Felbiger sollte die österreichischen Schulbücher im neuen Standard schreiben.

Wir wissen heute, dass die beiden Standards in Konkurrenz zueinander standen und durch das aufstrebende Preußen, das Ostmitteldeutsche den Ruf erlangte, eleganter, besser, passender zu sein als das Gemeindeutsche, das in Wien ein wesentliches Zentrum hatte. Was würden Sie als verantwortungsvolle Kaiserin machen in einem Reich, in dem vieles reformbedürftig war? Vielleicht würden Sie auch mit der Einführung der Schulpflicht an Herrn Felbiger den Auftrag geben, die neuen Schulbücher nach dem Ostmitteldeutschen, preußischen Muster setzen zu lassen. Also nicht *der Fraue* (wie in Gemeindeutsch), sondern *der Frau* (wie im Ostmitteldeutschen).[72] Und das war es dann auch: die Schreibungen glichen sich aneinander an, aber nicht die Sprechsprachen, was dann auch später der Grund sein sollte für wichtige Unterschiede, die sich auch in der Schrift später zum Teil wieder festsetzen sollten.

Wenn Sie also wissen wollen, warum die Rechtschreibung des Deutschen zentral seit 1876 durch „Amtliche Regeln" reguliert wird, durch eine Kommission mit Vertreter*innen der deutschen Bundesländer, der Schweiz (seit 1901) und Österreichs geregelt wird, dann wissen Sie jetzt warum. Ohne Maria Theresia und ihrer Angleichung, bzw. so, wie sie es sah, „Verbesserung" der österreichischen Schreibung, wäre es wohl nie so weit gekommen. Die besagte Rechtschreib-Kommission ist natürlich zahlenmäßig klar in deutscher Hand – da richten die wenigen österreichischen Stimmen nicht viel aus.

72 Sehen Sie dazu Anna Havingas Buch mit dem interessanten Titel *Invisibilising Austrian German*. Berlin: Mouton de Gruyter, 2018.

Warum hat Maria Theresia die Schreibnorm umgestellt? Maria Theresia war ja nicht nur Königin von Österreich, sondern auch Kaiserin des Heiligen Römischen Reiches Deutscher Nation (eigentlich ihr Mann, weil Genderparität nicht so wichtig war). Kaiserin jenes Kaiserreiches also, das in Frankfurt seine Kaiser krönte. Als solche wollte sie sicher stellen, dass auch die Schreibung, die dann an ihre Untertanen im gesamten Deutschen Reich, also damals auch in Österreich, in der damals so aufgefassten, optimaleren Form gelernt werden würde. Das machte schon Sinn. Was sie nicht wissen konnte, war, dass der Krieg von 1866 und die kleindeutsche Lösung ihr hundert Jahre später einen Strich durch ihre großdeutschen Bemühungen machen würde. Das bringt uns zum zweiten Exkurs.

Exkurs: 1866 Königgrätz *and all that*

Die 66er-Jahre haben es geschichtlich in sich! *1066 and All That* beschreibt im Buch-Klassiker von 1930 die Invasion der Normannen in England mit einem breiten Grinsen. Acht Jahrhunderte später war es dann das Jahr der entscheidenden Schlacht um die Führerschaft im Deutschen Bund, der die Nachfolge des Heiligen Römischen Reiches Deutscher Nation (HRR) im Jahre 1804 angetreten hatte. Dieses HRR wurde von den Habsburgern geführt, und da die Habsburger den Staat Österreich anführten, muss man sagen, dass bis 1866 Österreich die deutsche Nation anführte. Die Details sind ein wenig komplizierter, aber die Aussage im vorigen Satz ist korrekt.

Als es dann Bismarck gelang, im Zuge seines Erfolges gegen Österreich die deutschen Kleinstaaten unter Preußen zu einen, war eine neue Leitmacht geboren. Die anderen Kleinstaaten sahen den Erfolg gegen Österreich, der langzeitlichen Führungsmacht, wohl als Beweis an, dass weiterer Widerstand sinnlos wäre, bzw. hatten mit Ludwig in Bayern einen König, der mit seiner erheblichen Macht nicht umzugehen wusste. Damit war es geschehen um die großdeutsche Lösung von allen deutschen Staaten in einem Reich. Österreich machte 1867 ein Abkommen mit Ungarn und Bismarck schnappte sich den Rest der deutschen Länder in einem kleindeutschen Reich 1871. Sie hätten es Kleindeutschland oder Großpreußen nennen sollen, aber mit dem Etikettenschwindel „Deutschland" sind sie halt doch durchgekommen.

Das erklärt, warum 1918, als dann alle Erblande der nicht-deutschsprachigen Völker der Monarchie futsch waren, eine große Menge an Leuten, auch Karl Renner, die Vereinigung mit Deutschland angestrebt hatten. Nach der Schmach des Friedensvertrags von St. Germain war nun eh schon alles wurscht und ein Teil eines Großreiches zu sein schien vielen um 1919/20 wohl zukunftssicherer, als in einem Zwergstaat ihr Dasein zu fristen. Das hat auch ganz praktische Auswirkungen: Kennen Sie die Melodie der deutschen Bundeshymne? *Deutsch—land, Deutsch—land, ü—ber a—lles*? Ja? Das ist die Melodie von Haydns Kaiserlied, das halt ursprünglich 1797 so lautete, *Gott er-hal-te, Gott be-schü—tze, Unsern Gu—ten Kai—ser Franz!* Ganz schön anders im Sentiment, oder?

Als Deutschland nach dem 2. Weltkrieg die Haydnhymne als Melodie seiner Bundeshymne einsetzte, gab es Protest von Österreich, obwohl schon 1947 die angebliche Mozart Musik (stimmte aber nicht) und der Paula von Preradović-Text *Land der Berge*, der Gewinner eines öffentlichen Wettbewerbs, als Bundeshymne von Österreich adoptiert wurde.[73]

Warum erzähle ich Ihnen die Geschichte von der Hymne? Es waren nicht nur zufällig die traditionellen Fußballdressen – schwarze Hosen, weiße Leibchen – zwischen dem DFB und ÖFB gleich, bevor der ÖFB um 2008 endgültig auf rot-weiß-rot umschwenkte. Die Dressen, wie die Hymnen, sind Resultat der langen Verbindung von Deutschland und Österreich *unter österreichischer Führung*. Dass ich nicht missverstanden werde: ich erhebe keinen österreichischen Anspruch auf irgendetwas aus der BRD oder aus dem gemeinsamen alten Erbe.

An dieser Stelle scheint ein Blick über den Tellerrand nützlich. Was Fußball, Schifahren und vielleicht Formel 1 und Radfahren in Österreich sind, sind Eishockey, Canadian Football, Nascar und Yoga in Kanada. Wie sieht das nun mit dem Englischen aus? Großer Nachbar USA – vulgo „Elefant" nach Trudeau dem Älteren – weniger wirtschaftlich starkes Land – vulgo „Maus" Kanada? Der Elefanten-Maus-Vergleich hat mir immer gut gefallen und ich glaube, dass das Gleichnis auch sehr gut zu Deutschland und Österreich passt: wenn sich der deutsche Elefant auch nur umdreht, wird es das österreichische Mäuselein sicher merken.

In Kanada Hochsprache, in den USA und im UK nicht

Jetzt wo wir uns so intensiv mit Deutsch beschäftigt haben, werden Sie ohne Schwierigkeiten sehen, dass es sich mit Kanada – USA um eine parallele Situation handelt. Sie kennen Amerikanisches Englisch? Sie wissen, dass *store, truck, ATM* in England *shop, lorry* und *bank machine* heißen? Wissen Sie was, im Kanadischen English heißen sie genauso wie im Amerikanischen English. Naja, außer für *ATM – automated teller machine* –, da sagen gar nicht wenige Kanadier *bank machine*. Was Sie hier sehen, ist, die analoge Situation zu Österreich/Deutschland: eine Wortform, zwei Nationen.

Ich erzähle Ihnen jetzt von drei Fällen von den 1348, die wir im Rahmen unseres vergleichenden historischen Wörterbuches, www.dchp.ca/dchp2, untersucht haben. Ein Tropfen im Kübel der feinen Unterschiede zwischen Englisch in US und CDN, aber immerhin. Da gibt es den Fall der *parkade* (Parkgarage), ein Wort, das früher einmal, in den 1950ern, in den USA verwendet wurde, sich aber schnell auf Kanada spezialisierte und dann ein Kanadismus geworden ist. Genau genommen ist *parkade*

73 Franz Grasberger. 1968. *Die Hymnen Österreichs*. Tutzing: H. Schneider.

Typ 5 – Frequenz (und nicht Typ 1 – Ursprung in Kanada, wie wir zuerst dachten[74]). Nur Südafrika benutzt *parkade* mit einer ähnlich hohen Frequenz wie Kanada. Geschaffen in den USA, ist *parkade* jetzt voll kanadisch. Man hört keine Unkenrufe, wie bei, sagen wir *Rauchfang*, dass auch mancher Amerikaner (Bayer) den Terminus nimmt, der als kanadisch (österreichsich) betrachtet wird, denn keiner in Nordamerika, der sich mit Soziolinguistik beschäftigt, denkt in absoluten Kategorien. Sprache ist fluide, es geht um Tendenzen, die 3% vs. 97%, die 20% und 80%, nicht die 0% und 100%, die die Anti-Plurizentriker*innen realitätsfern für Austriazismen fordern.

Kennen Sie *news, student, avenue*? Sie können diese Wörter mit „yod" aussprechen, njews, stjudent, avenjue oder ohne, also nooze, stoodent, avenoo. Das letztere gilt allgemeinhin als Amerikanisch, das erstere als Englisches English. Wie ist das in Kanada? Sehr komplex, sehr faszinierend! Je nachdem, was Sie brauchen und signalisieren wollen, nehmen Sie yod – *stjudent* – oder nicht – *stoodent*. Beim ersten, mit yod, klingen Sie intelligenter, strebsamer, auch konservativer – je nach Sprechsituation und wie Sie sich sonst so geben. Bei letzterem, ohne yod, klingen Sie volksnaher, geerdeter, gar nicht präpotent. Super! Wenn Sie das wissen, werden Sie's einsetzen. Wenn man bei der Gelegenheit ganz genau auf yod schaut, sieht man auch Unterschiede in den USA: nicht alle amerikanischen Fernsehmoderator*innen vermeiden nämlich immer das yod. Bis zu 30% des Gebrauchs sind, was viele verblüfft, auch in den USA mit yod!

Wir sehen also für yod-Dropping bzw. yod-Retention: eine Lautform, viele Funktionen, für Formen mit und ohne yod gleichermaßen. Man sieht nationale Tendenzen: UK eher mit yod, USA eher ohne yod, Kanada auch eher ohne yod aber mit viel mehr Variation als in den USA. Der anti-plurizentrische, kategorische Ansatz – ganz oder gar nicht – funktioniert nicht. Auch im Österreichischen Deutsch nicht und ich wundere mich, warum das als Gegenargument gegen einen Österreichischen Standard überhaupt vorgebracht wird.

Wissen Sie, als drittes Beispiel, was *take up* heißt? Vielleicht würden Sie sagen 'aufnehmen, anfangen', vielleicht ein Hobby, oder eine Zeitung, vom Fußboden (obwohl *pick up* da häufiger wäre). Wenn Sie's im historischen *Oxford English Dictionary* nachschlagen, sehen sie über 90 Bedeutungen. Eine Bedeutung war aber selbst dort nicht zu finden: *The math teacher took up the test.* Wenn Sie in Ontario, Kanada, in die Schule gegangen sind, dann wissen Sie mit zu 93%-iger Wahrscheinlichkeit (basierend auf einer unserer Stichproben) ganz genau, was das heißt: nämlich dass die Mathe-Lehrerin den Test korrigiert zurück gegeben hat und

[74] Sehen Sie unseren Eintrag im historischen Wörterbuch auf https://www.dchp.ca/dchp2/Entries/view/parkade, den John Considine so toll korrigiert hat. We stand corrected. So muss man das für jeden einzelnen Austriazismus auch machen. Considine, John. 2017. Parkade: one Canadianism or two Americanisms? *American Speech* 92(3): 281–297.

dass sie ganz genau besprochen hat, was richtig und was falsch gemacht wurde und wo man noch nachbessern sollte. Abb. 6.2a zeigt Ihnen die Statistik für Kanada und die USA. Man sieht, dass *take up #9*, wie es mittlerweile genannt wird, sich in Kanada von Ontario aus ausbreitet – entlang der Ost-West Achse. Sie sehen, dass in diesem Sample „nur“ 67% der Ontarier die genaue Bedeutung umschreiben konnten.

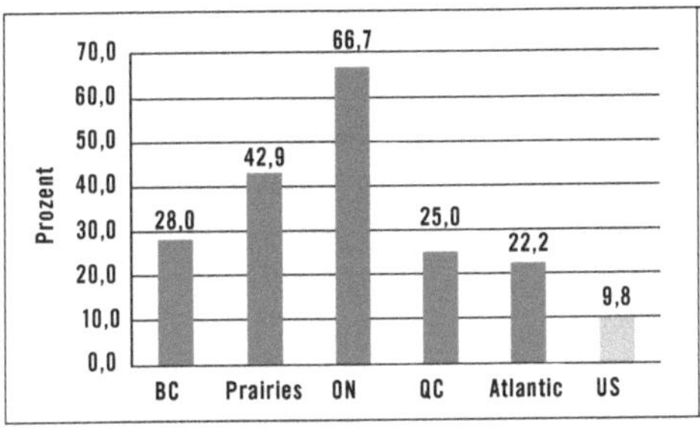

Abb. 6.2a: Richtige Umschreibungen von *take up* in Nordamerika

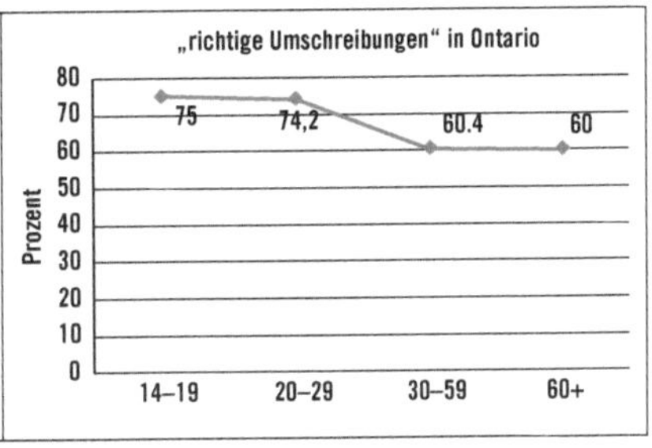

Abb. 6.2b: *take up* in Ontario per Altersgruppe

Die Fallzahlen sind so hoch, die Daten robust, sodass sich statistisch nur die USA von Ontario unterscheiden. Das heißt: ja, kanadisches Englisch ist auch in Bezug auf *take up #9*, einem neueren Kanadismus, kohärent. In Abb. 6.2b sehen Sie die Altersdaten der Probanden, die die Mehrheit ihres Lebens zwischen 6–22 Jahren (= Schul- und Unizeit) in Ontario verbracht haben: Sie sehen, dass die richtige Umschreibung dieser Spezialbedeutung mit abnehmenden Alter sogar etwas zunimmt: voilà, eine neue kanadische Form ist im Kommen und das trotz 70 Jahre andauernder und zunehmender Integration von Kanada und den USA.

Einziger Ausreißer in Abb. 6.2a sind die USA, die statistisch anders als alle anderen Regionen sind. Super Sache, oder? Es dauerte sechs Jahre und viele Fragebogenuntersuchungen, darunter gezielt in den USA und im UK, um andere Erklärungsmöglichkeiten auszuschließen – mit sehr guten, durchgetesteten Fragebögen – um dem auf die Schliche zu kommen. Hier haben wir einen neuen Kanadismus gefunden, der sich gerade ausbreitet – und an der internationalen Grenze zu den USA halt macht, auch wenn ein paar wenige Amerikaner die Bedeutung kennen. Letzteres tut dem Status als Kanadismus keinen Abbruch. Wir freuen uns ja, wenn sprachliche Innovationen wo anders aufgegriffen werden.

Wie machen das aber die Anti-Plurizentriker*innen in solchen Fällen? Wenn die etwas potentiell österreichisches finden, sagen Elspaß et al., z. B.:

> In keinem der hier aufgezeigten Fälle ist es so, dass ... Varianten nur in einer Nation und ansonsten in keiner anderen Region des deutschen Sprachraumes gelten, also etwa nach dem Muster: ‘x ist ein Deutschlandismus, y ist ein Helvetismus und y ist ein Austriazismus’.
>
> (Elspaß, Dürscheid & Ziegler 2017: 8)

Elspaß und Konsorten verlangen absolute sprachliche Grenzen, ohne jegliche Vermischung. Wenn sie von einem Split in eine 100% bzw. 0% Variante ausgehen, legen sie die Latte so hoch, dass jeder Austriazismus sie reißen muss, egal was die Daten hergeben, denn 0% oder 100% werden sie nie finden. Mit der Methode würden sie *take up #9* auch nicht als Kanadismus verorten, weil ja fast 10% der Amerikaner*innen die Konstruktion richtig umschreiben. Die Kolleg*innen wollen anscheinend kein Österreichisches Deutsch haben und eben in einer einheitsdeutschen Nudelsuppe daherschwimmen. Sehen Sie zurück ins Kapitel 1, wie wir Austriazismen definiert haben. Sechs Typen kennen wir und keiner entspricht dieser viel zu groben Einteilung – eine Dreierteilung in dem Textzitat von vorhin – der Anti-Plurizentrist*innen. *Des duat ka guat nit*, das „areale Modell"! Schauen wir lieber, was wir von Kanada in Bezug auf Österreichisches Deutsch lernen sollten.

Was wir aus der kanadischen Situation lernen sollten

Im wesentlichen sind es drei Lektionen, die uns die kanadische Situation vor Augen hält. Da Kanadisches Englisch uns nicht so nahe ist wie Österreichisches Deutsch, kann man die Lage vielleicht mit etwas Abstand (in der Bedeutung von vor-Corona-Zeiten) betrachten.

Lektion 1: Auch andere „dürfen" ein Wort verwenden

Diese Erkenntnis – wir denken nicht in 0% bzw. 100% – ist in der derzeitigen Forschungslage enorm wichtig und darf nicht unterschätzt werden, insoferne einige Vertreter*innen der Germanistik betonen, dass es nur wenige Formen gibt, die ausschießlich in Österreich verwendet werden. In einem anderen Buch nenne ich diese fehlerhafte Forderung das „Axiom der Kategorizität", aber weil das ein sperriger Name ist, möchte ich ihm hier einen anderen Namen geben: das Schwedenbombensyndrom. Was meine ich damit?

Es ist in der Tat wahr, dass viele Varianten hier als auch dort gebraucht werden – aber eben nicht gleich verwendet werden. Alles andere wäre auch eigenartig, weil wir die Varietäten ja in der Tat noch alle Deutsch nennen wollen: Schweizerdeutsch, Österreichisches Deutsch, Nordostdeutsch etc. Es ist daher eine Ausnahme, dass ein bestimmtes Wort oder Form (Aussprache) nur in einem Gebiet verwendet wird. Ein so ein Fall ist jedoch die *Schwedenbombe*.

Wie Abb. 6.3 zeigt, ist der Terminus *Schwedenbombe* tatsächlich (fast) nur in Österreich in Verwendung. Auch wenn diese Daten etwas älter sind, so, z.B. wird *Negerkuss* seit den 1990ern im Sinne einer nicht-diskriminerenden Sprachverwendung generell durch *Schokokuss* ersetzt, sieht man die österreich-relevante Dimension in Abb. 6.3. Vielleicht ist *Schwedenbombe* sogar der beste Terminus, denn *Negerkuss* ist ja ein vorbelasteter Terminus, ebenso wie *Mohrenkopf*. Vielleicht wird sich aus dem Grund die *Schwedenbombe* auf kurz oder lang durchsetzten? Oder doch *Schokokuss*? Wir werden sehen. In jedem Fall ist *Schwedenbombe*, anders als *Tischler* (*Schreiner*), *Ross* (*Gaul, Pferd*), oder *Rauchfang* (*Schornstein*), in der Tat ausschließlich in Österreich (und Südtirol) in Verwendung und somit das Schreckgespenst der Anti-Plurizentriker*innen. Andere Varianten sind traditionell auch nur in Österreich zu finden: *sich verkühlen* ist ein anderer – in Bayern sagen die Leute *sich (v)erkälten* – auch *Traktor* ist etwas, das nördlich des Inn oft vom *Bulldog* abgelöst wird.[75] Aber das Argument, dass es aufgrund der wenigen ausschließlichen Varianten kein Österreichisches Deutsch gibt ist schlichtweg falsch. Sonst gäbe es kein Luxemburgisch, kein Schwedisch, kein Norwegisch, kein kanadisches Englisch usw.

Abb. 6.3: *Schwedenbombe* und Varianten (Quelle: *dtv-Atlas Deutsche Sprache*, S. 238)
Negerkuss wird heute in der Regel durch *Schokokuss* ersetzt

Lektion 2: Vorsicht vor versteckten Einheitsvisionen: Axiom des Einheitsdeutschen

Die zweite Lehre aus der kanadischen Situation ist, das „Axiom des Einheitsdeutschen", das den Arbeiten der Kritiker zugrunde liegt, abzulehnen. Warum? Wir haben schon

75 Die Sprachkarten aus dem *dtv-Atlas Deutsche Sprache* von Werner König (2003er-Auflage oder später) basieren auf Jürgen Eichhoffs *Wortatlas*, publiziert von 1977 bis 1978. Elspaß und Möllers Sprachatlas beinhaltet *Schwedenbombe* (noch) nicht (siehe Weiterführende Literatur).

festgestellt, dass Sprachen nicht nach dem Ein-Bit-System, wie ein Lichtschalter, ein oder aus, funktionieren. Variante da oder nicht da. Nein, eher wie bei 16 Bit, das heißt 2^{16} = 65636 Möglichkeiten und Schattierungen. Aber die Vision des einen Standdarddeutschen muss man nun unwiderruflich verwerfen. Warum? Die Deutschen können ihren eigenen Standard bestimmen, das ist ok, aber sie haben nichts bei den Standards der anderen Staaten zu vermelden: *they are irrelevant*, wie es H. G. Widdowson einmal in einem berühmten Aufstatz zu einem ganz ähnlichen Problem im Englischen genannt hat. Stimmt, wie sollte es auch anders sein? Denn, raten Sie einmal, welches Deutsch dieser einheitliche Standard sein soll. Richtig, kein Standard mit Elementen des Österreichischen Hochdeutsch, sondern ganz sicher und fest in der Hand von nördlichen Gefilden, ob Sie es nun Hannoverdeutsch oder Meißnerdeutsch nennen, ist unwichtig, jedenfalls der bundesdeutsche Standard.

Der Fokus auf diesen einen Standard scheint in die DNA der Germanistik geschrieben. Schauen Sie einmal her: es ist interessant, was Werner König, ein Altmeister seines Faches, über *Karotte* im bereits erwähnten dtv-Altas schreibt. *Karotte* „stammt aus dem Romanischen, es ist hochsprachlich verbreitet, hat – seltene Ausnahme – in den dt. Mundarten aber kaum eine Basis." Das wird historisch seine Richtigkeit haben, im Gebiet von Österreich sagte man eher *Murkerl* (Wien u. U., Burgenland), *Meara, Mer* oder *Mera* oder *Mehlruam* oder *Merche* (Rest des Landes, bis nach Tirol), aber eines sagt man sicher nicht: *Mohrrübe* oder *Möhre* (richtig, die findet man dialektal-traditionell wieder im alten Preußen). Nun, was König aber nicht einbringt, ist, dass der italienische und wohl französische Einfluss in Österreich der *Karotte* zum Siegeszug verholfen hat. *Karotte* ist österreichischer und Südtiroler Standard, *Möhre* oder *Gelbe Rübe* deutscher Standard, *Rübli* Schweizer Standard, und die Varianten werden gegenseitig passiv verstanden (siehe http://www.atlas-alltagssprache.de/mohre/?child=runde). Das ist doch schön, oder? Variation und Identität und doch keine (allzugroße) Sprachenverwirrung. Im *Atlas der Alltagssprache* wird diese Variation im Einheitsstandard grenzüberschreitend und absolut interpretiert. Damit übersieht man das Wesentliche, nämlich den dynamischen und identiätsstifenden Faktor von Sprache und Sprachwandel.

Lektion 3: Höflich, aber bestimmt, Einspruch erheben

Dem „arealen" Ansatz, von dem noch dazu behauptet wird, dass er modern und „objektiv" sei, muss man entschieden entgegen treten, aus den oben, von Kapitel 1 bis hierher, angegebenen Gründen. Das ist aber schwierig, wenn es im Fach keine, bzw. zu wenig Qualitätskontrolle gibt und man sich nicht genug in den internationalen Diskurs einklinkt bzw. Kritiker ausklinkt. Wenn man noch dazu quasi nur auf Deutsch publiziert, kann man jahrelang – sozusagen in der eigenen Suppe – schreiben, ohne wirklicher Kontrolle unterzogen zu werden. Kritik wird nicht gewünscht. Ich hab's in Schönbrunn 2016 probiert, dann mit Buch und Aufsatz 2019 und bin bis heute – Mai 2021 – noch nicht wiklich ins Gespräch gekommen. Es gab aber eine Ablehnung unseres Panels zum Österreichischen Deutsch mit 15 internationalen Expert*innen für eine Konferenz in Wien. Sie sehen, der wissenschaftliche Diskurs funktioniert nur schleppend.

Eine nationale Hochsprache macht keine*n Nationalist*In. Im Gegenteil, sie garantiert die Existenz der eigenen kulturellen Identität in Relation zu anderen Hochsprachenvarietäten und lässt diese auch so sein, wie sie sind oder sein wollen. Diesen Punkt hört man immer wieder, doch man muss darauf beharren, dass ein eigener nationaler Standard nichts mit Nationalismus zu tun hat. Warum nicht? Haben sich die Amerikaner oder Briten aufgeregt, als Kanada in den 1960ern seinen eigenen Standard definiert hat (übrigens über die *Gage*-Dictionaries, allem voran das *Gage Canadian Dictionary*, erst um das Jahr 2000 über das *Canadian Oxford Dictionary*)? Nein. Hat sich irgendwer mokiert über die Jamaikaner, als die ein Jamaican English Wörterbuch herausgeben haben? Nein. Man hat ihnen applaudiert.

Wieso, frage ich mich, ist die Akzeptanz nationaler Standardvarietäten für die Germanistik so schwierig? So schwierig, dass in dieser Frage sogar Fachleute wie mit Scheuklappen durch die Gegend laufen – Leute, die am Österreichischen Deutsch forschen mit Methoden, die auf den ersten Blick modern anmuten, aber eben an der Realität der Sprecher*innen vorbeigehen können? In diesen Fällen kann man nur, wie ich es hier versuche, so höflich wie möglich, aber so bestimmt wie nötig, Einspruch erheben. Und da eben, ich schätze, derzeit wohl 95% der Mittel und 80% der Arbeiten in diesem a-theoretischen, anti-plurizentrischen Rahmen ablaufen, muss man schon sehr laut Einspruch erheben. Denn kein Kind in Österreich sollte die dominante Sprache Österreichs nach Abb. 6.4a lernen, wenn das Modell in Abb. 6.4b so viel besser für die Persönlichkeitsentwicklung ist: so wie man in Österreich Standard spricht, ist es genau richtig.

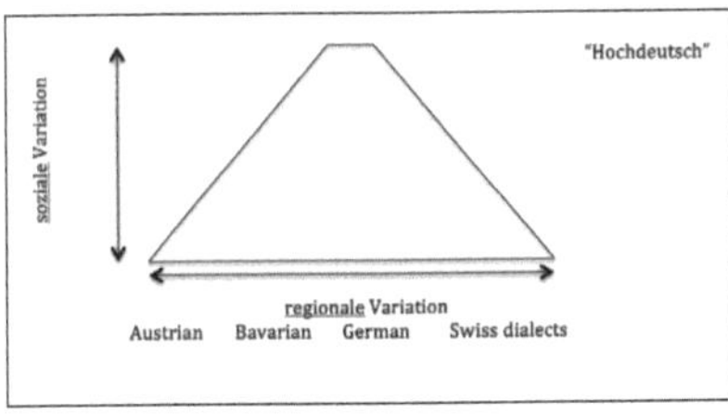

Abb. 6.4a: Der areale Begriff von Deutsch (nach Abb. 2.4)

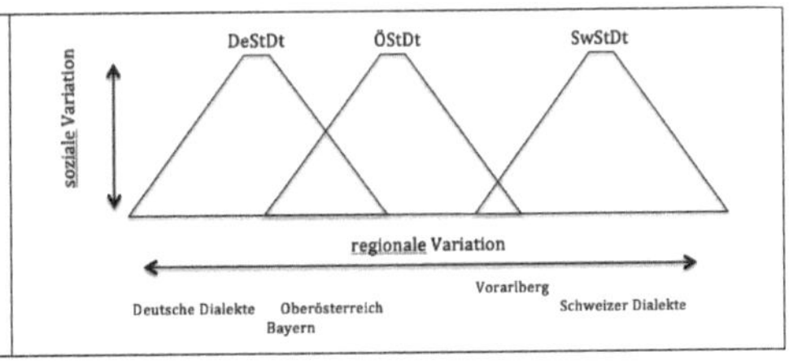

Abb. 6.4b: Der plurizentrische Blick aufs Deutsche (nach Abb. 2.2)

Die Kolleg*innen werden nun vielleicht sagen: Polemik! Es werden wieder die Kinder angeführt. Ich sage, nein, ganz und gar nicht polemisch. Wir erinnern uns zurück an die sprachliche Unsicherheit, die durch die Idee eines Deutsch wie in Abb. 6.4a entsteht bzw. verstärkt wird. Wir wollen mündige Bürger*innen, was nur geht, wenn Sprache berücksichtigt wird. Kein von oben herab, sondern ein auf die Bedürfnisse eingehen.

Soziolinguistik wurde gegründet, um diese Botschaft über Sprachen durchzusetzen. Dass die Anti-Plurizentriker*innen das nicht tun, zeigt, dass großdeutsche Ideologien, auf die diese Anschauung von Deutsch fußt, noch nicht geändert wurden.

Sprachplanung ist kein Schimpfwort: Kosmopoliten brauchen „Heimat"

Europa hat eine lange Geschichte, die von Konflikten übersät ist. Da muss man nach vorne blicken, sich für Versäumtes entschuldigen und auch Verzeihen, wenn man weiter im globalen Kontext bestehen will. Es scheint verlockend zu sein, einfach zu betonen, dass nationale Identitäten etwas von gestern sind und dass wir nun alle europäisch denken sollten. Letzteres muss zwar das Ziel sein, nur der Weg dorthin ist in dieser Art äußerst fraglich. Doch auch die Zielvorstellung ist kein Entweder-Oder, denn Menschen haben natürlich multiple Identitäten. Man kann Österreicher*in und Europäer*in sein und vieles mehr. Der britische Historiker Joachim Whaley bringt hier wieder diese Eigenheit der deutschen Geschichtsforschung auf den Tisch, wenn er die Trends der Intellektuellen in Deutschland als postnationales Denken bezeichnet, das sich aus den Erfahrungen des 2. Weltkriegs herleitet und in einer „reduzierten Sensitivität gegenüber der fortwährenden Bedeutung nationaler Fragen in vielen Nachbarstaaten Deutschlands" resultiert („diminished sensitivity to the continuing significance of national issues for many neighbouring countries", Whaley 2002: 35). Das kann ein wesentlicher Unterschied zwischen einem deutsch-intellektuellen Blick und einem österreichisch-intellektuellen sein.

Ich meine, die wenigsten, egal ob groß oder klein, können oder wollen ihre Identitäten ablegen. Noch sollten sie dazu aufgefordert werden. Solche europäischen Visionen sind zum Scheitern verurteilt. Was man aber sehr wohl kann, ist, sich einen persönlichen Mix an Identitäten maßzuschneidern: Hausruckviertler, Oberösterreicher, Österreicher (auf dieser Ebene institutionalisieren sich eine Reihe Standards, inkl. sprachliche), Europäer, Britisch-Kolumbianer, Kanadier und Weltenbürger. Das muss doch möglich sein. Man kann Kärntner Slowenin, Kärtnerin, Österreicherin, Europäerin und Weltenbügerin alles zugleich sein. Wenn mir nun wer sagt, ich müsse meine österreichische Identität ablegen, bzw. dürfte diese nicht sprachlich ausdrücken, weil es meinen Österreichischen Standard nicht gebe, sondern nur ein Deutsch, dann wird er von mir etwas hören. Der hätte nämlich dann etwas ganz Zentrales in einer globalisierten Welt nicht verstanden: sag deinem Gegenüber niemals, was es ist und was nicht. Lass' Dein Gegenüber selbst entscheiden.

Es sind diese Gedanken der Außenbestimmung, die man bekämpfen muss, denn Identitäten muss sich jede*r selbst definieren. Whaley nennt das, wie wir gesehen haben, die „reduzierte Sensitivität" der deutschen Intellektuellen gegenüber anderen Positionen in Bezug auf Nation. Sie zeigt auch wohl den Rest eines kolonialen, imperialistischen Erbes, ohne dessen restlose Aufarbeitung man nicht weiter kommen wird. Das Motto der Europäischen Union ist „In Vielfalt geeint". Bitte wo, liebe anti-plurizentrische Germanist*Innen, ist hier die Vielfalt, wenn Sie jegliche Variation, die etwas anders ausdrückt als „ein Standard", kategorisch und *a priori* ausschließen?

Ich bin überzeugt, dass es in der jetzigen Welt ein echtes Kosmopolitentum nur mit (nationaler) Verankerung geben kann. Wer hinaus in die Welt geht, kann bestätigen, dass man Kosmopolit – Weltenbürger – nur werden kann, wenn man mit seiner „Heimat" im reinen ist. Das geht nicht, wenn man sich schämt, schlecht fühlt oder anderwertig sich nicht auf Augenhöhe mit seinem Gegenüber treffen kann. Wenn mein Gegenüber nicht versteht, noch dazu als Sprachwissenschafter*in, dass das Deutsche plurizentrisch ist, dass mein Österreichisches Standarddeutsch für mich wichtig ist, so wie mein Dialekt, dass ich nicht wie Anne Will oder Günther Jauch klingen will, dann haben wir in Europa ein Problem. Auch wenn ich Jauch und Will sehr schätze. Das fordere ich ein von meinem – deutschsprechenden – Gegenüber. Ist diese Forderung so unverfroren?

In dem Sinne ist es für Linguist*innen nicht verwerflich, sich an sprachplanerischen Prozessen zu beteiligen: wie kann man den österreichischen Standard noch besser untersuchen, beschreiben, kodifizieren und ja, Zweifelsfälle schlichten? Der/Die Anti-Plurizentriker*in macht ja nichts anderes, nur eben für einen angestrebten Einheitsstandard, den es nicht mehr gibt und der auch nicht zurück kommt, wie uns die Sprachgeschichte zeigt. Er/sie darf das auch weiter tun, seinen/ihren Standard studieren, aber bitte mit der Beschränkung auf Deutschland und mit der Unterlassung von außen auf Österreichisches Deutsch einzugreifen.

Der Virus: maskulin ist nicht inkorrekt

Können Sie sich noch an *den Virus* aus dem ersten Kapitel erinnern? Richtig, *das Virus* werden Sie mich freiwillig nicht sagen hören. Wir haben die Situation ja im ersten Kapitel mit vier Tests und einigen Anekdoten durchgetestet und können daher folgendes zu *der Virus* sagen (maskulines Genus):

- ist weit verbreitet in Österreich
- ist in Österreich die natürlichere Variante jenseits des Standards
- *der Virus* wird verdrängt vom Genus neutrum, *das,* im Glauben, es komme von Latein
- *virus* in der Bedeutung von Erreger ist eher über frühe immunologische Literatur um Louis Pasteur (1822–1895) vom Französischen ins Deutsche gekommen. Französisch kennt *le virus = der Virus*
- um 1880 versuchte Pasteur *à isoler le virus de la rage* (den Virus der Tollwut zu isolieren)

Der Ansatz von de Cillia und Ransmayr, dem Duo hinter dem wohl wichtigsten Buch zum Österreichischen Deutsch seit Ammons und Clynes Büchern in den 1990ern, hat großes Potential, bahnbrechende Arbeiten zum Österreichischen Deutsch zu produzieren. Vielleicht ist mein Lob nicht ganz fair gebenüber anderen, weil ja Jakob Ebner seit 1969 sein Wörterbuch zum Österreichischen Deutsch herausbringt. Oder Robert Sedlaczek, der in zahlreichen Büchern und Kolumnen eine breite Leser*innenschaft anspricht. Oder Rudi Muhr, der unermüdlich seit 1982 gegen jeden noch so übermächtigen Gegner fürs Österreichische Deutsch zu Felde zieht und kürzlich mit PCL-Press einen Verlag geschaffen hat, wo man günstig, in open access und print-on-demand, Bücher zum Thema publizieren kann (sehen Sie hier https://pcl-press.org). Vielleicht haben Sie ja auch ein Buch zum Thema in Planung?

Gibt es wirklich ein Österreichisches Hochdeutsch?

Ohne jeden Zweifel. Es wird gelebt jeden Tag im ORF, ATV, PULS 4, den Radios und man liest es in den österreichischen Medien. Es hat klare Merkmale, es gibt Einstellungen dazu, was man sich unter Standard in Österreich vorstellt, auch wenn man diese nicht immer genau benennen kann. Es wird gelebt, wenn die Bürger*innen aufs Amt gehen, in aller Regel, doch in dem Kontext gibt es auch innerösterreichische Unterschiede. Der österreichische Standard ist aber noch ausbaufähig. Es würde uns allen gut tun, wenn wir, die Linguist*Innen, diese Arbeit gemeinsam und nicht gegeneinander, mit identitätsstiftenden und ohne kolonial-dominante Konzepte angehen, die ja nur die Dominanz einer Gruppe über die andere, kleinere, sichern. Das kann es nicht sein. Man kann keine Linguistik, nein, man darf keine Linguistik gegen die Sprecher*innen machen. Wenn von einem Einheitsstandard die Rede ist, der auf immer und ewig von außen vorgegeben wird, dann ist das aber der Fall.

Sehen Sie in Abb. 6.5 wie in Österreich die Sprache Deutsch empfunden wird. Auf die Frage, ob Deutsch als Sprache mit einem (monozentrisch) oder mehreren (plurizentrisch) Standards empfunden wird, antworten 80% der Sekundärschüler*innen und 90% der Lehrer*innen, dass es mehr als einen Standard im Deutschen gibt. Abb. 6.5 ist damit ein zentrales Argument für die weitere Kodifizierung des österreichischen Standards und zeigt, dass dieser Standard nun von der großen Mehrheit *erwartet* wird. In Kanada hat sich auch gezeigt, je mehr Bildung man hat, desto mehr ist man für die Plurizentrik offen.

Die Anti-Plurizentriker*innen sind somit am falschen Dampfer, am Dampfer einer linguistischen Einheit, die es schon lange nicht mehr gibt, die auch mit der EU-Integration nicht zurück kommt und die von den Österreicher*innen nicht gesehen wird. Deutsch ist für Österreicher*innen plurizentrisch, wenn man weiß, wie man sie fragt. Nicht nur wegen dieser Daten ist De Cillia und Ransmayrs Buch ein enorm wichtiges Buch.

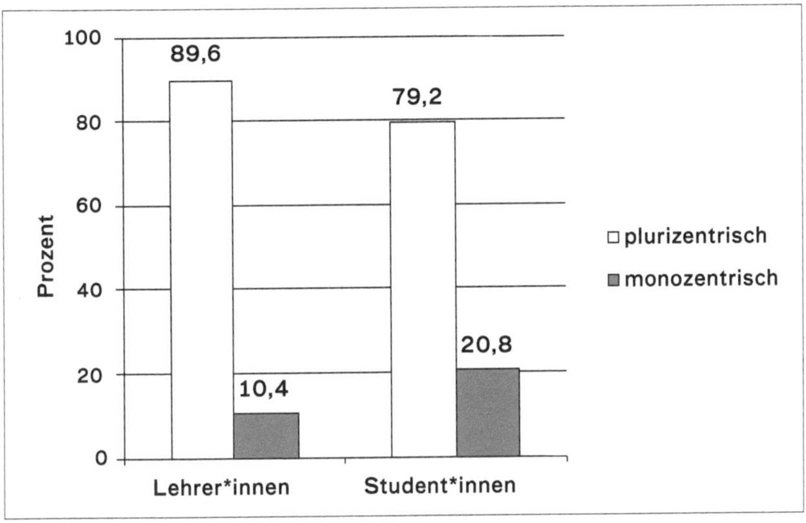

Abb. 6.5: Ein oder mehrere Standards in Deutsch: österreichische Antworten[76]

Nun gibt es auch den Fall, dass manche, und wahrscheinlich gar nicht so wenige, vom Österreichischen Hochdeutsch noch nie gehört haben. Warum nicht? Wenn Sie nicht in Österreich wohnen, ist das nicht weiter verwunderlich. Wenn Sie aber in Österreich leben, zeigt das, dass das Schulfach Deutsch in dieser Beziehung zu wünschen übrig lässt. Das ist mit den Vorannahmen der Germanistik erklärbar, die ja auf nur einem Standard, der ja von 1770 bis 1870 tatsächlich prävalent war, basieren. Hier muss sich aber etwas ändern. In der Anglistik sind postkoloniale Studien *en vogue*. In der Germanistik wird es doch auch Zeit, das Fach nun grundlegend, und abseits des postkolonialen Spezialbereiches, zu entkolonialisieren.

Soziolinguistische Gebote im 21. Jahrhundert

Vier Gebote ergeben sich aus dem hier gesagten, die ein Ziel gemeinsam haben: es nicht so weit kommen zu lassen, Sprachwissenschaft gegen die Sprecher*innen zu machen. Da muss die interne Wissenschafskontrolle schon weit früher anschlagen und die Seilschaften effektiver einbremsen. Denn ein Return-of-Investment muss auch für öffentlich finanzierte Forschung *möglich* sein, das heißt in unserem Beispiel, dass soziolinguistische Forschung das Potential haben muss, von kulturwissenschaftlichem Gewinn für den Auftraggeber, den österreichischen Staat, zu sein. Abb 6.5 gibt uns hierfür den Auftrag, Spracheinstellungen ernst zu nehmen.

---

76 Quelle: De Cillia and Ransmayr (2019: 137, Abb. 36)

Gebot 1: Der Große muss offener werden

Österreich ist nicht Deutschland. Trotz EU, oder auch wegen ihr. Das muss den deutschen Besucher*innen, Gästen und Bewohner*innen in Österreich klar sein. Ich erinnere mich an einen 2019er-ORF Bericht über die Uni Innsbruck, die sich im Fach Psychologie mit 80% deutschen Studierenden herumschlägt. Einer von diesen 80%, ein Erstsemester, meinte dann im Fernsehinterview: es sei hier [Innsbruck] genauso wie zu Hause in Deutschland. Diese Einstellung, diese Blindheit, ist ein Problem, für das Leute aus den „großen Ländern", die „Großen", eine Bringschuld haben: reist nicht mit einem kolonialen Mindset durch die Welt, oder auch nur ins Nachbarland. Diese Sichtweise hat durchaus Tradition. Der Doyen der heimischen Literatur, Wendelin Schmidt-Dengler, der die deutschsprachige Literatur so gut kannte wie kaum ein zweiter, berichtete die folgende Geschichte:

> Eine junge Kritikerin eines bekannten Hamburger Wochenblattes meinte im lockeren Gespräch: Österreichische Literatur heute, das sei irgendetwas, worin immer ein Kuhstall, ein Kalbsstrick und ein Selbstmord vorkomme – obendrein alles sehr katholisch. In einem gewissen Sinne also noch ärger als das, was aus Bayern zu erwarten wäre – in jedem Falle: Rustikales, derbtragisch, mit eindeutigem Duft versehen; Weihrauch als Komplement des Stallgeruchs.
> (Schmidt-Dengler in Muhr, Schrodt & Wiesinger 1995: 39)

„Noch ärger" als die Bayern. Ja die Bayern haben's auch nicht immer leicht im deutschen Bundesstaat, was aber ein bayerisches Problem ist. Auf Österreich bezogen fällt die enorm negative Einstellung auf. Warum sollte das auf die Literatur beschränkt bleiben, wenn doch *heuer, eh* und *bisserl* sich zu ähnlich unqualifizierter Kritik eignen?

Gebot 2: Der Kleine muss offener werden

Es ist nicht so, dass nur der Große eine Bringschuld hat. Die fällt auch auf den Kleinen. Toleranz, ja Wertschätzung den Minderheitensprachen gegenüber, muss jeder leben und weiter entwickeln. Es ist ein Prozess, der niemals abgeschlossen ist, aber in dem man immer besser wird. Von *Klammer, Kreisky, Lauda* bis *Billa, Hofer* oder *Jause* und *Wanderung*, viele Begriffe können identitätsstiftenden Charakter haben. Aber genauso wie diese Wörter sind die eigenen Minderheiten im Land und deren Wörter Teil der Identitätskonstruktionen. Die Minderheiten sind ja überhaupt wichtig, denn nur wenn man diese gut behandelt, kann man auch von den Großen fordern, dass man selbst gut behandelt wird. Hätte man den Kärntner Slowenen in den 1970er die Hand gereicht, hätte man die ÖWB-Kritiker um eben solche Toleranz bitten können.

Wir wissen aus Kapitel 4, dass die Minderheiten in Österreich oft klein sind. So klein, dass sie in der Stichprobe von 1.000 Österreicher*innen, die im Jahre 2012 zur letzten EU Sprachenumfrage (*Europeans and their Languages*, Eurobarometer 386) gezogen wurde, total untergehen. In dieser Umfrage gibt es aber Daten, die wir als bedenklich ansehen müssen. Die Aussage, dass sich die europäischen Institutionen auf

„eine einzige Sprache“ einigen sollten für die Kommunikation mit ihren Bürger*innen, wird von einer großen österreichischen Mehrheit unterstützt, wie Tabelle 6.1 zeigt:

Die Europäischen Institutionen sollten sich auf eine einzige gemeinsame Sprache für die Kommunikation mit den europäischen Bürgern einigen. Stimme zu:

1. FI	24	7. LV	45	13. SE	49	18. LT	56	24. ES	65
2. EE	32	8. RO	45	14. CZ	51	19. BE	61	25. PL	65
3. HU	39	9. UK	46	15. EL	52	20. MT	61	26. CY	66
4. BG	42	10. DE	48	16. NL	53	21. IT	62	27. SK	77
5. SI	43	11. FR	48	EU-27	54	22. PT	63		
6. DK	45	12. IE	49	17. LU	55	23. AT	64		

Tab. 6.1: Nur eine Sprache in der EU-Kommunikation, Befürworter*innen (Eurobarometer 386)

Etwas mehr als die Hälfte der befragten Unionsbürger*innen, siehe EU-27, würde dieser Frage zustimmen. In Österreich sind es fast zwei Drittel (64%), in der Slowakei gar mehr also drei Viertel (77%). Diese Entwicklung ist alarmierend, weil dies bedeutet, dass eine knappe Mehrheit den Sinn der Gleichbehandlung aller EU-Sprachen nicht zu verstehen scheint. Welche Sprache sollte diese gemeinsame sein? Es würde wohl Englisch werden. Die hohe Zustimmung in der EU und in Österreich zeigt, dass hier zu wenig Bewusstseinsarbeit gemacht wird, was die kulturelle und sprachliche Vielfalt betrifft. Die Österreicher*innen sehen die Reduktion auf nur eine Sprache jedenfalls um die Hälfte positiver als die Deutschen (48%) oder die nunmehr ausgetretenen Briten (46%). Die Österreicher*innen vergessen jedenfalls auf die Bedeutung der sprachlichen Vielfalt.

Die Finnen (24% für eine EU-Sprache) scheinen hier besser informiert zu sein, auch die Esten (32%), aber das nur auf den ersten Blick. Wenn man aus der nächsten Frage, in Tabelle 6.2, ersieht, dass die Sprachlern-Zielvorgabe für EU-Bürger*innen eine Muttersprache und zwei weitere Sprachen sein sollte, unterstützen die Finnen dieses Ziel am wenigsten (37%), was schlecht mit sprachlicher Toleranz zu vereinen ist. Die Esten (EE) zeigen, im Gegenstaz, dass sie diesem Ziel zu 82% zustimmen. Die Spanier und Luxemburger befürworten also drei EU-Sprachen als Ziel am meisten, gefolgt von den Griechen (EL), Italienern, Letten, Belgiern und Esten, Litauern, Niederländern, Portugiesen und Polen. Der EU-Schnitt ist 72%, Österreich liegt am 20. Platz mit 65%, schlechter als die notorisch einsprachigen Briten und quasi gleichauf mit den Ungarn und Tschechen. Die Frage stellt sich, was in punkto Mehrsprachigkeit, Zielvorgabe Muttersprache plus zwei weitere EU-Sprachen, in Österreich nicht klappt.

Um die sprachliche Toleranz ist es also nicht sehr gut bestellt. Die Frage der Gleichbehandlung aller in der EU gesprochenen Sprachen, in Tabelle 6.3, liefert bei 20 der 27 ein erwartbares Ergebnis von 80% Zustimmung oder mehr. Die Ausreißer sind Dänemark, Belgien, Österreich, Deutschland, Frankreich, Luxemburg und die Niederlande.

Jeder in der EU sollte in der Lage sein, neben der Muttersprache mehr als nur eine weitere Sprache zu sprechen. Stimme zu:

1. ES	94	7. EE	82	13. MT	75	18. UK	66	24. DE	57
2. LU	91	8. LV	81	14. SI	73	19. HU	65	25. DK	56
3. EL	87	9. NL	81	EU-27	72	20. AT	65	26. IE	56
4. IT	86	10. PT	81	15. SK	71	21. CZ	63	27. FI	37
5. LT	83	11. PL	80	16. SE	71	22. BG	60		
6. BE	82	12. CY	76	17. FR	68	23. RO	60		

Tab. 6.2: Muttersprache plus zwei EU-Sprachen, Befürworter*innen (Eurobarometer 386)

Die Niederlande liegen überhaupt am schlechtesten mit 56%, was wohl auch mit dem politischen Klima des Jahres 2012 zu tun hat. Kann es sein, dass die Rechtspopulisten in diesen Ländern die sprachliche Intoleranz beflügeln?

Alle in der EU gesprochenen Sprachen sollten gleichwertig behandelt werden. Stimme zu:

1. CY	96	7. PL	90	13. IE	86	19. FI	83	24. DE	73
2. EL	95	8. ES	90	14. RO	84	EU-27	81	25. LU	70
3. MT	93	9. EE	90	15. IT	84	20. LT	81	26. FR	70
4. LV	93	10. BG	90	16. UK	83	21. DK	75	27. NL	56
5. CZ	91	11. SK	89	17. SE	83	22. BE	75		
6. SI	90	12. PT	89	18. HU	83	23. AT	75		

Tab. 6.3: Alle EU-Sprachen sind gleichwertig, Befürworter*innen (Eurobarometer 386)

Wir sehen in diesen Daten dringliche Probleme, die es in der EU, ganz abseits von Migrations- und Umweltfragen, zu bewältigen gibt: Toleranz, Zusammenleben, gegenseitige Wertschätzung. Im Jahre 2001 war am 26. September der 1. Tag der Sprachen. Ich war damals als „Koordinator" vulgo Direktor im neugegründeten Sprachenzentrum der Uni Wien tätig. Seither hat die EU nicht wirklich etwas auf dem Gebiet weiter gebracht. Es braucht nun mutige Schritte und Arbeit am Thema Sprachen und Kulturen. Es muss wieder cool werden, viele Sprachen zu sprechen. Österreich, mit nicht berauschenden und unterdurchschnittlichen Daten, die weniger sprachliche Toleranz ausdrücken als im EU-Schnitt, hat hier eine Bringschuld, die es zu erfüllen gilt.

Gebot 3: Sprachwissenschafter*innen sind auch nur Menschen

Denken Sie zurück in die frühe Neuzeit: die akademischen Ärzte theoretisierten am Krankenbett herum, welcher der vier Galénschen Säfte beim wohlhabenden Kranken zu kurz kommt oder zu viel produziert wird, um den unvermeidbaren Aderlass zu begründen. Der Wundarzt, der nicht akademsich gebildet ist sonder lediglich eine

Lehrlingsausbildung auf den Schlachtfeldern machte, versorgt die Wunde und kann noch am ehesten heilen, während die Akademiker dem Patienten schaden. Ich sage das natürlich nicht, um die Wissenschaft zu diskreditieren: ganz und gar nicht, ich bin ja selber ein Kind dieses Systems und will dieses System verbessern. Dazu muss es wieder „normal" werden, dass man Fehler zugibt, einen schwachen Artikel, den man geschrieben hat, sich traut, als solchen zu bezeichnen, wenn man dann g'scheiter ist. Wir haben in Kapitel 5 gesehen, was meine Interpretation der Sachlage in Bezug auf Österreichisches Deutsch ist. Es ist auch nicht immer einfach, manchen Österreicher*innen, die plurizentrische Sichtweise zu erklären. Sie wurden ja in der Regel auf einen Standard hin mit einer guten Portion sprachlicher Unsicherheit sozialisiert.

Wir haben gesehen, dass die österreichische Germanistik mittlerweile fest in bundesdeutscher Hand ist. Von dieser Perspektive scheint es derzeit fast unmöglich, den Blick auf Österreich zu dekolonialisieren. Eine Lehrstuhlberufung an der Uni Graz im Fach Österreichische Geschichte zeigt das Problem auf:

> Außerdem seien lediglich deutsche und Schweizer Kandidaten in die engere Auswahl gekommen. Der österreichische Literaturkritiker und Germanist Klaus Zeyringer beklagte, dass keiner der „höchstqualifizierten Bewerber aus Österreich" in die engere Wahl genommen worden sei. Von möglicher „Geschichts-Germanisierung" und „stillem Anschluss" ist die Rede.[77]

Wenn das System einmal so eingefahren ist, dass österreichische Geschichte von jenen gemacht werden soll, die vielleicht ohne wesentliche Publikationsleistungen im Kerngebiet berufen werden, wird auch nach der Berufung nicht vorrangig zu Österreich geforscht werden. Wenn sie's löblicherweise doch tun, muss garantiert sein, dass man nicht die Phänomene des Kleinen durch die Linse des Großen sieht.

Gebot 4: Interne Korrekturschleifen erlauben und stärken

Vorsicht, Jungforscher*innen, wenn alle übereinstimmen! Und zwar Vorsicht besonders dann, wenn die Expertenmeinung Ihren eigenen Erfahrungen mit Sprache in Österreich widerspricht. Wie ich in diesem Buch in Bezug aufs Österreichische Deutsch zu zeigen versucht habe, kann auch die Forschung ganz schön falsch laufen, denn Forscher*innen sind auch nur Menschen und Forscher*innengruppen haben ihre eigene Dynamik, so wie im 5. Kapitel erörtert. Deshalb gilt es immer alle Forschungsnachrichten – so wie natürlich die Aussagen in diesem Buch – kritisch zu hinterfragen und mit der eigenen Realitätsempfindung zu vergleichen. Wenn keine geeignete Vergleichsbasis

77 https://www.derstandard.at/story/2000052896602/grazer-uni-rektorin-meldet-sich-nach-berufungs-querelen-zu-wort (12. Juni 2020).

vorliegt, dann am besten bei jemandem nachfragen, der es wissen könnte. Mit anderen Worten: Nicht blind den Expert*innen vertrauen.

Wie wir im 5. Kapitel gesehen haben, haben die Wissenschaftstheoretiker*innen und Erkenntniswissenschafter*innen ein Problem damit, wenn wir nicht zwischen Daten und Theorie trennen, oder Daten „ohne" Theorie mathematisch interpretieren. Ich habe Daten und ich sehe etwas in den Daten, das mir als „logisch" vorkommt. Mit diesem Zugang haben wir uns ein Kuckucksei gelegt, weil wir keine Sicherung eingebaut haben, dass das, was wir in den Daten sehen, auch wirklich objektiv dort ist. Der Fall *Kaffee* – Abb. 2.6 – ist ein Beispiel dafür, dass man ohne Theorie der Plurizentrik einen Beleg gegen Österreichisches Deutsch sieht, weil ein Wiener [kaffe] angibt, und ein paar Deutsche [kafee] sagen. Man sieht schnell, dass man damit in die Bredouille kommt. Man muss daher Theorie und Daten trennen und frische Daten nehmen, um Aussagen, die die Theorie macht, zu testen. Dieses Wissen ist nicht neu und die Kolleg*innenschaft, die das nicht so macht, sollte sich fragen, warum das nicht gemacht wird.

Österreichisches Deutsch oder „Deutsch in Österreich": es liegt an Ihnen

Es liegt nun wirklich an Ihnen. Kollektiv betrachtet trifft diese Aussage hundertprozentig zu. Wenn Sie die vorangegangenen Kapitel in einem Satz zusammen fassen wollen, dann fällt mir das Bonmot von Jack Chambers und Peter Trudgill ein – zwei der ganz berühmten Soziolinguisten: „paradoxerweise", sagen sie, „ist der Begriff Sprache gar kein besonders linguistisches Konzept".[78] Was sie damit auch meinen, ist: es ist egal, was die Sprachwissenschafter*innen sagen, so lange sich die Mehrheit der Sprecher*innen einig ist. Ich bin zwar auch Sprachwissenschafter und ich will ja, dass Sie mir glauben. Aber ganz anders als die von mir kritisierten Kolleg*innen, habe ich Ihnen das System „Österreichisches Deutsch" als soziales und sozial-politisches Konstrukt vorgestellt. Keine Sprache ist einfach „da draußen" – die Sprecher*innen machen sich ihre Sprache und wie man darüber spricht und denkt zum überwiegenden Teil selbst – angefangen mit der Namensgebung und was dazu gehört und was nicht. Wir erinnern uns an Regeln Nummer 1, Nummer 2 und Nummer 3 aus dem zweiten Kapitel: es war niemals anders. Dass die Kolleg*innen nun so tun als ob, offenbart eine theoretische Blöße in der deutschen Dialektologie und Linguistik. Fürs Österreichische Deutsch dürfen sie dann jedenfalls nicht sprechen. Im Gegenteil, fürs Österreichische Deutsch müssen Sie, ja Sie, sprechen.

---

78 „We have to recognize that, paradoxically enough, a 'language' is not a particularly linguistic notion at all. Linguistic features obviously come into it, but it is clear that we consider Norwegian, Swedish, Danish and German to be single languages for reasons that are as much political, geographical, historical, sociological and cultural as linguistic." (Chambers & Trudgill 1998: 4)

Sprechen die Österreicher*innen nun Deutsch in Österreich oder Österreichisches Deutsch? Das sollte längst keine Frage mehr sein. Dass wir hier stehen und ich diese Frage sogar als Buchtitel nehme, zeigt die massiven Probleme in der Germanistik auf, die überbordende Praxis der „großen“, die die „kleinen“ schlucken. Nicht, dass die kleinen viel toleranter sind, wie wir in der vorigen Sektion über Spracheinstellungen gesehen haben, aber Identitätsfragen werden von denen schon viel eher verstanden.

Kehren wir am Schluss zurück zu Max Weinreich, dem Linguisten, der uns Regel Nummer 3 gab (zur Erinnerung: „Eine Sprache ist ein Dialekt mit einem Heer und einer Kriegsflotte“). Als er 1969 im Alter von 74 Jahren in New York starb, erhielt der in Vilnius, Litauen, geborene Gelehrte folgenden Nachruf. Er wollte dem Jiddischen, der Sprache der einfachen Juden, des einfachen Volkes, Selbstbewusstsein geben. Eine Nachruf-Schreiberin formulierte Weinreichs Habitus sehr treffend folgendermaßen:

> Der direkteste Weg [Jiddisch zu fördern] war die Forschung dazu zu benutzen, um das soziale und intellektuelle Prestige des Jiddischen zu heben und, dem folgend, das seiner Sprecher*innen. Auf einer seiner Auslandsreisen bemerkte Weinreich, dass auf Linienschiffen in der ersten Klasse trotz vieler jüdischer Reisender Jiddisch nicht gehört oder gelesen wurde. In der zweiten Klasse sah man hingegen Jiddische Schilder und hörte Jiddisch gesprochen. Für ihn symoblisierte dieser Unterschied, dass Jiddisch nur als Sprache zweiter Klasse aufgefasst wurde.[79]

In Österreich haben wir einen ähnlichen Missstand. Wenn, wie wir gesehen haben, 80–90% der Österreicher*innen mehr als einen Standard im Deutschen wahrnehmen, darf es nicht sein, dass diese Sprecher*innen den österreichischen Standard als „Sprache zweiter Klasse“ sehen müssen. Schon gar nicht sollten Sprachwissenschafter*innen mit diesen Einstellungen am Gegenstand forschen. Sie sollten ihren Zugang überdenken, da sie ja sonst Sprachwissenschaft *gegen* die Sprachgruppe machen. Was erfolgreich beim Jiddischen mittlerweile durchgeführt wurde, sollte auch beim Österreichischen Hochdeutsch gemacht werden. Österreichisches Hochdeutsch muss als die 1.-Klasse-Varietät wahrgenommen werden, die sie ist. Man braucht sich für seine Varietät nicht zu schämen. Wenn wir das in der EU heute nicht durchsetzen können, wo sollte es sonst jemals möglich sein?

Es liegt nun an Ihnen: treffen Sie Ihre Entscheidung. Glauben Sie an ein Österreichisches Hochdeutsch? Wollen Sie es besser beschrieben, erforscht und kodifiziert sehen, vielleicht in einem gratis zugänglichen Österreichischen Wörterbuch auf oewb.at? Ihr „Ja“ würde die sprachliche Vielfalt des Deutschen besser widerspiegeln und uns, im Gegenzug, für andere sprachliche Vielfalt aufgeschlossener

79 Meine Übersetzung von S. 64 in Lucy S. Dawidowicz. 1969. Max Weinreich (1894–1969): the scholarship of Yiddish. *American Jewish Yearbook 1969*, 59–68.

machen, als wir es im letzten Eurobarometer noch waren. Denn, wenn man mit dem eigenen Standard nicht herumwursteln muss, tut man sich nicht nur mit der Rolle der Dialekte leichter, sondern auch mit den Nachbarschafts-, Minderheiten- und Regionalsprachen. Man wird dann, generell, toleranter. Denn was ist Europa, wenn wir wirklich, wie 54% der EU-Bürger*innen noch 2012 angaben, alles in einer Sprache erledigen sollten? Europa ist dann wenig mehr als ein Schmelztigel und Einheitsbrei.

Wollen wir das? Wollen Sie die Einsprachigkeit fördern, oder wollen Sie lieber die sprachliche und kulturelle Vielfalt in Europa feiern, die eigene inkludiert? In anderen großen Blöcken gibt es wenig (USA) bis gar keinen (China) Spielraum für nicht dominante Sprachen. Unsere Identitäten können sich aber nur in einem toleranten Umfeld entfalten. Sie sind vielleicht aus dem Salzkammergut, und Salzburgerin, auch zugezogene Innsbruckerin, sowie Österreicherin, Europäerin und Weltenbürgerin. Sie signalisieren das, ganz nebenbei und je nach Situation mit dem Dialekt, österreichischer Umgangssprache, österreichischem Standard und für den, der nicht deutsch kann, vielleicht auf Englisch mit Ihrem Akzent, in dem Ihre österreichische Intonation für Kenner, oder einfach Ihr Deutsch für Uneingeweihte, durchschimmert.

Als Europäer*in brauchen Sie sich mit Ihrem Österreichischem Standarddeutsch nicht zu verstecken. Im Gegenteil, es signalisiert alle Tugenden der Europäischen Union, Lokalität und Überregionalität zugleich. Jedes Mal, wenn Sie Österreichisches Standarddeutsch im EU-Kontext verwenden, signalisieren Sie, ganz nebenbei, eine Vielfalt, für die die EU steht, beziehungsweise, Sie mahnen diese ein. Und ja, Sie dürfen natürlich auch jederzeit *Tschüss, das Virus* und *Guten Tag* sagen, wenn Sie das wollen. Es sei denn, Sie wollen, sollen, oder gar müssen die „Dimension AUT" markieren, dann bieten sich *Servus, Baba, Ciao,* manchmal sogar *Pfiatdi,* oder *„Virus* mit *der*" aus dem 1. Kapitel an. Statt *Guten Tag,* können Sie, je nach Geschmack, zwischen *Grüß Gott* (landesweit generalisiert), *Grüß Sie* (eher Wien), *Grüß Sie Gott* (situativ markiert) oder *Heile* (in Vorarlberg, ganz ohne Anklang an die NS-Zeit) wählen. So schön und variabel angepasst kann Standarddeutsch sein. So schön und variabel angepasst kann *Österreichisches Standarddeutsch* sein. Wenn, ja, wenn Sie daran glauben ... und das auch sagen.

Weiterführende Lektüre

Alle Literaturangaben im Text wurden auf ein absolutes Minimum reduziert, um den Lesefluss nicht über Gebühr zu strapazieren. Bei Interesse bieten die Bibliographien in De Cillia & Ransmayr (2019) und Dollinger (2019a) viele Details. In dieser Sektion sind nur eine Handvoll wichtiger Texte angegeben, die auf selbständige Publkationen begrenzt sind. Wo erhältlich sind digitale Gratisversionen angeführt.

Ammon, Ulrich. 1995. *Die deutsche Sprache in Deutschland, Österreich und der Schweiz: Das Problem der nationalen Varietäten.* Berlin: de Gruyter.

Ammon, Ulrich, Hans Bickel und Alexandra N. Lenz (Hgg.) 2016. V*ariantenwörterbuch des Deutschen: Die Standardsprache in Österreich, der Schweiz, Deutschland, Liechtenstein, Luxemburg, Ostbelgien und Südtirol sowie Rumänien, Namibia und Mennonitensiedlungen.* 2. Auflage. Berlin: Walter de Gruyter.

Chambers, J. K. and Peter Trudgill. 1998. *Dialectology.* 2. Aufl. Cambridge: Cambridge University Press.

Clyne, Michael G. 1995. *The German Language in a Changing Europe.* New York: Cambridge University Press.

Curzan, Anne. 2014. *Fixing English: Prescriptivism and Language History.* Cambridge: Cambridge University Press.

Davies, Winifred V. Annelies Häcki Buhofer, Regula Schmidlin, Melanie Wagner, Eva Lia Wyss (Hgg.) 2017. *Standardsprache zwischen Norm und Praxis: Theoretische Betrachtungen, empirische Studien und sprachdidaktische Ausblicke.* Tübingen: Francke.

De Cillia, Rudolf. 1998. *Burenwurscht bleibt Burenwurscht: Sprachenpolitik und gesellschaftliche Mehrsprachigkeit in Österreich.* Klagenfurt/Celovec: Drava Verlag.

De Cillia, Rudolf und Eva Vetter, Eva (Hgg.). *Sprachenpolitik in Österreich: Bestandsaufnahme 2011.* Frankfurt: Peter Lang

De Cillia, Rudolf & Jutta Ransmayr. 2019. *Österreichisches Deutsch macht Schule: Bildung und Deutschunterricht im Spannungsfeld von sprachlicher Variation und Norm.* Wien: Böhlau. Gratis auf https://library.oapen.org/handle/20.500.12657/24696

De Cillia, Rudolf, Ruth Wodak, Markus Rheindorf und Sabine Lehner. 2020. *Österreichische Identitäten im Wandel: Empirische Untersuchungen zu ihrer diskursiven Konstruktion 1995–2015.* Wiesbaden: Springer VS.

Deumert, Ana und Wim Vandenbussche (Hgg.) 2003. *Germanic Standardizations: Past to Present.* Amsterdam: John Benjamins.

Dollinger, Stefan. 2019a. *The Pluricentricity Debate: On Austrian German and Other Germanic Standard Varieties.* Abingdon: Routledge. 1. Kapitel auf https://www.academia.edu/37714477/

Dollinger, Stefan. 2019b. *Creating Canadian English: the Professor, the Mountaineer, and a National Variety of English.* Cambridge: Cambridge University Press. 1. Kapitel auf https://www.academia.edu/35184221/, 8. Kapitel auf https://www.academia.edu/42981385/

Ebner, Jakob. 2019. *Österreichisches Deutsch: Wörterbuch der Gegenwartssprache in Österreich.* 5. Auflage. Mannheim: Duden.

Elspaß, Stephan & Robert Möller. 2003 –. *Atlas zur deutschen Alltagssprache.* Online: www.atlas-alltagssprache.de

Havinga, Anna D. 2018. *Invisibilising Austrian German: on the Effect of Linguistic Prescriptions and Educational Reforms on Writing Practices in 18th-Century Austria.* Berlin: de Gruyter.

International Working Group on Non-Dominant Varieties of Pluricentric Languages. 2010ff. http://www.pluricentriclanguages.org

Heer, Friedrich. 2001. *Der Kampf um die österreichische Identität.* 3. Aufl. Wien: Böhlau.

Hofer, Silvia. 2020. *„Deutsch ist nicht gleich Deutsch": Zum Umgang mit der plurizentrischen Sprache Deutsch und standardsprachlicher Variation an Südtiroler Oberschulen.* Dissertation Uni Wien, Institut für Allgemeine Sprachwissenschaft, https://ubdata.univie.ac.at/AC16154830.

Muhr, Rudolf. 2007. *Österrreichisches Aussprachewörterbuch – Österreichische Aussprachedatenbank.* Frankfurt/Main: Lang. Online www.adaba.at

Muhr, Rudolf. 2020. Ein kurze politische Geschichte des Österreichischen Deutsch. In *Ein Hauch von Welt: Österreich vor und nach Saint Germain*, hg. von Thomas W. Köhler, Christian Mertens und Anton Pelinka, 499–523. Wien: Braumüller. https://www.researchgate.net/publication/348603642

Muhr, Rudolf, Richard Schrodt & Peter Wiesinger (Hgg.) 1995. *Österreichisches Deutsch: Linguistische, sozialpsychologische und sprachpolitische Aspekte einer nationalen Variante des Deutschen.* Wien: hpt.

Muhr, Rudolf und Marlene Peinhopf. 2015. *Wörterbuch rechtsterminologischer Unterschiede Österreich-Deutschland.* Bern: Lang

Pohl, Heinz-Dieter. 2008. *Von Apfelstrudel bis Zwetschkenröster: Kleines Handbuch der österreichischen Küchensprache.* Wien: Ueberreuter.

Pollak, Wolfgang. 1992. *Was halten die Österreicher von ihrem Deutsch? Eine sprachpolitische und soziosemiotische Analyse der sprachlichen Identität der Österreicher.* Wien: IfSSS.

Ransmayr, Jutta, Andrea Moser-Pacher und Ilona Elisabeth Fink (Hgg.). 2014. *Österreichisches Deutsch und Plurizentrik.* Sonderheft *ide* 38(3). Innsbruck: StudienVerlag.

Retti, Gregor. 1999. *Austriazismen in Wörterbüchern: Zum Binnen- und Außenkodex des österreichischen Deutsch.* Doktoratsdissertation. Universität Innsbruck. Online http://gregor.retti.info/docs/retti1999/

Schmidlin, Regula. 2011. *Die Vielfalt des Deutschen: Standard und Variation: Gebrauch, Einschätzung und Kodifizierung einer plurizentrischen Sprache.* Berlin: de Gruyter.

Sedlaczek, Robert. 2014. *Das österreichische Deutsch.* Innsbruck: Haymon Verlag.

Wiesinger, Peter. 2014. *Das österreichische Deutsch in Gegenwart und Geschichte.* 3. Aufl. Berlin: Lit.

Wodak, Ruth, Rudolf de Cillia, Martin Reisigl, Karin Liebhart, Klaus Hofstätter und Maria Kargl. 1998. *Zur Konstruktion nationaler Identität.* Berlin: Suhrkamp.

Danksagung

Mein besonderer Dank ergeht an Herbert Schendl und Rudolf de Cillia für fachliche Kritik des gesamten Manuskripts und generelle Unterstützung. Die vorgetragenen Positionierungen, sowie jegliche verbleibenden Unzulänglichkeiten, unterliegen ausschließlich meiner eigenen Verantwortung.

Ein Dankeschön geht an Alexander Rauscher für seine Rückmeldungen zum fertigen Text und, ebenso wie Günter Lepperdinger und Liselotte Schermaier, für Diskussionsbeiträge zum Lateinischen o-Stamm-Wort *virus* (Schleim, Saft, Gift). Weiterer Dank ergeht an Jutta Ransmayr für fachlichen Austausch, Heinz-Dieter Pohl und Jakob Ebner für Korrespondenz zu lexikographischen und historischen Teilaspekten, Robert Sedlaczek für die wichtige öffentliche Diskussion einzelner Fragen zum Österreichischen Deutsch, Rudolf Muhr für sein freundliches Angebot, diesen Text bei pcl-press zu verlegen, sowie für sein Verständnis.

Lars Hinrichs – dem Cowboy aus Texas – gebührt ein *Vergeltsgott* für die Zusendung des relevanten YouTube-Clips zu *der Virus*.

Harald Knill und *new academic press* sei gedankt für einen in der Tat erfrischenden Zugang zur Sachpublikation, Peter Sachartschenko für seine unsägliche Geduld, er meint dazu „Altersmilde“.

Allen Kolleg*innen, dies- und jenseits des Plurizentrik-Äquators, gebührt ein Dankeschön für ihre Diskussionsbeiträge jeglicher Art zum Thema, denn ohne geht's in der Wissenschaft gar net!

As always, I owe by far the biggest debt of gratitude to Ruthie and the kids, who always feel the brunt of manuscript writing the most. I am now happy to declare that the 2021–22 book moratorium shall, as promised, continue.

Anhang A

(Quelle https://www.ris.bka.gv.at/, 20. Apr. 2020)

Gesamte Rechtsvorschrift für EU-Beitrittsvertrag – Akte – Protokoll Nr. 10, Fassung vom 20.04.2020

Langtitel

VERTRAG ZWISCHEN DEM KÖNIGREICH BELGIEN, DEM KÖNIGREICH DÄNEMARK, DER BUNDESREPUBLIK DEUTSCHLAND, DER GRIECHISCHEN REPUBLIK, DEM KÖNIGREICH SPANIEN, DER FRANZÖSISCHEN REPUBLIK, IRLAND, DER ITALIENISCHEN REPUBLIK, DEM GROSSHERZOGTUM LUXEMBURG,DEMKÖNIGREICHDERNIEDERLANDE,DERPORTUGIESISCHEN REPUBLIK, DEM VEREINIGTEN KÖNIGREICH GROSSBRITANNIEN UND NORDIRLAND (MITGLIEDSTAATEN DER EUROPÄISCHEN UNION) UND DEM KÖNIGREICH NORWEGEN, DER REPUBLIK ÖSTERREICH, DER REPUBLIK FINNLAND, DEM KÖNIGREICH SCHWEDEN ÜBER DEN BEITRITT DES KÖNIGREICHS NORWEGEN, DER REPUBLIK ÖSTERREICH, DER REPUBLIK FINNLAND UND DES KÖNIGREICHS SCHWEDEN ZUR EUROPÄISCHEN UNION SAMT SCHLUSSAKTE (EU-BEITRITTSVERTRAG)

PROTOKOLL NR. 10 ÜBER DIE VERWENDUNG SPEZIFISCH ÖSTERREICHISCHER AUSDRÜCKE DER DEUTSCHEN SPRACHE IM RAHMEN DER EUROPÄISCHEN UNION
StF: BGBl. Nr. 45/1995 (NR: GP XIX RV 11 AB 25 S. 4 BR: AB 4933 S. 591)

Änderung

(Anm.: etwaige idF-Liste siehe Stammvertrag)

Vertragsparteien

Vertragsparteien siehe Stammvertrag

Text

Im Rahmen der Europäischen Union gilt folgendes:

1. Die in der österreichischen Rechtsordnung enthaltenen und im Anhang zu diesem Protokoll aufgelisteten spezifisch österreichischen Ausdrücke der deutschen Sprache haben den gleichen Status und dürfen mit der gleichen Rechtswirkung verwendet werden wie die in Deutschland verwendeten entsprechenden Ausdrücke, die im Anhang aufgeführt sind.

2. In der deutschen Sprachfassung neuer Rechtsakte werden die im Anhang genannten spezifisch österreichischen Ausdrücke den in Deutschland verwendeten entsprechenden Ausdrücken in geeigneter Form hinzugefügt.

ANHANG

Österreich	Amtsblatt der Europäischen Gemeinschaften
Beiried	Roastbeef
Eierschwammerl	Pfifferlinge
Erdäpfel	Kartoffeln
Faschiertes	Hackfleisch
Fisolen	Grüne Bohnen
Grammeln	Grieben
Hüferl	Hüfte
Karfiol	Blumenkohl
Kohlsprossen	Rosenkohl
Kren	Meerrettich
Lungenbraten	Filet
Marillen	Aprikosen
Melanzani	Aubergine
Nuß	Kugel
Obers	Sahne
Paradeiser	Tomaten
Powidl	Pflaumenmus
Ribisel	Johannisbeeren
Rostbraten	Hochrippe
Schlögel	Keule
Topfen	Quark
Vogerlsalat	Feldsalat
Weichseln	Sauerkirschen

Lektüreempfehlung zum Protokoll Nr. 10 und darüber hinaus ist ein Buch von Rudolf de Cillia, 1998 im Drava Verlag in Klagenfurt erschienen mit den eingängigen Titel *Burenwurscht bleibt Burenwurscht: Sprachenpolitik und gesellschaftliche Mehrsprachigkeit in Österreich.*

Anhang B

Chi-Quadrat Test in Kapitel 1. P is kleiner, viel viel kleiner als 0.05 – es ist 0.00000000000000022).

```
> Virus.tab<-matrix(c(10984, 24141, 49180, 156620), byrow=T, ncol=2)
> Virus.tab
      [,1]   [,2]
[1,] 10984  24141
[2,] 49180 156620
> chisq.test(Virus.tab, correct=F, p=c(0.5,0.5))

	Pearson's Chi-squared test

data:  Virus.tab
X-squared = 870.82, df = 1, p-value < 2.2e-16
```

Es sei an dieser Stelle auch angemerkt, dass Kollegin Golgon, wie auf mdr.de berichtet, ganz andere Zahlen zum Gebrauch von *der/das Virus* in Österreich hat, wenn diese Quelle stimmt: „Es gebe aber regionale Unterschiede. In Österreich zum Beispiel werden vier mal häufiger *das Virus* gesagt." (https://www.mdr.de/wissen/mensch-alltag/corona-heisst-es-der-oder-das-virus-100.html, 23 Apr. 2020). Ich vermute, es handelt sich hier, in Hinblick auf Abb. 1.12, um einen Tippfehler, denn mit „der Virus" würde es unsere Daten ziemlich genau bestätigen.

Index

P

Q

R

S

T